Mr. Stand

바위이끼에 꽃이 필 때

As The Rock Flower Blooms

by Rosemary A. Watson

Copyright© Overseas Missionary Fellowship (formerly China Inland Mission)

First Published 1984

Published by Overseas Missionary Fellowship (IHQ) Ltd., 2 Cluny Rd, Singapore 1025, Republic of Singapore, and printed by Singapore National Printers(Pte) Ltd.

Mr. Stand
바위이끼에 꽃이 필 때

1판 1쇄 2012년 12월 31일

지은이 I 로즈마리 A.왓슨
옮긴이 I 정규채

발행인 I 최태희

편집 • 디자인 I 권승린
교정 • 교열 I 강민규
인쇄 • 제작 I (주) 재원프린팅

발행처 I 로뎀북스
등록 I 2012년 6월 13일 (제331-2012-000007호)
주소 I 부산광역시 남구 황령대로 319번가길 190-6, 101-2102
전화 • 팩스 I 051-467-8983
이메일 I rodembooks@naver.com

ISBN I 978-89-98012-02-1 03230

Mr. Stand

바위이끼에 꽃이 필 때

로즈마리 A. 왓슨 지음
정규채 옮김

OMF
RODEM BOOKS

Acknowledgements
헌사

이 이야기를 해 준 선교사들에게 감사한다.

존(John)과 도로시 데이비스(Dorothy Davis), 론(Ron)과 캐시 스미스(Kathy Smith), 엘리 호프마이스터(Ellie Hoffmeister), 데이빗 퓨스터(David Fewster) 등이 1964년 내가 라오스를 떠난 후에 있었던 일을 상세하게 이야기해 주었다. 이들 중에는 나처럼 더 이상 OMF 멤버가 아닌 선교사도, 친구도 있지만 우리는 여전히 서로 한 가족처럼 느낀다. 1865년 허드슨 테일러(Hudson Taylor)가 세운 중국내지선교회(CIM, 현 OMF; Overseas Missionary Fellowship)의 영성을 공유하고 있기 때문이다.

또한 모범적인 삶으로 영감을 주었고 충고도 해준 아만드 하이니거(Armand Heiniger)와 허만 크리스틴(Hermann Christen)에게 감사드린다.

라오스에 복음을 전하는 일에 OMF를 초대해 준 복음 선교회에 감사한다. 함께 일했던 것은 우리에게 특권이었다.

특별히 내가 이 책을 완성할 수 있도록 지난 수년간 인내하며 격려해 준 나의 남편 린델(Lindell)로 인해 하나님께 감사한다.

4

차례
Contents

서문
Preface

1961년 봄, 우리 선교사들은 라오스에서 무당의 아들이 예수님을 믿는다는 말을 들었다. 우리는 즉시 그 사람이 믿음에 굳게 서도록 기도를 시작했다. 미신과 불교와 귀신숭배에 사로잡힌 라오스와 같은 나라에서 하나님을 좇는다는 것은 언제나 외로운 일이기 때문에 많은 사람이 그리스도에 대한 믿음을 고백했다가도 시련이 닥치면 다시 옛 생활로 돌아가곤 했다. 우리는 이 청년을 때때로 '**Mr. Stand**(선 자)'라고 부르기도 했는데, 이는 그 이름의 원래 뜻이기도 하고 하나님이 그를 그리스도에 대하여 진실하게 설 수 있게 하실 것을 믿었기 때문이기도 했다.

동료 선교사들이 이 부족에게 복음을 전하려고 수 년 간 기도하면서 공을 들였다. 이 사람들은 의도적으로 바깥세상과 담을 쌓고 어떤 형태의 변화도 거절했다. 그러나 하나님께서는 가장 견고한 요새라 할지라도 훼파하는 방법을 알고 계셨다. 이 부족에게는 선조 때부터 내려오는 이야기가 있었다. 바위 위에서 자라는 이끼에 꽃이 피기 시작하면 미지의 선한 영이 스스로를 드러내고 악의 권세에서 자신들을 해

방해 준다는 것이었다. 이끼는 보통 꽃이 피지 않는다. 마찬가지로 죄와 악령에 사로잡힌 심령들도 하나님께 손을 내밀지 않는다. 그러나 그리스도인들이 그곳을 중보 기도로 감싸면 하나님께서 일하시기 시작하고 그러면 어떤 일이라도 일어날 수 있다.

이 청년이 처음 예수님을 알아가고 있을 때, 나와 선교사 부인 몇 명이 성경을 가르친 적이 있었다. 그때 그가 내 마음과 삶에 지울 수 없는 흔적을 남겼기에 수년 간 나는 그의 이야기를 세상 사람들과 나눌 수 있는 기회를 고대하고 있었다. 이것은 주위가 온통 자신을 대적할 때 홀로 굳게 서서 담대히 예수님을 신뢰했던 어느 겸손한 부족인의 이야기이자 그를 위해 하나님이 하신 일에 대한 보고서이다.

이 책에 언급된 신자들은 우리가 지금 소유하고 있는 수많은 영적 자원 즉 기독교 문서, 위대한 성경 교사와 전도자, 현대적 복음 전파 수단의 혜택을 누릴 수 없었다. 그러나 그들에게는 그리스도에 대한 단순한 믿음과 순종이 있었고 그것만으로 대단한 업적을 이루었다.

* * *

하나님은 한 소수부족 청년을 위대한 지도자로 변화시키셨다. 당신이 스스로를 아무리 부적절하다고 느낄지라도 동일하게 하나님께서는 당신의 삶과 인격도 그렇게 만지고 변화시킬 수 있으시다.

선교사들이 라오스를 떠나 있는 기간 동안에도 이 책을 읽는 독자들이 그리스도에게 여전히 신실했던 주인공과 다른 신자들을 주께 올려드리는 기도의 동역자가 되면 좋겠다. 인명과 장소는 신자들을 보호하기 위해 바꾸었지만 하나님은 그들의 실명(實名)을 알고 계시고, 당신과 내가 이들을 위해 중보 기도할 때 그들의 신체적, 물질적, 영적 필요를 채워주시기를 기뻐하신다. OMF 메콩 사무실에 연락하면 정기적으로 기도 소식지를 구할 수 있다. 모든 종족과 나라가 하나님의 보좌 앞에 모이고 상급이 주어질 때, 비록 서로 만나지는 못했지만, 세계 곳곳에 흩어져 있는 용사 중에서 이 겸손한 사람의 삶과 사역에 큰 영향을 끼쳤다고 인정받는 사람이 있을 것이다. 모든 고난과 시련이 끝나고 이 중보 기도자들이 마침내 그의 눈을 바라보며 그의 손을 붙잡게 될 그때가 얼마나 놀라운 순간일지! 당신도 그 중 한 사람이 되어 보지 않겠는가?

자신의 능력과 은혜로 이 모든 것을 가능하게 하신 우리의 구주 예수 그리스도께 모든 영광과 찬양을 돌릴지어다!

로즈마리 A. 왓슨
(Rosemary A. Watson)

1

억섭의 씨앗

한 무리의 사람들이 울창한 삼림 속에 나 있는 가파른 산길을 터벅터벅 내려왔다. 어떤 이는 허리만 가린 맨발이었고 다른 이들은 헤어진 셔츠와 검은 반바지에 낡은 타이어로 만든 샌들을 신고 있었는데, 모두 등에는 큰 대나무 바구니를 짊어지고 있었다. 대나무 바구니에는 송진이 채워져 있는 작은 통나무가 가득했다. 덥고 습한 평지에 살다가 시원한 산에서 나무를 하며 보내는 시간은 즐거웠다. 그러나 최근에는 작업이 약간 위험해지기도 해서 지금은 지쳐있는 상태였다. 숲에 숨어 있는 반군(叛軍)에게 잡혀갈 수도 있었고 단속에 걸려 벌금형을 받을 수도 있었다. 송진 소나무가 점점 줄어들고 있어 당국이 더 이상의 벌채를 금했기 때문이다. 그러나 타웨이 부족은 언제나 저녁에 소나무로 불을 밝혔고, 이 특별한 종류의 소나무는 이곳에서만 구할 수 있었다. 나중에는 껍질과 바깥 부분도 모아서 연료로 사용하게 되었지만, 처음에는 통나무의 껍질과 바깥 부분은 벗겨 내고 송진이 나오는 안쪽만 집으로 가지고 와서 사용했다. 그 부분만 쉽게 불이 붙고 천천히 타기 때문이었다.

등에 진 짐이 위험하게 흔들렸기 때문에 그들은 넘어지지 않으려고 가끔 나무나 넝쿨을 잡으면서 조용히 바윗길을 내려왔다. 마침내 무리를 인도하던 머리가 희끗한 지도자가 길이 넓어지는 곳에 있는 큰 나무 밑에 멈추었다. "펭, 여기서 잠시 쉬자. 내 짐 좀 받아줘."

키가 작고 몸집이 단단해 보이는 청년이 대나무 바구니를 들어 땅에 놓고는 돌아서서 누군가 자기 짐도 내려주기를 기다렸다. 그의 얼굴은 다소 네모졌는데, 머리는 양쪽으로 짧게 깎아 얼굴이 좁아 보였다. 쉬고 있을 때조차도 심각한 표정이었다. 룽은 펭의 짐을 내려주고 그늘에 쭈그리고 앉아 담배를 피워 물었고 펭은 만족스러운 미소를 지으며 삼촌을 바라보았다. "앉으니 기분 좋네요."

모두 편안한 자리를 찾아 앉았는데, 청년 둘이 그대로 서서 동료들을 못마땅한 듯 내려 보고 있었다. "마을까지 한 시간도 더 걸릴 텐데요." 헹이 자기 짐을 옮기며 조급하게 투덜거렸다.

"온종일 불평이네. 이제 위험하지 않으니 마음 놓아도 돼. 최근에 반군이 여기까지 왔다는 증거는 없다구." 펭은 피곤하고 싫었지만 억지로 웃으며 자기 옆에 앉으라고 했다. 그래도 친구 헹은 고집스럽게 계속 서 있었다. "반군 때문이 아니야. 그저 집에 가고 싶어서 그래." 헹이 강하게 쏘아붙였다. 헹은 추위에 떨면서 큰 돌이 움푹하게 들어가 바람을 피할 수 있는 곳으로 걸음을 옮겼다. 셔츠가 낡아 깡마른 몸에 온기를 별로 주지 못했던 것이다. 해발 2천 피트나 되는데다가 해까지 지니 상당히 냉기가 돌았다.

"목소리를 낮추는 것이 좋겠어. 반군이 숲속에 숨어 있을 수도 있으니 말이야. 너희도 알다시피 반군들은 길이 아닌 곳으로 다니기도 하거든. 작년 가을에 우리가 망을 보고 있는데도 내 아들을 잡아갔잖아."
허리만 가린 덩치 큰 사람의 말에 친구들은 동정하는 분위기였다.

"저도 그날 밤 일을 잘 기억하고 있어요. 제 사촌도 잡혀 갔고 그
날 이후로 사람들은 겁쟁이처럼 행동하고 있어요. 만약 오늘 사람들
이 더 많이 함께 왔다면 집에 가는 것도 이렇게 늦지 않았을 겁니다."
헹이 화를 내며 말했다.

"두려워하는 것도 맞지만 게으른 사람도 있어요. 내 동생 집에는 소
나무가 곧 동날 텐데 그러면 나에게 불 밝힐 소나무를 빌려 달라고 하
겠지요. 난 안 줄 거예요. 내가 위험을 무릅쓰고 연료를 구하는 동안
걔는 편안하게 집에 있었으니까요." 헹의 동료도 한마디 했다.

"우리 부족은 언제나 서로를 도우며 살았다. 너희 젊은 애들은 자기
만 생각하는구나." 하고 룽이 젊은이들을 나무라자 펭이 조용히 덧붙
였다. "누군가는 마을에 머물러 여자와 아이들을 지켜줘야 하지요."

"네 동생은 전혀 도움이 안 되잖아. 왜 카프는 우리가 필요할 때 언
제나 핑계를 대고 딴 곳에 가는 거야?" 헹이 펭을 쏘아보며 물었다.

펭은 당황하고 속으로 화가 나서 주먹을 불끈 쥐고 자리를 박차고
벌떡 일어났다. 동생의 행동이 언제나 이해되는 것은 아니었지만 오
늘은 동생을 변호하기로 마음먹었던 것이다. "카프는 용감하고 언제
든지 싸울 준비가 되어 있어. 나 또한 그렇고. 도시에 다녀온 친구를
만나 전쟁이 어떻게 되었는지 그 소식을 가져올 거야." 펭은 힘껏 반
박했다.

"글쎄, 반군에게 비밀 메시지를 갖다 주거나 마을 소녀들과 시간
보내는 걸 좋아하는 것은 아니고?" 헹이 빈정거리자 펭은 경악하며

헹을 노려보았다. 펭은 분노한 나머지 헹을 가파른 길 밑으로 떠밀고 싶었지만 냉정을 찾으려고 애썼다. '감정을 폭발시키는 것은 유치한 짓이지.' 그런데 펭은 이상한 생각이 들었다. '헹이 왜 저러지?'

펭이 헹에게 막 반박을 하려고 하는데 삼촌 룽이 일어서면서 단호하게 제지했다. "그만 하지. 이제 가야해."

모두 짐을 지고 바윗길을 줄지어 내려가는데 펭은 불안한 마음이 들어 주춤거렸다. '저 친구 무슨 일이지? 어려서부터 함께 놀던 친구인데, 함께 다람쥐 꽁지 털을 긴 장대에 매어 신내림을 기다리던 정령 술사를 놀라게 한 적도 있었는데. 그렇게 재미있게 함께 놀던 친구인데 왜 저렇게 변한거지?'

동료들을 천천히 따라가면서도 펭은 그늘진 숲속에서 떠들고 있는 원숭이들의 소리와 나무에서 울고 있는 매미들의 소리가 거의 들리지 않았다. 동생이 왜 그렇게 자주 외출하는지 궁금했다. *카프*는 언제나 만족을 모르는 듯했다. 불안정하고 야심이 많으며 자기 길을 가려고 작정하고 있었다. 만약 동생이 바로 안정을 찾지 않으면 분명 곤란해 질 것이다. 그러면서도 펭은 동생의 모험 정신을 좋아했다. 가끔 의견이 다를 때가 있기는 했지만 함께 있으면 즐거운 친구 같은 동생이었고 종종 밤늦게까지 이야기를 나누곤 했다.

* * *

마침내 어두운 숲에서 길이 보이는 곳으로 나왔다. 펭은 말라 있는 계단식 논을 내려다 보았다. 저 멀리에 평원을 가로질러 흐르는 *사이강*이 희미하게 빛나고 있었다. 몽시(市) 주위를 감도는 곳은 상당히 강폭이 넓었지만 라오스 전체를 왕도(王道)처럼 흐르는 *메콩강*에 비해서

12

는 작다는 말을 들었다. 펭은 아직 한 번도 메콩강을 본 적이 없었다. 산 너머 건너편에 흘러가는 메콩강은 캄보디아와 베트남을 지나 바다로 들어간다고 했다. 아름드리 코코넛나무들과 뒤섞여 있는 파파야와 망고 나무들 사이로 고향 반 다오(반은 라오스 말로 마을이라는 뜻)가 보였다. 마을에서는 저녁 짓는 연기가 피어오르고 있었다. 가까이 있는 뚜껑 있는 우물에서 물 흐르는 소리가 들렸고 밑에 마을까지 맑은 샘물을 운반하는 구멍을 낸 대나무 통수관이 관목들 사이로 살짝 보였다.

펭은 기뻤고 만족스러웠다. 자기 부족의 영리함이 자랑스러웠다. 타웨이 부족을 떠나서는 어디에서도 살고 싶지 않았다. 펭이 속한 타웨이 부족은 5천명도 안 되는 주민들이 산기슭에 흩어져 살고 있었다.

부족 사람들은 수는 적었지만 천성적으로 활달하고 독립적이었다. 라오스에 사는 부족들은 대부분 저지(低地) 라오족들 때문에 산으로 밀려났지만 타웨이 부족은 평원의 가장자리에 살면서 조상들이 대대로 경작했던 계단식 논에서 벼농사를 짓고 있었다.

갑자기 평평한 길이 나타나면서 큰 나무들이 울창한 과수원으로 접어 들었다. 그곳은 건기(乾期) 동안 떨어진 단풍잎들이 카펫처럼 깔려 있었다. 그가 동료들을 뒤쫓기 위해 속도를 내자 나뭇잎들이 바스락바스락 하는 소리를 내었다. 고대에 일어난 큰 산사태의 흔적이 자기 밑에 펼쳐져 있었고 마을의 집들은 큰 바위들 사이에 위험하게 자리잡고 있었다. 부족 전승에 의하면 이것들은 조상들이 이곳에 정착하기 오래 전에 산에서 떨어졌다고 한다. 그곳 사람은 매우 강력한 정령들이 바위 속에 살고 있다고 믿었다. 마을에 들어서자 어두움이 깔렸다. 집집마다 앞에 작은 대나무가 땅에 박혀 있었고 그 위에 닭털로 만든 부적이 매달려 있었다. 그것은 정령에게 바쳐진 집이라는 표시였다.

보이지 않는 세계는 펭과 그 부족에게 아주 실제적이었다. 마을 사람들은 주위에 있는 나무, 바위, 논에 살고 있는 존재들의 보호가 없으면 자신들이 생존할 수 없다고 믿었다.

이웃집은 사람 키의 2배나 되는 기둥들 위에 큰 탑처럼 서 있었다. 그 집의 현관에는 갓 딴 나뭇잎 뭉치가 대롱대롱 매달려 있었는데, 그것을 본 순간 소름이 끼쳤다. 그 집은 *카알람*(터부; 금기)이었다. 그 날 가족 중 누군가가 죽은 것이었다. 정령들을 달래고 나뭇잎이 제거되기 전까지는 그 집에 들어가지 못했다. 지난 주간 알 수 없는 질병으로 어린이를 포함하여 많은 사람이 죽었고, 내일은 그 병을 들게 한 정령들을 달래기 위해 굿을 할 예정이었다. 조상의 영들은 쉽게 화를 내기 때문에 기쁘게 하기가 어려웠다. 펭의 아버지는 사람들에게 어떤 예물을 만들어야 할지를 알려주는 무당이었다. 펭의 마음은 악한 영들을 생각할 때마다 두려워서 소름이 돋았다. '이들의 통제를 벗어날 길이 있기만 하면 좋겠는데….'

그는 희미해지는 불빛 속에서 서둘러 마을을 지나가면서 *란지*가 사는 집을 눈여겨보았다. 지금쯤은 부모님들과 함께 식사를 하고 있을 테니 밖으로 불러내는 일은 삼가야 한다. 펭은 *란지*가 반 다오에서 가장 아름다운 소녀라고 생각했다. 내일 굿판에서 만날 것을 생각하며 혼자 미소를 짓고는 발걸음을 재촉했다. 정령들에게 예속되는 것은 싫었지만 굿판과 음악은 재미있었다. 그리고 자기는 장자이기 때문에 곧 아버지처럼 정령 술사가 될 것이었다. 그러면 어떻게 정령들을 피의 희생과 신비한 마술 주문으로 달래야 하는지를 알게 된다. 무의식적으로 *펭*은 어깨를 뒤로 젖히고 턱은 자랑스럽게 올리면서 더 힘찬 걸음걸이로 걸어갔다.

* * *

그때 누군가 큰 소리로 불렀다. 동생 *카프*가 안전하게 돌아온 것이었다. *펭*은 동생을 보자마자 질문부터 던졌다. "새로운 소식은?"

"드디어 *량*이 집에 왔어. 반군이 다리들을 폭파시키는 바람에 타고 있던 트럭이 지체되었대. 반군들이 운전수와 승객의 물건을 강탈했지만 다행히 임시 다리가 만들어져서 *량*이 집에 올 수 있게 된거야." 가파른 오르막을 오르느라 *카프*는 숨을 헐떡이며 대답했다.

*펭*은 한숨을 쉬었다. "우리 주위에는 어디에나 문제가 있구나. 많은 사람이 열병으로 죽고 있고 이제는 전쟁이 더 가까워지는구나. 우리가 무엇을 했다고 정령들이 이렇게 화가 났을까?"

"그게 내가 형에게 말하려는 거야. 잠시 여기 앉자." *카프*는 길옆에 있는 평평한 바위를 가리켰다. *펭*은 동생 옆에 앉으면서 등에 있는 무거운 통나무 짐을 조심스럽게 다루었다.

"어쩌면 우리가 겪고 있는 문제는 정령들이 일으키는 일이 아닐 수도 있어." *카프*가 말했다. 형의 반응을 살펴보는 *카프*의 둥글고 잘생긴 얼굴이 갑자기 심각해졌다. *펭*은 동생이 그렇게 과격하게 말하는 것을 듣고 놀라서 물었다. "무슨 뜻이야?"

"나는 정령에 묶여 사는 것에 지쳤어. *량*은 내가 솔라네에서 라오스 공화당을 위해 일할 수 있는 자리를 쉽게 구할 수 있다고 했어. 아마 거기서 나는 우리를 괴롭히는 문제들에 대한 답을 발견할 수 있을 거야." *카프*가 말했다.

펭은 동생을 노려보면서 입을 열었다. "공공사업장에 나가 일하게 되면 도로를 수리하고 구멍을 파야만 할 거야. 너도 알다시피 그 전에 아무도 살지 않았던 장소에 구멍을 파는 것은 우리 부족 누구에게나 *카알람*(터부; 금기)이야! 그러다가 너 정령들에게 벌 받을 거야!"

"정령들이 올 수 없는 아주 먼 곳으로 갈 거야. 나는 돈을 벌어 부자가 되고 싶어. 도시에는 외국인들이 있다고 들었는데, 그 사람들은 어떻게 사는지 보고 싶어." *카프*의 목소리는 자신감에 차 있었다.

동생의 야심은 놀라웠다. "너는 머리가 좋으니까 잘 할 거야. 만약 학교가 불타 없어지지만 않았다면 불어도 배웠을 텐데."

라오스 사람들의 습속을 *타웨이* 사람들이 배우지 못하도록 마을 지도자들이 학교에 불을 지른 것이었다. 참으로 악랄한 방법이었다.

"네가 집을 떠나면 아버지께서 좋아하지 않으실 텐데." 펭이 근심어린 목소리로 걱정을 했다.

"아버지는 가라고 하실 거야. 내 마음이 평안하기를 원하시니까. 그래도 내가 구멍을 판다고 말씀 드리지는 마." *카프*가 대답했다.

펭은 고개를 끄덕였다. 아버지는 다른 마을의 정령 술사들과는 달리 친절하고 관용이 있었지만 *카프*가 부족 전통에 충실하지 않는 것에 대해서는 좋지 않게 생각했다.

형이 짐을 지고 일어서려고 애쓰는 것을 보고 *카프*는 자기가 짐을 지고 간다고 제안했지만 펭은 집까지 멀지 않다며 머리를 흔들었다. *카프*는 무거운 짐을 진 형이 중심을 잡을 수 있도록 도왔고 둘은 서둘러 마을을 지나갔다. 깊어지는 어둠 속에서 둘은 사람들이 돼지와 닭을 우리에 몰아넣거나 높은 마루에 앉아 쉬면서 밤을 맞이하는 것을 볼 수 있었다. 펭은 키가 큰 동생을 감탄하듯 올려보았다. 형이야 뭐라고 말하든 사람들은 *카프*를 존중한다고 생각했다. 자신은 정체되어 있지만 *카프*는 언제나 전진하면서 무언가 새로운 것을 시도하고 있다. '언젠가 나는 우리 부족의 지도자인 무당이 되어 귀신의 권세에서 사람들을 건져내게 될 거야.' 물론 아무도 귀신에게서 완전히 자유롭게 될 수는 없을 것이다. 펭은 *카프*의 말을 기억하면서 의심스러운 생각이 들었다. 펭은 당혹감에 이마를 찌푸리며 악령들에게서 기인하지 않은 인생의 문제가 있을 수 있을까 하는 의문을 품었다.

2
위협

집에 오자 작은 갈색 개가 반갑다고 짖으며 머리를 쓰다듬어 달라고 달려왔다. *카프*가 그 무거운 바구니를 잡아 주어 *펭*은 포도나무 가지로 된 거친 끈 밖으로 팔을 뺄 수 있었다. 바구니를 땅에 내려놓고 *카프*는 형을 도와 송진 통나무들을 집 아래 닭장 옆에 말끔히 쌓았다. 보름달이 나무 위에 머물러 어둠을 적당히 밝혀주고 있었다. 둘은 튀어나와 있는 부러진 가지들을 계단처럼 밟고 오르는 대나무 사다리를 튼튼한 발가락을 사용해 원숭이처럼 날렵하게 올라 현관으로 다가갔다. 긴 장대가 둘의 무게 때문에 흔들리며 돌았지만 둘 다 헛디디지 않았다.

*카프*는 숨을 깊이 들이쉬면서 기쁜 듯이 외쳤다. "오늘 저녁은 생선 켕(고기와 야채를 잘게 잘라 끓인 묽은 스프)인가 봐." *펭*도 고개를 끄덕이며 소리쳤다. "틀림없이 오늘 잉이 강에서 생선을 많이 잡은 거야!"

*펭*은 대문 옆에 걸려 있는 둥근 그릇으로 물을 쭉 들이킨 후 *카프*에게도 주었다. 그들은 머리를 숙이고 낮은 대문 안으로 들어갔다. 먼저 식사를 하고 있던 아버지 *사팟*에게 머리 숙여 인사하며 김이 나

는 생선찜 가까이 놓인 대나무 돗자리에 앉았다. 펭은 화롯가에서 밥과 생선찜을 가져다 먹었다. *카프*도 똑같이 밥과 생선찜을 덜어 게 걸스럽게 먹어 치웠다. 생선 *켕*에는 녹색 양파, 고추, 레몬 풀로 양념한 작은 생선 몇 마리와 신선한 새우가 들어있었다. 펭과 마찬가지로 그 자리에 있는 식구들도 새벽에 밥을 먹은 후 처음으로 먹는 음식이었다. 배부르게 먹고나자 펭은 기분이 좋아졌다. "*켕*이 정말 맛있어요!" 어머니 숙은 12살 난 여동생 잉과 함께 방 뒤쪽에서 밥을 먹고 있었는데, 웃기만 할 뿐 대답은 하지 않았다. *타웨이* 여인들은 식사 시간에 뒤에서 조용히 있어야 한다.

집의 내부는 중앙에 진흙 화덕이 있었을 뿐 가구라고는 찾아 볼 수 없었다. 한쪽 벽 가까이 나무 마루에는 대대로 이어받은 토기 몇 개, 긴 칼과 큰 징이 진열되어 있었고 서까래에는 활도 걸려 있었다. 큰 방 뒤 대나무 담으로 분리된 작은 공간이 *사맛* 부부의 침실이었다. 나머지 사람은 모두 큰 방 벽을 따라 놓인 돗자리 위에서 잠을 잤다. 추운 밤에는 이 돗자리들을 불 가까이로 옮긴다. 낮은 처마 아래에 만들어 놓은 좁은 창문 셔터를 짧은 대나무 조각으로 받쳐 가끔 신선한 공기가 들어오도록 했다. 검게 변색된 서까래에는 숯이 쌓여 있었다. 방의 눅눅한 냄새가 화덕의 재에 섞여 연기만 남기고 사라져가면서 유쾌한 기분을 자아내고 있었다.

*카프*는 생선찜과 밥을 좀 더 먹으며 지난 며칠간 자신이 어떻게 살았는지 이야기해 주었다. "잉이 어망 사용법을 잘 배웠네요. 오랫동안 고기나 생선을 먹지 못했어요."

"내일 축제에 고기가 많이 있을 거다." 아버지 *사맛*은 오랫동안 *베텔*

넛(베텔이라는 식물에서 나는 붉은 색 견과류로 쓴 맛이 남)을 씹어서 검어진 치아를 드러내며 아들들에게 미소를 지어보였다. 미소를 짓자 그의 좁고 심각한 얼굴도 다르게 보였고 방 안을 밝게 해주었다. 여러 가지 부담되는 일이 많은데도 아버지 *사맛*은 유쾌하고 사랑스러운 분이었다.

"그리고 술도 많겠지요." 그렇게 말하고 펭은 자기가 말을 너무 많이 한 것처럼 느껴져 고개를 숙였다.

아직은 *란지* 얘기를 하고 싶지 않았다. *란지*는 이제껏 알았던 다른 소녀들과는 다른 특별한 존재였다.

*카프*는 아무 말도 하지 않았다. 첩첩 산을 넘어 솔라네로 걸어가려면 얼마나 오래 걸릴지 생각하고 있었다. 자기 계획을 아버지에게 말하고 싶었으나 지금은 좋은 때가 아니었다. 정령들을 섬기는 것에 대해 의심하는 바를 드러낼 수는 없었다. 만약 병이 확산되면 자기가 비난을 받을 수도 있었다. 축제가 끝나고 나서 아버지에게 말하고 떠날 참이었다. 여러 달 동안 비밀리에 이 여행을 계획하고 있었다. 이제 벼 추수도 거의 끝났기 때문에 자기가 없어도 문제될 것이 없었다.

*사맛*은 손등으로 자기 입을 훔치고서 옆에 있는 물통에서 물을 한컵 떠서 마셨다. 그러고는 남아있는 물로 컵 가장자리를 깨끗이 씻은 후 마지막 남은 물을 어두운 구석에 버렸다. *사맛*은 현관으로 나가며 불안하고 긴장이 되었다. 무언가가 *카프*를 괴롭히고 있는 것 같았지만 스스로 얘기를 꺼낼 때까지 기다리기로 했다. 보통 축제 전날에는 *카프*가 흥분했는데, 이번에는 펭이 더 들뜬 것처럼 보였다. 뒤이어 펭이 밖으로 나와 아버지 옆에 쪼그려 앉았다. *사맛*은 말린 *베텔 넛*과 *라임 페이스트*(쓴 맛이 나며 작고 물이 많은 녹색 과일 라임으로 만든 반죽)를 작은

잎사귀에 놓고 말고 있었다. 그러고는 자기 입에 톡하고 쏟아 넣고는 소리 내어 씹으면서 베란다 난간에 기대어 몇 분 간격으로 *베틸 넛*의 즙 때문에 붉어진 침을 뱉어 내었다. 펭은 더러운 습관이라고 생각했지만 아무 말도 하지 않았다. 사람들은 *베텔 넛*이 치통을 완화하고 신경을 안정시킨다고 주장했지만 사실은 중독인 것 같았다. *타웨이* 사람들은 대부분 담배를 재배해서 피웠지만 펭 가족은 담배는 좋아하지 않았다.

아버지와 아들은 조용히 추수에 대해 이야기 했다. 금년은 가뭄 때문에 수확이 적었지만 먹을 쌀은 넉넉히 있었다. 펭의 가족은 창고가 여러 채 있었는데, 한 곡식 창고에는 2년 전에 추수한 벼도 보관하고 있었다. 강의 수위가 매우 낮아지기는 했어도 여전히 산 위에 있는 샘으로부터 물이 풍족하게 흘러내려오고 있었기 때문에 부족한 것이 없었다. 얼마 후에 둘은 안으로 들어가서 자리에 누웠다. 다른 이들은 모두 하루 일로 지쳐 잠들어 있었다. 가끔 개들이 달을 향해 짖는 것을 제외하고 마을은 조용했다. 부드러운 평화가 깃든 밤이었다.

* * *

다음날 아침 펭은 보통 때처럼 당일의 식사를 위해 벼를 두들기는 동네 여인들이 내는 소리에 일찍 잠에서 깨어났다. 펭은 이불을 감고 다시 자려고 하다가 그만 일어났다. 오늘 *란지*를 볼 것을 생각하니 흥분이 되었다. 널빤지 마루를 흔들어 식구들을 깨우지 않도록 조심하면서 펭은 바깥으로 나갔다. 카프는 얇은 군대 모포를 덮고 옆에 누워 있었다. 잉은 시내에서 사온 무거운 담요를 덮고 방의 다른 편에서 자고 있었지만, 아버지의 모습은 보이지 않았다. 정령들에게 예물을 바치기 위해 이미 떠나신 모양이었다. 어머니는 벼를 두들겨 껍질을 벗겨내고 있었다. 두 손으로 두꺼운 막대를 쥐고 가끔은 숨을 고르기 위해 멈추었지만 가운데가 푹 파인 나무 둥치 속에 쌓여있는 벼를 계속 강하게 내리쳤다. 마을 전체에서 여인들은 불규칙한 리듬으로 "쿵, 쿵, 쿵" 하는 소리를 내며 아침 노동을 하고 있었다. 이 친숙한 소리 때문에 시원한 아침 공기와는 대조적으로 펭의 마음은 따스해졌다.

어제 입었던 반소매 옷을 아직까지 입고 있었는데, 어깨가 시렸다. 축제에는 깨끗한 셔츠로 바꿔 입고 갈 참이었다. 펭은 추위를 이기려고 몸을 쭉 폈다. 펭은 이 추운 계절이 좋았다. 몇 달 안에 시작되는 우기에는 온도와 습도가 괴로울 정도로 올라갔다. 펭은 다시 쭈그리고 앉아 최근에 열병으로 사망한 남자 2명과 어린이 6명을 생각했다.

'지금 그들은 어디에 있을까? 정령 술사들이 주장하는 것처럼 그들의 영혼은 제물을 요구하면서 마을에서 떠돌고 있을까?' 펭은 죽음을 생각하자 몸이 떨렸다. 아마 오늘 바치는 제물로 정령들은 만족하리라. 펭은 축제에서 재미있게 지내고 두려움은 잊어버리기로 결심했다.

정오가 되니 마을 중앙에 있는 추장 집 가까이에 큰 무리가 모였다. 펭과 카프는 청년 그룹에 끼어 앉았다. 낮은 대나무 상에는 바나나 잎에 음식이 차려져 있었다. 이날 아침 일찍 잡은 돼지가 잘 구워져 먹을 준비가 되어 있었다. 펭은 사람들의 선의의 웃음에 동참하며 헹에게도 미소를 보냈으나 돌아온 것은 적의(敵意)의 눈초리였다.

마침내 란지를 포함한 일단의 소녀들이 도착했다. 남자 청년들은 각자 그 날의 파트너를 찾으려고 소녀들을 둘러쌌다. 소녀들은 후아이족이 짠 짧은 치마를 입고 있었다. 그 붉고 검은 줄무늬 면직 옷감은 무겁기는 했지만 무늬가 아주 다채로웠다. *타웨이* 여인들은 모두 그 옷 감을 좋아해서 쌀과 다른 물품을 팔아 옷감을 샀다. 엉덩이 아래로 걸 치는 이 치마는 허리를 감싸는 평평한 옷 조각으로 허벅지 중간까지 내려오는 옷이었다. *란지*와 일부 소녀들은 같은 어두운 천으로 만든 민소매 블라우스도 입고 있었다. 나머지 소녀들은 가슴만 가리는 옷을 입고 있었지만 모두 그곳의 격에 맞는 옷이었다.

*펭*은 *란지*의 빛나는 검은 머리를 감탄하는 눈으로 바라보았다. 부드 러운 피부는 밝은 구리처럼 빛났고 자그마한 금귀고리는 *펭*을 향해 애 교스럽게 머리를 돌릴 때마다 햇빛 속에서 반짝였다. *란지*는 모두와 친했지만 *펭*에게 가까이 와서 함께 있었다. *펭*이 밥과 돼지고기를 바 나나 잎에 싸서 가져오자 *란지*는 우아하게 먹었다. 그리고 커다란 술 단지 주위에 있는 친구들에게 합류하여 차례로 단지에 꽂혀 있는 대나 무 빨대로 술을 들이켰다. 북과 징, 갈대 피리 소리가 공중에 가득했 다. 몇 시간 후 *펭*과 *란지*는 나무 아래 앉아 웃으며 농담을 주고받고 있었다. 술을 많이 마셔서 그런지 *펭*에게는 *란지*의 웃는 얼굴 밖에 보 이지 않았다. *란지*에게는 아무에게도 얘기하지 않는 자기 속마음을 이 야기할 수 있었다.

그때 누군가를 본 *란지*는 얼굴에서 미소가 사라지더니 그 자리에 얼어 붙어버렸다. 그리고 곧바로 누군가가 화를 내며 소리를 지르더 니 그녀의 손을 낚아채서 끌고 가 버렸다. *펭*은 눈의 초점을 잡고 일 어서려고 했지만 누가 끌고 갔는지 알기도 전에 *란지*는 사라져 버렸 다. *펭*은 후에 비틀거리며 가까스로 집에 돌아왔다. 불안하고 고통스 러운 밤이었다. 다음날 아침 깨어났을 때에도 여전히 분노와 수치심으로 타올랐다. 그날 오후 *란지*를 찾아 누가 데려갔는지 물어보려고 축제 장소로 돌아갔다. 그러나 *란지*는 없었다.

떠들썩하고 즐거운 분위기가 계속되는 동안 *사맛*과 다른 마을 술사들은 정령에게 두 번째 제사를 하러 숲속으로 들어갔다. 정령이 산다고 알려진 지역을 신중하게 선정하여 그곳에 물소를 대신하는 대나무 부적을 올려놓고 마술 주문을 외웠다. 정령들이 속아서 진짜 짐승이 희생된 것이라고 믿어 주기를 바랐다. 물소는 논을 갈고 벼농사를 짓는데 꼭 필요한 값이 비싼 동물이었기 때문에 타웨이 사람들은 이런 속임수를 사용했다. 만약 열병으로 앓고 있는 사람들이 회복된다면 진짜 물소를 잡을 필요가 없는 것이다. 모두들 어제 잡은 돼지의 피가 정령들을 충분히 만족시켜서 어서 질병이 끝나기를 바랐다.

*펭*은 떠드는 무리의 가장자리에 몇 시간이나 앉아서 음식을 먹지도 않고 실망감과 싸우고 있었다. 다른 청년들은 노느라고 *펭*에게는 관심이 없었다. 한편 *헹*은 모든 것을 알고 있다는 듯이 몇 번씩이나 웃으면서 *펭*을 쳐다보았다. *펭*은 화가 났다. *헹*에게 가서 *란지*에게 일어난 일을 알고 있는지 물어보기로 했다.

"앉아!" 굵은 목소리가 들렸다. *카프*였다. *카프*는 *펭*을 말리려 했다.

"바보짓 하지 마. 모두 다 취했어. *헹*이 *란지*에 대해 물으면 크게 싸우게 될 거야." 하지만 *펭*은 화를 내며 동생을 밀쳐내었다. "나를 내버려 둬. *헹*에게 물어봐야겠어." 하지만 *카프*는 형의 팔을 잡고 다시 끌어당겼다. "왜 그래? 응!" *카프*는 형 옆에 무릎을 꿇고 앉아 달래듯이 속삭이며 형을 흔들었다. "축제 기간 중 싸움을 하면 심각한 문제가 된다는 것을 알잖아. 형, 화내지 마. 성질 좀 죽여."

"그래도 *란지*가…." 펭은 말을 잇지 못했다. "*란지*가 오늘부터 축제에 못나오고 집안에 갇혀 있어. 사람들도 다 알아. 부모님을 언짢게 한 거야. 아마 형이 사위가 되는 것을 원하지 않을 수도 있어."

펭은 희미한 불 빛 속에서 동생의 눈을 쳐다보았다. '내가 거절당한 것을 모두가 알고 있다고? 어떻게 이 수치를 감당할 수 있을까? *란지* 집에 찾아가서 이야기 좀 나누면 좋으련만! 만약 *란지* 부모님의 심기를 불편하게 했다면 사과하리라. 분명 그들은 내 말을 들어주리라.'

타웨이 소녀는 부모와 생각이 달라도 대개 자신의 배우자를 선택할 수 있었다. *란지*는 가족의 압력에 굴복한 것인가? 아니면 다른 사람을 선택한 것인가? 펭은 머리를 양손에 파묻고 땅에 앉았다. 그렇게 쉽게 포기할 수 없었다. 부족의 관습을 어기는 것이기는 하지만 내일 *란지* 부모를 만날 것이다. *란지* 외에 다른 소녀는 원하지 않았다.

"집으로 가자." 펭은 고통스럽게 말했다. 카프가 형의 기분을 돋우려고 했지만 펭은 별 말이 없었다. 아무도 자기 계획을 알면 안 되었다. 그렇지 않으면 누군가 개입할지도 모른다. 그래서 펭은 모든 것을 체념한 듯 가장했다. 집으로 연결된 사다리를 올라가면서 펭은 카프에게 말했다. "카프, 축제장으로 돌아가. 나는 이제 괜찮아."

카프는 주저하다가 어둠 속으로 사라졌다. 펭은 슬펐지만 *란지*의 호의를 다시 얻겠다고 결심했다. 펭은 오랫동안 베란다에 앉아서 *란지*네 부모에게 뭐라고 말해야 할지 곰곰이 생각했다. 고요한 밤공기를 뚫고 머리 위의 큰 종려나무 잎들이 바람에 흔들리는 소리와 매미 우는 소리가 들려왔다. 그때, 갑자기 무언가 날아와 펭의 어깨를 때렸다. 돌멩이었다. 잠시 후, 두 번째 날아온 돌멩이가 담장을 맞히고 밑

으로 떨어졌다. 밑에서 살금살금 움직이는 발소리도 들렸다. 펭은 약
간 긴장해서 소리쳤다. "거기 누구야?" 그러자 목소리가 들렸다. "*란
지*를 내버려 둬. 그렇지 않으면 널 죽일 거야."

'형의 목소리?' 그러나 확신할 수 없었다. 펭은 베란다 난간에 몸을
기댄채 내려다보았다. 깜깜한 어두움 속에 아무 것도 볼 수 없었지만
누군가가 도망쳤다. 밤이었어도 날은 따뜻했는데, 펭은 이것이 가벼
운 경고가 아님을 알고는 몸이 떨렸다. 누군가가 자기에게 저주를 건
것 같았다. 그러한 위협은 *타웨이* 사람들 사이에는 보통 있는 일이었
으며, 그 후 종종 알 수 없는 죽음이 뒤따랐다. *란지*는 자기를 사랑하
는 것 같았는데, 분명 다른 누군가가 그녀의 남편이 되기로 작정한 것
이다. 펭은 집 안으로 들어갔다.

어두움 속을 더듬어 자기 잠자리를 찾아 간 펭은 무릎을 꿇고 턱을
괸 채 그 경고에 대해 생각했다. 경고를 한 사람이 누구인지 목소리
로는 식별할 수 없었기 때문에 펭은 이마를 찌푸리고 구애기간 동안
*란지*의 움막을 방문한 사람을 기억해 보려고 애썼다. 추수 기간 동안
10대 소녀들은 정리된 논에 작은 임시 움막을 짓고 잠을 잤다. 거의
매일 밤 *란지*의 움막집 주위에는 그녀의 주목을 끌려고 노래하고 연주
하는 열광적인 청년들이 찾아왔다. *란지*는 펭을 알아보고 움막 안으
로 들어오게 했지만 펭 이전에도 다른 남자들이 초대를 받은 적이 있
었다. 펭은 과거에 다른 소녀들의 움막에서 잠을 잔 적이 있었지만,
이제는 *란지* 외에는 관심이 없었다.

외로움이 차디찬 돌같이 마음을 눌렀다. 펭은 아이들을 사랑했고
자신의 가족을 갖기를 원했다. '나는 과연 아내를 얻게 될까?' 자기보

26

다 나이가 어린데도 이미 결혼한 친구도 있었다. 지금까지 아무도 그를 선택하지 않았는데, 아마도 그 이유는 수줍어하다가도 금방 화를 내기 때문인지도 몰랐다. 아니면 아버지처럼 정령 술사가 되는 것이 싫어서인가? 펭은 란지의 사랑으로 마음의 공허가 채워지는 듯 했다. 다른 소녀들에게는 무슨 말을 할지 생각이 나지 않았지만 *란지*와 함께 있으면 편안해졌다.

펭은 어둠 속을 응시하면서 만약 자기가 살해 위협을 무시하면 원수가 정말로 자기를 죽일 것인지 생각했다. 정령 술사의 아들인 것은 물론 어느 정도 가치가 있었다. 펭의 아버지는 질병의 원인을 점치며 저주를 몰아내고 적절한 예물로 정령들을 달랠 수 있다는 것을 모든 사람이 알고 있다. 그러나 사람들은 *사맛*을 두려워하지 않았는데, 이는 그가 죽음이나 질병으로 보복하지 않는다는 사실을 알고 있었기 때문이다.

*사맛*은 다른 마을의 일부 술사처럼 권력에 굶주리지 않았다. 그는 진실로 *타웨이* 사람들을 사랑했고 그 때문에 존경 받고 있었다.

펭은 아버지의 직업에 대해 언제나 긍지를 느꼈고 아버지의 발자취를 따라가는 것을 고대하기까지 했다. 그러나 지금은 술사가 되는 것이 어떤 유익이 있는지 의심스러웠다. 그것은 귀신에게 완전히 굴복하여 세세한 일까지 귀신의 지시에 복종하는 것을 의미했다. 술사는 권세를 가진 것처럼 보이지만 실제로는 보이지 않는 정령의 세계에 예속되는 것이었다. 사람들은 겉으로는 술사를 존경하지만 마음 속 깊이는 두려워한다. 이것이 자신이 원하는 삶이란 말인가?

펭은 자리에 누웠지만 눈을 감을 수 없었다. 그는 *카프*가 한 말을 생각했다. 질병과 각종 문제들이 악한 영들에게서 오는 것이 아니란 말인가? 만약 그것이 사실이라면 자신이 술사가 되어 정령들을 섬길 필요가 없는 것이다.

*펭*은 정상적인 삶을 살 수 있었다. 그렇게 되면 *란지*는 가족의 소원에도 불구하고 *펭*을 향한 사랑을 선택할지도 모른다. 아니면 *란지*도 대부분의 다른 소녀들과 마찬가지로 변덕스러운 바람둥이에 불과할 뿐인가? 슬픔과 분노가 파도가 되어 마음을 할퀴고 있었다. 오랜 시간이 지나서야 깜박 잠이 들었지만 뒤숭숭했다. 꿈에 성난 얼굴들이 보였고 악한 자에게 쫓기기도 했다. *펭*은 가슴을 두근거리며 땀을 흘리며 깨어났다. 아버지가 자기를 굽어보고 있었다. "아들아, 무슨 일이니? 무어라고 소리를 지르던데?" *펭*은 어둠 속에 앉아 머리를 흔들며 정신을 차리려고 애썼다. 악한 존재가 쫓아오던 꿈속 장면이 생각나 몸이 떨렸다. 죽이겠다고 위협 당한 일은 말하지 않고 "악몽을 꾸었어요."라고만 했다. 자기 문제는 스스로 해결할 요량이었다.

*사맛*은 무언가 더 깊은 것이 있음을 감지하고는 꿈에 대해서 설명하라고 설득했다. "마치 죽음의 영이 저를 추적하는 것처럼 느껴졌어요. 이것은 제가 곧 죽을 것이라는 뜻인가요? 죽은 후에는 우리가 어떻게 되나요? 산 사람들을 괴롭히는 악령의 무리에 합류하나요?" 아버지는 고개를 끄덕였다. "죽음의 영들은 대단한 권세를 가지고 우리를 다스린다. 그러니 우리는 주의해서 그들을 달래야 하는 거야." *펭*은 두려웠다. 아버지가 믿는 신앙에는 아무런 위안이 없었다.

3
죽음에서의 도피

다음날 아침 늦게 펭과 카프는 남은 벼를 타작하기 위해 논으로 내려갔다. 긴 시간 동안 뜨거운 태양 아래 타작마당을 밟으며 발로 볏짚에서 곡식알들을 분리했다. 그 일을 할 때 조부모와는 달리 맨발이 아니어서 기뻤다. 사맛은 가끔 타작 기간을 위해 특별히 만든 가죽신을 신었지만, 두 아들은 가까운 도시에서 산 두꺼운 천 신발을 좋아했다. 카프는 농담도 하면서 형의 기분을 돋우기 위해 애썼지만 펭은 아무 반응도 하지 않았다. 참담한 생각들이 머리를 맴돌면서 계속 펭을 괴롭혔다. '너는 란지를 잃었어. 결코 좋은 아내를 못 만날 거야. 너는 란지를 잃었어. 결코 좋은 아내를 못 만날 거야.'

란지가 자기를 거부한 것을 아마도 모든 사람이 알 것이었다. 이같이 신나는 소식은 마을 전체에 재빨리 퍼지는 법이니까….

그날 함께 일하는 것이 조금도 즐겁지 않기 때문에 둘은 일찌감치 일을 끝냈다. 펭은 집으로 가서 구석에 있는 자기 돗자리에 녹초가 되어 누웠다. 노동보다 끝없이 맴도는 암울한 생각들이 몸을 더 지치게 했다. 그래도 저녁식사 후에 란지와 란지 부모님을 찾아 가기로 결심했다. 어머니와 여동생이 들어와서 저녁 준비를 시작했다. 그들은 밝은 목소리로 펭을 깨우려고 했지만 펭은 돌아누워버렸다. 여자들은 어떤 행동이 남자에게 상처를 주는지 도무지 이해를 못 하는 것 같았다. '여자들은 남자를 이끌고 가다가는 떨어뜨려버린다.' 이런 생각이 펭의 마음을 씁쓸하게 만들었다.

'여자를 다시 신뢰할 수 있게 될까?' 그는 형을 사적으로 만나려다가 생각이 어지럽고 혼란스러워 그만 두었다. 카프가 간섭할지도 모르니 그가 떠날 때까지는 행동을 자제하기로 했다.

그날 저녁 펭은 불행의 무게에 눌려 식사 중에도 우울한 침묵이 계속되었다. 그런데 카프가 폭탄선언을 했다. "아버지, 저 다시 도시에 가 있겠어요." 사맛은 평정을 유지하려고 애쓰며 밥을 한줌 집어 들었다. 그리고 엄한 얼굴로 카프에게 물었다. "얼마나 가 있을 거니? 지금 네가 여기에서 필요한데 꼭 가야겠니?" 사맛은 무뚝뚝한 목소리가 떨리지 않게 하려고 애썼다. 이제 작은 아들을 잃게 될 것이었다. 그런데 아들이 왜 떠나려는지 그 이유를 이해할 수 없었다.

"수개월은 될 겁니다. 타작은 지금 거의 끝났으니까요." 카프는 태연히 말했다. 사맛의 시선은 머리 숙인 펭에게로 향했다가 다시 카프의 결연한 얼굴을 응시했다.

"오! 형은 회복될 겁니다." 카프는 어깨를 으쓱이며 말을 이었다. "마을에는 다른 소녀들도 있잖아요. 형은 오늘 내가 농담해도 웃지 않았어요. 스스로 우울해 지기를 원하면 아무리 애를 써도 형을 웃길 수는 없지요. 사람들이 모두 아프거나 슬프지 않으면 귀신이 죽일까봐 두려워하는 이 비참한 마을을 떠나야겠어요. 도시에서는 뭐라도 할 수 있는데 여기서는 할 수 있는게 아무 것도 없어요." *카프*는 아버지의 답을 기다리지 않고 일어나 방을 나갔다. 다음 날 아침 그는 부모와 논쟁이나 눈물 어린 이별을 하기 싫어서 해 뜨기 전 마을을 빠져나갔다.

*펭*은 결국 *란지*네 집에 가지 않았다. 자기에게 저주가 임할까봐 두려웠던 것이다. 절망이 너무 심해서 *란지*와 결혼할 희망을 가질 수조차 없었다.

다음 주간 내내 *숙*은 음식은 거의 손도 대지 않은 채 일만 열심히 하는 아들을 지켜보아야 했다. *펭*은 식사시간에 몇 숟가락 먹은 후에는 아무 말도 하지 않고 홀로 앉아 있다가 나가곤 했다. 전에는 잘 먹었었기 때문에 어머니 *숙*은 무척 걱정이 되었다.

그 주간에는 더 이상 열병으로 죽는 사람이 없었다. 정령들이 만족한 모양이다. 건기가 진행되자 밤은 더 추워졌다. *숙*은 쌓아 두었던 담요들을 내어놓았다. 대부분의 다른 가정보다 담요가 많았지만 그래도 밤은 추웠다. 마을 어린이들은 감기에 걸려 콧물을 흘리고 있었다. *펭*은 목이 심하게 아팠고 다리와 발에 종기가 생겼다. *란지* 생각은 어느 정도 떨쳐 버렸지만, 이제 *펭*은 복수하려는 생각으로 가득 찼다. *헹*이 *란지*를 만나고 있다는 말을 듣고 더 화가 났다. 계획을 세워 그날 밤 *헹*의 집으로 가서 필요하다면 싸움까지 할 각오를 했다. 그러면 자기가 협박을 두려워하지 않는 것을 알게 될 것이다. 그러나 그날 오후 *펭*은 심하게 열병을 앓았다. 논에서 집으로 돌아와 바로 누웠는데 아무것도 먹을 수가 없었다. 밤에는 병이 더욱 기승을 부렸고 *사맛*은 새벽까지 그에게 주술을 행했다. 다음날 아침에 정령에게 닭을 바쳤지만 펭의 병은 더 악화되었다. 온종일 헛소리를 하며 심하게 몸을 뒤척이면서 신음소리를 내고 소리를 질렀다.

*사맛*은 그날 저녁 제일 큰 돼지를 잡았다. 정령들이 자기 아들을 살려주기만 한다면 그들을 더욱 신실하게 섬기겠다고 약속했다. 그는 아내가 옆에서 지켜보는 가운데 긴 밤 내내 주문을 외우며 펭 옆에 앉아 있었다. 어린 자녀를 여러 명 잃었고 이제 겨우 넷만 남았기 때문에 펭의 병이 더욱 걱정이 되었다. 장녀 *노이*는 결혼했고 작은 아들 *카프*는 집을 떠나갔기에 *사맛*의 마음은 장남이 열병과 싸우는 것을 지켜보며 두려움에 싸였다.

새벽녘에 펭은 아주 조용히 누워 간신히 숨을 쉬고 있었다. 얼마 쯤 시간이 흐른 후, 펭이 눈을 천천히 뜨고 한숨을 쉬더니 물을 한잔 달라고 했다. 그러더니 곧바로 다시 잠에 빠져 들었다. 호흡은 정상으로 돌아와 있었다. 펭은 오후에 깨어나서 배가 고픈지 어머니가 준 켕을 꿀꺽꿀꺽 맛있게 마셨다. 며칠간 여전히 힘이 없기는 했지만 기운은 점차 돌아오고 있었다. 하지만 가끔 밤에 두려움과 억압을 느끼며 깨어나곤 했다. '내가 좀 더 나은 사람이 될 수만 있다면 좋으련만!'

그는 자기가 성질과 화가 날 때 퉁명스러워지는 습관이 부끄러웠다. 틀림없이 소녀들은 자기를 좋아하지 않는다. 자신은 악령들의 벌을 받아 죽어도 싸다고 생각했다.

펭이 회복되고 얼마 되지 않아 *사맛*은 숲속에 들어가 큰 대나무 하나를 찍어 둘로 자른 후, 속에 구멍을 내어 튜브를 두 개 만들어 가지고 집으로 왔다. 그리고 *사맛*은 펭에게 일러 주었다. "네가 다시 완전히 건강해 지려면 네 영혼의 정령들을 모으지 않으면 안 된다."

타웨이 부족도 *라오스* 사람들처럼 사람에게는 신체의 각 부위에 32개의 정령이 있다고 믿었다. 어떤 사람이 잠이 드는 것은 그 정령 중 일부가 나가서 방황하고 있기 때문이며 모두 돌아오지 않으면 그 사람은 병들어 죽는다고 생각했다.

태양이 중천에 있을 때, 펭은 광주리에서 쌀을 한줌 집어서 아버지를 따라 바깥에 있는 사다리 밑으로 내려갔다. *사맛*은 쪼갠 대나무 조각들을 특별히 주술적 형태로 엮어 바닥에 펼쳤다. 펭은 그 위에 쌀을 뿌렸다. 배고픈 정령들이 쌀을 보고 돌아오도록 하기 위해서였다.

펭은 아버지가 가르쳐 준대로 자기 정령의 이름을 부르며 대나무 튜브를 집어 좌우로 천천히 흔들었다. 그리고 자기 영혼의 정령들을 안에 가두기 위해 재빨리 양끝을 빨대의 마개로 막았다. 그 후 그 튜브와 엮은 대나무를 집안으로 옮겨놓고 *사맛*은 주술을 하면서 그 정령들이 아들과 함께 머물도록 빌었다. 조심스럽게 각 대나무 튜브의 마개를 열면서 그 모든 정령이 다시 돌아오도록 펭의 몸에 가까이 대었다.

그날 저녁 펭의 친구들이 병문안을 왔다. 방금 팬 소나무 장작이 커다란 돌 위에서 천천히 타고 있었다. 한 시간 전에는 그 화덕에서 저녁식사를 준비했다. 청년들이 한 사람씩 나와 펭의 팔목에 짧은 실을 매어 주었다. 희미한 불빛이 그들의 얼굴에 아른거리고 있었다.

"네가 사슴의 뿔처럼, 야생 곰의 턱처럼, 코끼리의 어금니처럼 강건하기를 원하노라!" 벡은 주문을 외며 자기 사촌에게 미소를 지었고 조심스럽게 펭의 양 팔목에 실을 매었다. 이어서 "모든 것이 네게 굴복하며, 부족한 것이 없게 되기를 원하노라!"라고 다른 친구가 말했다.

*사맛*이 앞으로 와서 긴 실 두 가닥으로 아들의 가슴을 묶으며 축복

했다. "우리말로 네 이름의 뜻은 장수(長壽)이다. 너는 천년을 살며 네게는 온갖 재물이 풍성하기를 원하노라. 언제나 올바른 것을 위하여 일어날 힘이 있기를 원하노라." 곧 펭의 양 팔목은 실 팔찌로 두텁게 덮였지만 친구들은 계속해서 나아와 축복했다. "만일 네가 다시 열병에 걸리면 빨리 사라지기를 원하노라." "네게 장수와 건강과 행복과 힘이 있기를 원하노라." 숙과 잉도 소원을 가지고 앞으로 나왔고 손님들에게 바나나가 담긴 접시를 돌렸다. 소나무 장작을 몇 개 더 올리자 불이 타올라서 숯으로 검어진 서끼레와 미소 짓는 이들의 얼굴을 비춰 주었고, 펭의 식구와 친구들은 영혼의 정령들이 안전하게 귀환한 것을 축하했다. 소나무 연기의 향기가 눅눅한 산골 집의 냄새와 섞였다.

죽음은 웃음과 선의로 가득한 방에서 멀리 떨어져 있는 것처럼 보였다. 펭은 건강과 힘이 새롭게 자기 몸에 흐르는 것을 느끼며 친구들을 볼 수 있게 되니 무척 기뻤다. 살아있다는 것은 좋은 것이다! 란지의 사랑을 다시 얻으려고 하다가 목숨을 잃는 위험을 감수하는 것보다 건강이 회복된 것에 만족하는 것이 더 낫다고 마음을 먹었다. 그녀의 아름다운 얼굴과 축제 때 있었던 사건은 기억 속에서 희미해졌지만, 그 저주는 실제적인 것이었다. 저주는 다음에는 그렇게 쉽게 극복되지 않을지도 모른다.

* * *

다음 날 오후 늦게 펭은 베란다에서 쉬고 있었다. 아버지 *사맛*은 어머니가 겨울에 준비해 놓은 강한 면실로 새 어망을 능숙한 솜씨로 짜고 있었다. *사맛*의 손가락이 빠르게 움직이면서 단단한 그물이 점점 크게 만들어지고 있었다. 건기치고는 이상하게 따뜻했다. 바람 한 점 없이 덥고 습한 날씨였다. 이글거리는 태양이 서쪽 지평선으로 넘어가면서 하늘에 붉고 노란 노을을 남겼다. 마을에 어둠이 드리우고 머리 위의 파파야 나무와 키가 큰 코코넛 종려나무 잎이 바람에 흔들리기 시작하자 *사맛*은 짜던 그물을 옆으로 치웠다.

"다시 건강해지니 좋네요. 병을 치료하실 수 있는 아버지가 계셔서 기뻐요." 펭은 고마운 마음으로 아버지를 바라보았다. *사맛*은 펭이 죽음의 문턱에 있었을 때, 자신의 주술과 예물이 얼마나 부적절했던가를 회상했다. "내가 이해하지 못하는 병이 많이 있단다." *사맛*은 펭을 보면서 한숨을 지었다. "어떤 정령이 그 질병을 일으켰는지 알기는 어려워도 사람들을 돕기 위해서라면 내가 할 수 있는 일을 모두 하고 싶어. 정령들은 작은 일에도 완전한 복종을 요구하기 때문에 섬기는 것이 쉽지가 않지. 나는 어떤 금기(禁忌)를 잊어버려 그들을 화나게 할까봐 언제나 두렵단다."

펭은 아버지가 먹지 못하는 음식들, 숲에서 갈 수 없는 어떤 특별한 장소들, 자신의 집에서 특별한 방식으로 행동해야 하는 것들을 떠올리면서 고개를 끄덕였다. *사맛*은 자주 이런 말을 했다. "우리 주위에는 온갖 두려움이 있고 악령들은 최고의 권세를 가지고 있단다."

펭은 별들로 가득 찬 하늘을 올려다보면서 물었다. "악령들은 별들과 달과 해도 통제하나요?"

*사맛*은 어깨를 들어올리며 대답했다. "나도 모른단다. 그것들은 결코 변하지 않아. 별과 달은 자기의 정해진 궤도를 따르고, 해는 우리의 문제와 번영에 상관없이 매일 아침 떠오르지. 어떤 때는 정령들이 우리를 질병으로 벌할 때도 시원한 비는 내린단다."

펭은 병을 앓고 나서 수많은 질문과 씨름했다. 펭은 거의 죽을 뻔했고 악령의 권세에서 기적적으로 빠져나왔지만 언젠가는 다시 죽을 것임을 알았다. '악령들에게서 벗어날 길은 없을까?' 그때 펭은 마을 노인들에게 들었던 옛날이야기가 생각났다. 그는 아버지에게 "바위 꽃 이야기 좀 다시 들려주세요." 라고 청했다. *타웨이* 사람들은 논과 마을에 있는 바위 위에 자라나는 이끼를 '바위 꽃'이라고 불렀다.

"오래 전 위대한 영(靈)이 자신을 몰아내었던 일곱 악령과의 전쟁에 말려들었지. 그 때 우리 조상은 악령들을 달래는 일에 몰두하느라고 그 위대한 영이 누구인지, 심지어 그 이름이 무엇인지 조차 잊어버렸어. 그러나 언젠가 그 위대한 영은 돌아올 거야. 그가 다시 돌아 올 때가 되면 바위 꽃이 커지고 더 밝은 색이 되며 더 눈에 잘 띄게 될 거야. 그 때까지는 악령들이 우리를 멸망시키지 않도록 악령들을 비난하지 말고 계속해서 잘 섬기고 있어야 한단다."

펭은 아버지의 말을 깊이 생각했다. '만약 그 위대한 영이 곧 돌아오기만 한다면 얼마나 좋을까.' 아마도 그는 지구와 그 가운데 있는 아름다운 것들을 만든 분이리라. 분명 그는 펭의 마음을 사로잡고 있는 이 무서운 두려움에서도 구해줄 것이다.

몇 주 후 펭은 *란지*가 아이를 낳을 것이라는 말을 들었다. 아이 아버지가 누구인지 알고 싶어 애타게 기다렸다. 자기는 그 아이의 아버지가 될 희망이 없었다. *란지*는 마을에서 펭을 피했고, 펭은 그 축제의 밤 이후로 그녀에게 말을 하지 않았다. *란지*가 헹을 아이 아버지라고 지목했다는 것을 알고, 펭은 마침내 헹이 왜 자기를 미워했는지 알았다. 헹은 *란지*를 자기 아내로 삼고 싶었던 것이다. 펭의 마음은 옛 친구에 대한 원망으로 들끓었다. 헹을 용서할 수 없었다. 축제의 밤에 경고했던 자는 틀림없이 헹이었다. 다른 사람일 수가 없었다. 그러나 이제 그것을 문제 삼은들 너무 늦어 버렸다.

그 즈음에 어떤 젊은 엄마가 해산 중에 죽었다. 마을 전통에 따르면 태어난 아이가 건강해도 함께 묻혀야 한다. 아이의 양육을 도와줄 사람도 없었고, 무당은 아이 아버지에게 아이를 정령들에게 넘겨서 화난 정령들을 달래야 한다고 했다. 이 말을 듣고 펭은 화가 났다. 만약 *란지*와 그 아이가 죽게 된다면 자기는 너무 슬플 것 같았다. '어찌하여 정령들은 살아 있는 아이의 생명을 요구할 정도로 잔인한가? 엄마의 생명을 취한 것으로 충분하지 않은가?' 분명 이보다 좋은 길이 있을 것이라고 펭은 생각했다. 펭은 서서히 자기 부족 사람들을 구원할 길을 찾아야겠다는 결심을 하게 되었다.

펭이 동트기 전에 마을을 떠났는데도 시내 장터는 벌써 사람들로 북적였다. 최근 병을 앓았기 때문에 세 시간을 걷는 것이 예전보다 더 피곤하게 느껴졌다. 그래도 식욕은 다시 왕성해져서 아주 배가 고팠다. 그래서 가져온 물건들, 바나나, 담배, 고추를 팔기 전에 먼저 먹을 것을 찾기로 했다. 오래 걸은 데다 기침도 많이 하고 오한이 났다. 열린 광장 건너편에 있는 음식을 파는 곳으로 갔다. 시골 농부들은 쌀, 후추, 바나나, 파파야, 죽순 기타 물품을 광주리에 담고 팔고 있었다. 여인들이 큰 소리로 흥정하는 동안 살아 있는 닭들이 엉성하게 짠 갈대 상자 안에서 소리를 질러댔다. 펭은 장터에서 팔 수 있는 허가증은 없었지만 펭이 가져온 물건을 사주는 가게 주인을 알고 있었다. 펭은 그곳에서 이웃 마을 사람을 알아보고 그가 팔려는 작은 생선과 개구리 묶음을 칭찬하려고 멈춰 섰다.

라오스 사람들은 고기 잡는 것을 좋아하지만 자기들이 먹을 것은 먹고 남는 것은 *파덱*(왕겨와 소금 속에 통째로 절인 생선)으로 만들어 저장해 두기 때문에 신선한 생선은 시장에 잘 나오지 않았다. "아저씨, 강과 연못에 물고기가 많이 있었나요?" 펭이 나이든 사람 옆에 쪼그리고 앉으며 공손하게 물었다. 그러자 이 사람은 회색 머리를 슬프게 흔들며 긴 가뭄 때문에 개구리 외에 다른 물고기는 잡기가 어려웠다고 설명했다. 4월에 우기가 시작되면 고기잡이도 좋아지겠지만 지금은 2월이었다.

그 장터에는 한 베트남 사람이 국수를 팔고 있었다. 국수는 집에서 먹는 음식과는 아주 달랐지만 그 맛을 좋아해서 도시에 오면 꼭 먹는 음식이었다. 오래 걷고 나면 망고나 코코넛 말고 다른 것이 먹고 싶었는데 장터에 국수 외에는 다른 음식이 없어서이기도 했다. 국수 한 그릇은 5킵(라오스의 제일 작은 화폐 단위)이었지만, 그 사람은 돈 대신 바나나 몇 개를 받는 것에 동의했다. 펭은 자리에 앉아 김이 나는 국수 사발과 젓가락을 받았다. 젓가락 사용법은 몰랐지만 옆에서 소리를 내며 먹고 있는 다른 손님들을 보고 그대로 따라 했다. 사발을 입에 대고 젓가락으로 조금씩 입안으로 국수를 밀어 넣으면서 가끔씩 국물을 마셨다. 맛있었고 아픈 목도 많이 나아지는 것 같았다.

그때 후아이 사람 한 명이 곁에서 국수를 먹고 있었다. 그 사람을 보자 잊고 있었던 몇 달 전 일이 생각났다. 그 날도 어떤 후아이 사람이 옆에서 국수를 먹고 있었다. 그런데 그 사람은 먹기 전에 먼저 머리를 숙이고 눈을 감고 말을 하는 것이 아닌가! 후아이 말이 타웨이 말과 비슷해서 펭은 감사를 표현하는 몇몇 단어를 알아들을 수 있었다.

"누구에게 말하고 계세요?" 펭이 호기심을 못 이겨 묻자 그 사람은 간단히 대답해 주었다. "하나님이 땅과 그 가운데 모든 것을 만드셨기 때문에 우리는 먹기 전에 마땅히 그 분께 감사해야 합니다."

펭은 이 사람의 말 중에 이해되지 않는 부분이 많았다. 사람에게 친절한 정령도 있지만 그래도 세상을 창조했다고 주장하지는 않았다. 또 정령들은 동물 제사를 풍성하게 드려 악령들을 통제하도록 설득할 수는 있어도 인간사에는 관심이 없고 동떨어져 있었다.

옛날에 인간은 땅 속에서 살았는데, 구멍 하나를 발견하고는 지표 밖으로 올라왔다는 신화도 있었다. 그렇지만 아무도 땅이 어디서 생겼는지는 몰랐다. 아마도 바위 꽃이 피게 하는 그 위대한 정령이 만물을 창조했으리라. 그렇지만 그는 누구인가, 어떻게 사람이 그를 찾을 수 있는가? 부족마다 자기들이 섬기는 정령이 있는 법인데, 왜 이 사람은 자신들의 신이 유일한 참 신이라고 하는가?

식사 후 펭은 장터에 연이어 있는 작은 가게 중 한 곳에 들어갔다. 이곳에서 자주 거래를 했기 때문에 주인은 펭의 이름을 알았다.

"펭, 삼바이 바우('건강하세요?'라는 말로 '안녕하십니까?'에 해당하는 라오스 인사말)" 주인이 미소를 띠고 작은 딸을 등에 업은 채 나와 펭을 맞았다.

"삼바이 데에(화답의 라오스 인사말로 '매우 건강합니다.'라는 뜻), 심하게 아팠었지만 지금은 많이 나았어요. 식구들은 모두 안녕하세요?"

"예. 아이들이 아팠는데 진료소의 외국인이 약을 주어 회복되었어요. 감기가 심하게 걸렸다는군요."

"오, 우리 마을도 거의 전부가 감기에 걸려서 몇 사람은 죽었어요. 우리 정령이 처방한 약이 듣지를 않네요."

"이 마을에 있는 필리핀 의사가 주는 약은 아주 잘 들어요. 비싸지도 않고요. 정이 많고 친절한 분이니 한 번 가보세요. 그 진료소는 지난달에 열어서 사람들을 많이 치료해 주었답니다."

펭은 예의상 그 진료소가 어디에 있느냐고 묻기는 했지만 갈 생각은 없었기 때문에 대답에는 별로 주의를 하지 않았다. 펭은 큰 담배 묶음을 바나나와 고추가 든 바구니 옆에 놓았다. 고추는 직접 밭에서 길러 햇볕에 말린 것이었다. "저는 소금 1킬로와 저 두꺼운 담요를 원합니다." 선반 위에는 두꺼운 갈색 담요가 쌓여 있었다. "그건 3백 킵이예요." 주인이 말했다. "이 담배는 2kg이에요. 아시다시피 우리 *타웨이* 담배는 최고급입니다. 그리고 이 고추와 바나나도 100킵은 되지요."

잠시 선의의 흥정을 한 후에 둘은 가격에 합의했고, 펭은 담요와 소금 한 포대와 10킵을 가지고 떠났다. 펭은 거래가 아주 만족스러웠다.

펭의 부족은 논과 밭과 밀림에서 거의 모든 것을 스스로 조달할 수 있었지만 소금은 숲에서 찾기 어려웠고 담요를 짜기에는 베틀이 너무 좁았다. 외부인에게 의존하는 것을 좋아하지 않았지만, 읍내에 가서 물품 교역 하는 일은 즐거웠다.

아직 시간이 많이 남아 있었지만 피곤해서 그늘에서 좀 쉬었다 가려고 강변을 따라 내려갔다. 낯선 거리가 나왔는데 크고 둥근 라오스 글자로 쓴 간판이 보였다. 펭은 간판의 글자를 보았지만 그 뜻을 알 수가 없었다. 학교를 몇 주 밖에 다니지 않아서 글 읽는 법을 배우지 못했기 때문이었다. 다시 기침을 하면서 막 돌아서서 가려는데 한 여인이 그를 불렀다. "두려워하지 마세요." 라오스 말이었지만 뭔가 달랐다.

돌아보니 그 여인은 *라오스* 사람과 같이 갈색 피부에 검은 머리였으나 땋아서 머리 위에 쪽을 트는 대신 짧은 물결 형으로 늘어뜨리고 있었다. "기침을 많이 하시는데 의사를 만나지 않으실래요? 약이 있으니 들어오세요. 제가 안내할게요."

펭은 무슨 말을 해야 할지 몰랐지만 무례하게 그냥 나올 수는 없었다. 그래서 잠시 머뭇거리다가 안내하는 대로 따라 들어갔다. 아마도 여기가 아까 들었던 필리핀 의사의 진료소인 것 같았다. 펭은 속으로 생각했다. '그래 외국 약을 시도해보는 것도 괜찮을 거야.'

방에는 탁자와 의자가 몇 개 씩 있었다. 이 사람들은 부자인 것 같았다. 정부 관리나 부자들만 그러한 것들이 집안에 있었기 때문이다.

하얀 가운을 입은 검은 피부의 젊은 의사가 다가와서 "이리로 앉으세요. 목을 좀 보겠습니다." 라고 친절하게 말했다. 펭은 손에 든 짐들을 내려놓고 어색하게 의자에 앉았다. 마루에 앉았다면 보다 편안했을 것이다. 그 사람은 펭의 혀를 얇은 나무 조각으로 누른 채 입안을 보면서 펭에게 "아~"하고 소리를 내보라고 했다. 그리고 청진기를 펭의 가슴에 대고 움직이면서 이마를 찌푸렸다.

'의사가 필요한 정령들이 펭의 몸으로 다 돌아왔는지 알 수 있을까?'

의사가 지켜보던 여자에게 무슨 말을 하자 여자는 그에게 봉투를 하나 가져왔다. 그 안에는 작은 알약이 들어 있었다. "매일 아침과 저녁에 한 알 씩 십일 동안 드세요. 그래도 기침이 낫지 않으면 다시 오세요. 약을 더 드릴게요." 의사는 차분하게 설명했다.

펭은 얼른 10킵을 꺼내어 의사에게 건넸다. "이것이 제가 가진 전부입니다." 의사는 잔돈으로 4킵을 돌려주며 덧붙였다. "6킵이면 충분합니다. 약이 더 필요하면 돈이 없어도 다시 오세요. 이 약은 기침뿐만 아니라 다리에 있는 종기에도 도움이 될 겁니다."

펭은 진료소를 나오며 여러 가지 의문이 떠올랐다. 정령 술사의 아들이 외국인의 약을 먹어도 되는가? 필리핀 의사는 외국인이어서 관습과 종교가 많이 다를 텐데 어떻게 라오스 사람에게 도움이 될 수 있을까? 라오스 방식도 *타웨이* 사람들에게 좋지 않았는데, 다른 외국인의 방식이 좋을 수 있겠는가?

감기나 다리에 있는 종기의 치유 이상으로 펭은 죽음의 두려움에서 해방되고 싶었다. 미래를 생각할 때마다 마음이 무거웠다. 이 세상에서 살면서 그리고 죽음 이후에도 행복을 찾을 길은 없는 것일까?

갑자기 라오스 친구인 웬이 해 준 이야기가 생각났다. 웬은 한 때 가족을 위해 공덕을 쌓으려고 3개월 동안 절에서 지냈다. 펭이 어떻게 해야 영원한 지복(至福)의 장소에 들어갈 수 있느냐고 묻자, 웬은 사찰에 촛불을 밝히고 승려들에게 꽃, 음식, 다른 선물을 드림으로써 *헷 보운*(공적)을 쌓으라고 했다. 헷 보운은 대부분의 라오스 소년들이 일생 중 몇 개월 내지 몇 년 간 절에서 공부를 하고 금식하며 금욕생활을 하는 것을 말한다. 그리고 불교의 팔정도(八正道)를 지키면 여분의 공덕을 쌓을 수 있다. 만약 충분한 공덕을 쌓으면 내세에서 부유하거나 지혜로운 자로 태어날 수 있으며, 윤회를 거듭한 후 욕망의 그침과 무아의 경지에 도달하여 열반에 이르게 된다는 것이었다.

펭은 읍의 변두리에 있는 큰 망고 나무 그늘에서 쉬면서 골똘히 생각했다. 불교에서는 구원이 매우 어렵고 불분명했다. 그러나 자신이 웬의 말을 오해한 것일 수도 있다. 아마도 사찰에 있는 승려는 더 잘 설명할 수 있으리라. 마음 속 불행에서 벗어나 안심할 수 있는 길을 발견할 수 있을까? 펭은 잠시 머뭇거리다가 사찰을 향해 걸어갔다.

사찰 마당에는 밝고 붉은 꽃송이들이 떨어져 있었고 한 젊은 승려가 불꽃 나무 밑에서 명상을 하고 있었다. 펭은 노란색 승려복을 입고 있는 그에게 존경의 마음으로 머리를 숙였다. "선생님, 부처님의 가르침을 따르면 구원을 얻을 수 있는지요? 제 죄가 매우 무겁게 느껴집니다."

승려는 하늘의 복락에 들어가기 위해 요구되는 것들을 설명했다. "자기 부인과 선행은 약간의 공덕이 됩니다. 그러나 당신의 모든 죄를 능가할 정도의 공덕을 쌓기 위해서는 오랜 동안 공부하고 기도해야 합니다. 수 년 동안 승려가 된다면 아마도 내세에서 라오스 사람으로 태어날 수도 있겠지만, *라오스* 사람이라도 열반에 늘어살 정도로 충분히 공덕을 쌓으려면 더욱 긴 세월 동안 명상과 선행을 해야 합니다."

펭은 슬픈 얼굴로 돌아서 나왔다. 분명 라오스 사람도 구원의 확신을 가질 수는 없을 것이다. 승려의 말을 반추하면서 집으로 돌아오는 동안 펭은 속에서 화가 끓어올랐다. 펭은 *타웨이* 사람인 것이 자랑스러웠다. 라오스 사람이 되고 싶지 않았다. 라오스 사람들은 숲의 정령들을 달래기 위하여 피의 제사를 드리는 산지 부족을 경멸했다. 자기들은 피를 흘리지 않기 때문에 *타웨이* 부족보다 낫다고 생각했다. 그러나 라오스 사람들은 시장에서 다른 사람들이 죽여서 파는 동물 고기를 샀다. 라오스 사람들은 자기들이 의롭다고 내세우고 있지만 펭은 그들도 산지 부족과 같은 죄인이라고 생각했다. 마음의 평화를 얻는 방법을 누가 알고 있을까?

마침내 덥고 먼지 많은 차도(車道)에서 벗어나 마을로 가는 정글에 들어서서는 크고 평평한 바위에 앉아 쉬었다. 펭은 뜨거운 태양을 가려 그늘을 만들어 주는 나무 밑이 좋았다. 어려서부터 알던 길이어서 우거진 숲이었지만 두렵지 않았다. 그런데 그 때 펭은 길 위에 이상한 물체가 있는 것을 보았다. 그 얼굴은 자기를 닮았는데, 돼지의 몸을 하고 있어 펭은 공포에 질릴 수밖에 없었다. 그 물체가 천천히 다가오자 펭은 무서워서 뒤로 물러나 꼼짝 않고 있었다. 그러다가 신기하게도 곧 사라졌다. 두려워서 진땀이 났다.

* * *

다음날 펭은 강 가까이에 있는 낡은 곡물 창고에서 홀로 사는 *반* 삼촌에게 새로 산 담요와 약간의 소금을 가지고 갔다. *반*은 우기 동안 그곳에 살면서 식구들 밭을 성실하게 돌보았다. *반*은 절름발이여서 결혼을 하지 못했다. 두 발이 뒤로 뒤틀어져 무릎으로 걸을 수밖에 없기 때문에 낡은 트럭 타이어로 만든 패드를 무릎에 대고 있었다. *반*은 칼을 만들고 있었지만 펭이 도착하자 작업을 멈추었다.

"식사나 하자구나." *반*은 그날 아침 자기가 만든 켕과 뱀 고기를 내놓았다. 바나나 꽃으로 향을 더해서 꽤 맛있었다. "삼촌은 요리를 참 잘 하세요." 펭이 두 번째 숟가락을 뜨면서 삼촌을 칭찬했다. 식사 후 두 사람은 좁은 마루에 앉아 쉬었다.

"어제 읍내 장터에는 사람들이 많았니?" 반이 물었다. "보통 때보다는 많지 않았어요." 펭은 진료소에 갔던 이야기를 하기 시작했다.

"아버지는 그 약을 먹고 어떤 효과가 있는지 보자고 하셨어요. 그 약을 마을 중앙에만 가져가지 않으면 정령들이 화를 내지 않을 거라고 하시면서요. 아무튼 그 약은 외국 신(神)의 숭배와는 관련이 없는 것 같으니까요."

"만약 내가 더 젊었을 때 외국인의 약을 먹었더라면 아마도 내 다리는 절뚝거리지 않았을지도 모른다. 문제는 네 몸에 난 종기 같은 것들

45

이 내 다리에 생기면서 시작되었단다. 정령들에게 예물을 많이 바쳤지만 아무 소용이 없었다." 반이 쓸쓸한 표정으로 대답했다.

"어제 집에 돌아오는 길에 이상한 걸 보았어요." 펭은 어제 숲속 길에서 나타났던 괴이한 동물 이야기를 해주었다. "삼촌은 그게 어떤 뜻이라고 생각하세요?"

"오, 그것은 네가 아버지와 같이 무당이 되는 것에 대해 귀신들이 준비가 되어 있다는 징조야. 너는 장자로서 확실히 선택되어 있지만 이제 정령들이 네게 특별한 영예의 표지를 준 것이다!" 반은 알고 있다는 듯이 거침없이 대답했다.

펭은 실망한 눈빛으로 삼촌을 바라보았다. 그 이야기는 전혀 기쁘지 않았다. 예전에는 아버지처럼 정령 술사가 되고 싶었지만 병에 걸린 후로 생각이 달라졌다. 귀신을 섬기면 자유가 없었다. 아버지의 삶에는 금기가 많았다. 펭의 아버지는 맛있는 닭의 벼슬이나 다리를 먹을 수 없었다. 뱀과 원숭이 고기도 금기였다. 그보다도 *사맛*은 정령들이 *타웨이* 사람들에게 대대로 가르쳐준 것에 반하는 어떠한 것도 말하거나 생각하는 것이 허용되지 않았다. 정령을 섬기려면 완전히 복종해야 했다. 음식에 대한 금기는 그리 큰 희생은 아니라고 해도 펭은 자기 스스로 하는 생각이나 진리를 탐색할 자유를 포기하고 싶지 않았다. 하지만 어떻게 진리를 발견할 수 있단 말인가? 악령을 섬기지 않는 방법이 있기는 한 것인가? 아버지처럼 정령 술사가 되어야만 하는가?

5

발견

펭은 그날 오후 마을로 돌아오는 길에 사촌 벡을 만났다. "펭, 나와 함께 내일 읍내에 갈 수 있어? 내가 몽에서 팔 쌀을 팍과 링이 운반해주는데 네 도움도 필요해." "물론. 같이 갈게, 벡." 펭은 웃으며 대답했다. 벡은 펭보다 약간 나이가 많았지만 함께 있으면 언제나 즐거웠다. "어쩌면 람도 부탁하면 도와줄 거야." 사실 펭은 무거운 쌀을 들고 갈 수 있을 정도로 상태가 좋지는 않았다. 그러나 *타웨이* 남자라면 친구가 어려운 일이 있어 부탁하면 결코 거절하지 않는다.

그 다음 날 아침 다섯 명은 아직 어두울 때 마을을 출발했다. 추수가 끝난 논을 가로질러 숲속 길을 지나서 차도에 나오자 하늘이 붉은 장밋빛으로 밝아왔다. 다른 친구들처럼 펭도 양 끝에 무거운 쌀 광주리를 매단 긴 장대를 한 쪽 어깨에 메고 중심을 잡고 운반했다.

도로가 동쪽으로 향하자 떠오르는 태양의 강렬한 빛이 이글거렸고 땀방울이 이마에서 흘러내렸다. 펭은 아직도 기침을 많이 했고 몸이 약해져 힘이 들었다. 무거운 짐이 어깨를 눌러 도로에 짓이겨 놓을 것만 같았다. 차도에는 먼지가 뽀얗게 덮여 있었는데, 친구들 뒤에 쳐져 터벅터벅 걸음을 옮겨 놓을 때마다 발 주위에 먼지가 일어났다. 해가 지나면서 비바람이 많은 흙먼지를 도로 위에 쌓아 오래전에 프랑스 사람들이 깐 자갈층을 덮어버렸다. 가끔 목재 트럭이 지나면서 흙을 더 미세하게 갈아 그들을 숨 막히게 했기 때문에 그들은 조용히 터벅터벅 걸어갔다. 펭은 먼지 속에서 익사할 것 같아서 비가 왔으면 하고 바랐다. 그렇게 되면 도로는 진흙탕이 되겠지만 말이다.

마침내 읍내에 도착해서 좋은 값으로 쌀을 팔았다. 그 돈의 일부로 양념을 해서 대나무 꼬치에 구워 맛있는 냄새가 나는 큰 닭을 한 마리 샀다. 펭과 친구들은 집으로 돌아오기 전에 변두리 작은 마을 반 타이를 돌아다녔다. 그늘진 길을 따라 천천히 걸으면서 상점에 진열되어 있는 각종 물건들을 구경했다. 광주리와 대나무 돗자리, 에나멜 채색 접시, 소금, 말린 고추, 등유 램프, 노란색 비누, 금속제 물동이, 등유 통 등이 진열되어 있었다. 담요, 스커트와 남자용 반바지를 파는 가게도 있었다. 물건들은 좋았지만 돈을 쓰고 싶지는 않았다. 벡은 친구들에게 쌀 운반을 도와준 대가로 돈을 조금 주었다.

마침내 팍이 반바지를 사려고 가게로 들어갔다. 다른 친구들은 망고 나무 그늘 아래서 기다리고 있었다. 길 건너편 작은 식당에서 라오스 군인들이 음식을 먹고 있었다. 군인들은 건물 앞 맨 땅에 놓인 식탁에 앉아서 떠들며 이야기를 하고 있었다. 카페의 희미한 조명 아래 한 청년이 있었는데 이웃 마을의 타웨이 족 친구였다.

"너, 송 아니야?" 펭은 아는 사람을 만난 것이 반가워 큰 소리로 불렀다. "그래, 나야." 펭을 알아본 그 청년도 얼굴에 미소를 띠며 밝은 곳으로 나왔다. 청년은 펭과 친구들이 메고 있는 막대기와 빈 광주리를 보더니 물었다. "오늘은 뭘 팔았는데?"

"쌀 10광주리. 올해는 가격이 좋아. 이제 어린 물소 한 마리를 살 수 있을 거야." 그러자 벡이 대답했다. "우리는 벡 쌀을 운반해 주었어. 나는 금년에는 쌀을 많이 팔지 않고 또 가뭄에 대비해서 저장해 두려고 해." 람이 한마디 덧붙였다.

"벡은 곧 식구가 늘게 될 거야. 막 결혼을 해서 농사철이 되면 쟁기질할 물소가 필요하거든." 펭이 벡의 옆구리를 팔꿈치로 치면서 웃으며 말하자 벡이 펭은 아버지가 너무 바쁘게 해서 결혼할 시간이 없다며 펭를 놀렸다. 그러자 팍은 한술 더 떠 펭의 화를 돋우려고 했다. "아무튼 펭은 결혼하고 싶어 하지 않아. 성질을 부려서 아가씨들이 다 놀라 도망가지."

그 소리를 들은 펭은 당혹감과 분노로 얼굴이 달아올랐다. 펭은 주먹을 불끈 쥐고 팍을 한 대 치려고 했다. 그 때 벡은 펭의 어깨에 손을 올리고 팍이 그냥 놀리려고 한 거니까 여기서는 싸우지 말라고 조용하게 타일렀다. 잠시 어색한 침묵이 흐르자 분위기를 바꾸려고 벡이 송에게 질문을 던졌다. "송, 너는 여기서 뭐해?"

"나는 흰색 피부의 외국인을 위해 일하고 있어. 너희들 키 크고 뚱뚱한 대머리 남자를 본 적 있어?" 친구들은 송의 말에 고개를 좌우로 흔들며 낄낄대고 웃었다.

"나는 장을 봐주고 요리를 해. 그 외국인의 부인은 집에 오는 손님들과 얘기하고 공부를 해야 하기 때문에 시간이 필요해서 나에게 요리법을 가르쳐 주고 있어. 우리 *타웨이* 음식이 아니어서 때로는 어려워." 송은 외국인에 대한 신기한 이야기를 재미있게 해 주었다. 친구들이 재미있어 하자 송은 친구들을 즐겁게 하기 위해 다른 이야기들을 기억해 냈다. "이 사람들은 미국에서 왔는데 이상한 종교를 가르쳐. 그 뚱뚱한 대머리는 만일 자기들의 하나님인 예수를 믿으면 결코 죽지 않고 영생을 얻는대." 친구들은 그러한 생각이 어리석다면서 웃어댔다.

근처에서 먹고 있던 라오스 군인들이 이상한 언어로 떠들어대는 일단의 부족 청년들을 응시했다. 군인 중 일부는 다른 지역 도시에서 최근에 이곳에 와서 몽시(市) 주위에 사는 부족을 잘 알지 못했다. 그들은 촌스러운 부족 청년들을 경멸의 눈으로 바라보며 어깨를 한번 들어올리고 다시 음식을 먹으러 등을 돌렸다. 군인들은 정부에 충성을 하는 동안은 이런 하층민들에 대해 신경을 쓸 필요가 없었다.

마침내 송의 우스꽝스런 이야기들은 끝이 났다. 벡과 친구들이 운반용 막대기와 광주리를 집어 들기 시작하자 펭이 송에게 사는 곳을 물었다. "그 외국인 집 뒤에 있는 방에서 살아. 북쪽에 있는 시장 오른쪽이야. 한번 놀러와." 송이 대답했다.

집으로 돌아오는 길에 펭은 들은 이야기들을 생각하느라 잠자코 있었다. '왜 미국인들은 자기들의 종교를 라오스까지 와서 가르치려고 할까? 라오스 사람들에게도 자기네 종교가 있다는 것을 몰랐을까?'

한 때 몽에 살았던 미군들은 종교에 대해서는 이야기를 하지 않고 라오스 사람들이 공산주의 반군에 대항해 싸우도록 훈련만 시켰었다.

펭은 그 백인과 부인이 라오스라는 위험한 지역에 온 것을 보니 매우 용감한 사람이라고 생각했다. 도시 자체는 안전한 듯이 보여도 적들이 외곽의 숲 속 어디에나 있었기 때문에 어느 때나 전투가 벌어 질 수 있었다. 아마도 그 미국인 자신은 실제로 영원히 산다고 생각한 것이리라. 만약 그렇다면 그에게는 틀림없이 자신을 보호할 수 있는 강한 신이 있을 것이다.

펭은 그 외국인이 믿는 신의 이름을 기억하려고 애썼지만 허사였다. 펭은 송을 다시 방문해 더 배워야겠다고 결심했다.

* * *

펭의 기침은 약을 다 먹은 후 곧 사라졌지만, 다리와 발의 종기 때문에 전신이 아파서 마침내 약을 더 받으려고 읍내에 있는 필리핀 의사의 진료소를 찾아갔다. 이번에는 의사가 주사를 놓았는데, 먼저 긴 바늘로 무엇을 하는지 설명해 주었다. 펭은 동의했지만 의사가 바늘로 팔을 찌를 때는 약간 두려웠다. 하지만 크게 상처가 나지는 않았다.

"몇 번 더 주사를 맞으러 오세요. 그러면 종기는 사라지고 다시 건강해 질 겁니다." 의사는 확신에 차서 말했다.

주사를 맞고 펭은 송을 만나러 외국인의 집으로 갔지만 너무 수줍어서 정문으로 들어가지는 못하고 뒤뜰로 들어갔다. 친구는 작은 불에 생선을 굽고 있었다. 송은 펭을 보고는 *타웨이* 말로 인사를 했다.

"안녕, 들어와. 같이 먹자." 둘은 함께 불 옆에 쪼그리고 앉아 생선을 둘로 쪼개어 광주리에서 꺼낸 식은 밥과 함께 먹으며 조용히 얘기를 나누었다. 펭은 주저하듯 물었다. "그 미국인은 어디 있어?"

"아, 그 부부는 라오스 관습을 따라 점심 먹고 쉬고 있어. 오전 내내 방문객들과 이야기를 나누어서 지금은 피곤할 거야."

펭은 호기심에 가득차서 그들의 신의 이름과 그들이 예배하는 방식에 대해 물었다. "이름은 예수야. 그들은 그에게 이야기 할 때는 머리를 숙이고 눈을 감아. 가끔은 자기들 말로 말하지만, 내가 함께 있으면 라오스 말로 말해. 자기들이 믿는 신은 *타웨이* 말을 이해하지만 자기들은 아직 *타웨이* 말을 못한대. 그래서 내가 *타웨이* 말을 가르쳐 주고 있어."

"그 사람들은 자기들의 신에게 닭을 바쳐?" "아니, 그들은 동물은 죽이지 않아. 그러나 *탄*(존경을 담은 남성 호칭. Mr에 해당) 존은 나에게 자기는 피의 희생을 믿는다고 말했어. 하나님이 자신의 아들 예수를 보내 우리 대신 죽게 했고 그의 피가 우리 모든 죄 값으로 지불되었기 때문에 우리는 그에게 닭과 돼지를 바칠 필요가 없대"

"너는 그들의 신에게 말한 적이 있니? 하면 무슨 말을 해?" 펭은 정말로 알고 싶었다. 그런데 송이 대답하기 전에 뒷문이 열리면서 키가 큰 백인이 나타났다.

"송, 또 시간을 낭비하고 있어? 조개탄 좀 갖다달라고 했잖아? 더 지체하면 지난주처럼 다 타고 없어질지도 몰라." 백인은 송을 보고 말을 하다가 펭을 보자 미소를 지으며 인사를 건넸다. "삼바이 바우! 당신은 송의 마을에서 왔습니까?"

"아뇨, *단 바오*에서 왔어요. 송, 지금 가는 것이 좋겠어." 펭은 일어서면서 대답하고는 미국인이 대답하기 전에 서둘러 대문을 나왔다.

그 외국인은 정말 키가 컸다. 그는 뚱뚱한 것이 아니라 그저 덩치가 크고 강해 보였으며 송의 말보다는 머리숱이 많았다. 그 백인 앞에서 너무 수줍어한 것이 후회되었다. '더 머물러 예수라는 신에 대해 배웠어야 했는데….'

다음 한 주 내내 펭은 송이 말한 것들을 마음에 되새겼다. '그 후아이 사람이 시장에서 음식을 먹기 전에 말을 했던 그 신과 예수가 동일한 신일까? 예수가 하늘과 땅과 별을 만든 신일까? 그렇다면 나는 내 대신 죽은 것에 대해 감사해야 마땅한데. 그렇지만 나는 어떻게 그 말을 해야 하는지, 그의 가르침을 따르기 위해 무엇을 해야 하는지 알지 못한다.' 펭은 비록 키 큰 외국인에게 다가가는 것이 긴장되기는 했지만 언젠가 곧 다시 가서 좀 더 배우기로 결심했다.

며칠 후 펭과 친구들이 마을 중앙에 가까운 불 주변에서 몸을 쪼이며 서로 즐겁게 이야기하고 있는데 펭의 삼촌 룽과 친구 한 명이 합세했다. 룽과 친구는 불 가까이에 쪼그려 앉으며 그날 선교사의 집을 방문했다고 말했다. "*반 테* 마을에서 선교사가 예수에 관해 말하고 있었는데, 우리 모두 더 배우고 싶었어. 예수가 우리를 악령에게서 해방시켜줄 수 있다고 했단 말이야." 룽이 흥분해서 말했다.

"그래서 아저씨는 예수를 따르기로 하셨어요?" 젊은이 중 한 명이 물었다. 그러자 룽의 친구가 끼어들었다. "우리는 두려웠어. 아내들이 믿을 준비가 되어 있지 않아서 말이다. 예수가 식구들도 보호해 줄까? 그 선교사는 우리 처자들을 보호하기 위해서라도 악령에게 희생을 바쳐서는 안 된다고 했지만, 나는 내 가족이 고통당하는 것을 원하지 않아."

펭은 주의 깊게 들었지만 아무 말도 하지 않았다. 그 중 몇 사람은 예수의 도(道)가 좋게 들리기는 하지만 악령들을 저버리는 것은 매우 위험하다는데 동의했다. 그러나 룽은 확고하게 말했다. "그 선교사가 우리에게 예수에 대하여 말할 때, 나는 그가 하는 말이 진리라고 느껴졌어. 만약 아무도 예수의 도를 시험해 보지 않는다면 어떻게 확실히 알 수 있겠어? 만약 내가 가족을 돌볼 책임이 없는 독신 청년이라면 나는 이 종교를 믿을 거야. 너희 청년 중에는 예수의 도를 따를 만큼 충분히 용감한 사람이 없는 거냐?" 룽이 침묵 속에 한 사람씩 쳐다볼 때, 불빛이 그들의 갈색 얼굴에 비춰 깜박거렸다. 몇 명은 쪼그리고 앉아 불안해 했다.

펑은 속으로 '나는 예수의 도를 따를 것이다.'라고 생각했지만 그런 생각을 크게 소리 내어 말할 용기는 없었다.

6
결단

펭은 다음 날 아침 먼동이 트자 마을을 떠났다. 어머니만 밖에서 벼를 두드리고 있었고 나머지 가족은 아직 자고 있었다. 어머니에게 필리핀 의사에게 주사를 맞으러 간다고 하면서 선교사를 방문하려는 계획은 말하지 않았다. 펭은 이미 마음속에 결정했기 때문에 그 누구의 조언도 필요하지 않았다. 이른 아침 공기가 차서 도시에서 산 긴 갈색 바지와 짧은 소매 셔츠를 입었다. 아무튼 이날은 자기 생애에 매우 중요한 날이라고 생각되었기 때문에 가장 멋지게 보이고 싶었다. 아직도 발이 아파서 평소보다 천천히 걸었다.

시장에 도착하니 거의 철시(撤市)한 상태였다. 베트남 국수 상인은 수레를 가지고 이미 떠났고 몇 안 남은 상인들도 뜨거운 태양에서 벗어나려고 서둘러 상품을 정리하고 있었다. 펭은 그날 음식에는 관심이 없었다. 약을 받으러 진료소로 갔다가 곧바로 그 선교사의 집으로 향했다. 열린 문 앞에 서서 부드러운 기침 소리를 내어 자신의 도착을 알렸다. "삼바이 바우!" 한 외국 여인이 문 앞으로 와서 미소를 지으며 들어오라고 했다. 그 여인은 자기 남편은 지금 여기 있지 않다며 예수에 관하여 듣고 싶으냐고 물었다. 펭은 고개를 끄덕이며 의자에 앉아서 그녀가 건네 준 종이 한 장을 받았지만 자세히 보지는 않았다. 그는 외국인 여자에게 이야기 하는 자신을 매우 의식하고 있었다. '남자가 빨리 돌아왔으면 좋으련만! 여자들은 종교에 관해서는 아무 것도 모를 테니.'

"앞에 있는 그림을 보세요."하고 그녀가 말했다. "오! 글을 읽을 줄 아세요?" 그녀는 라오스 문자를 읽을 수 있는지 궁금해 하며 펭을 바라보고 있었다. 펭은 난처해하며 고개를 좌우로 흔들었다. 이윽고 그 여인은 펭에게 준 것과 같은 그림책을 들고 설명을 하기 시작했다.

"이 그림은 사람들이 인생에서 걸어갈 수 있는 두 길을 보여줍니다. 대부분의 사람은 사망과 지옥이라는 영원한 심판으로 인도하는 이 낮은 죄의 길을 따릅니다." 그녀는 화염(火焰)으로 끝나는 밑으로 향하는 길을 가리켰다. 그리고 그녀는 그림책을 펴서 하나님께 대한 인간의 반항을 묘사하는 성경을 읽기 시작했다.

펭은 들으면서 고개를 끄덕였다. 이해하지 못하는 라오스 단어도 있었지만 그 길은 자기 마음을 묘사하고 있었다. 자기는 밑으로 향하는 길을 가고 있었다. 정령들이 주는 것이라고는 모두 두려움과 고통이었다. 그런 후 펭은 자기 손에 있는 조그만 그림을 보았다. 거기는 위로 향하는 밝은 햇빛처럼 빛나는 다른 길이 있었다. '이 길이 예수의 길인가?'

"위로 향하는 길은 천국에 이릅니다." 그녀가 책을 읽었다. "만물을 창조하신 하나님은 당신에게로 올 수 있는 길을 만드셨습니다. 그는 자신의 아들 예수를 우리에게 보내어 그 길을 보여주셨습니다."

"예수! 그 분이 바로 제가 원하는 것입니다." 듣고만 있던 펭이 불쑥 끼어들었다. 그녀는 놀라서 펭을 쳐다보았지만 읽기를 계속했다.

"예수는 하늘에서 내려와서 인간의 몸을 입고 살았기 때문에 하나님에 관해서 우리에게 가르칠 수 있었습니다. 그는 인간은 반항적이며 죽을 죄를 지었다고 가르쳤습니다. 동물의 희생을 바치는 것은 죄를 실제로 없앨 수 없습니다. 예수는 우리 대신 죽었으며 우리 죄를 짊어지셨습니다."

"바로 그 이름이었어요. 예수요!" 펭이 밝은 미소를 띠며 그녀를 바라보았다. "예수, 저는 예수의 길을 따르기를 원합니다." 펭은 천천히 반복하여 말했다. 그 여인은 펭이 제대로 이해하지 못했다고 생각했다. 아마도 공손해서 그러는 것일 뿐이라고 생각했다. 그래서 다시 설명했다. "예수는 우리 죄를 짊어지고 완전한 피의 제물이 되어 우리 대신 죽었습니다. 만약 당신이 당신의 죄에서 기꺼이 돌이켜서 예수를 의지하면 그분은 당신을 용서하고 영생을 줄 것입니다."

"그것이 바로 제가 원하는 것입니다." 펭은 진지하게 말했다. 그녀는 펭이 정말로 이해했는지 의아해하며 미심쩍은 듯이 쳐다보았다. 라오스에서 그처럼 빨리 예수를 따르겠다고 결정한 사람은 본 적이 없었기 때문이었다. "탄 존이 집에 올 때까지 기다릴 수 있어요? 그는 예수의 길에 대해서 저보다 더 잘 설명해 줄 수 있습니다."

펭이 고개를 끄덕이자 그녀는 축음기라고 하는 작은 기계를 내어와 감았고, 라오스 말이 나오기 시작했다. 그가 듣고 있는 동안 그녀는 옆에 조용히 앉아 있었다. 마침내 부엌문이 활짝 열리며 묵직한 발걸음 소리가 들렸다. 곧 덩치가 큰 외국인이 들어와 펭에게 인사를 하고 의자를 끌어당기더니 앞에 앉았다.

"저는 존입니다. 당신의 이름은 무엇입니까?"

"저는 산기슭 *타웨이* 마을 *반 다오*에 사는 펭입니다."

"그곳에는 아직 가본 적이 없어요. 어디서 예수님 이야기를 들었습니까?" 존이 의아해 하며 물었다.

펭은 송의 이야기와 삼촌이 설교를 듣고 예수의 길이 좋아 보인다고 했던 말을 했다. "삼촌 룽은 예수를 따르고 싶어 하지만 악령이 자기 처자들을 해롭게 할까봐 두려워합니다. 저는 아직 처자가 없어서 그런 것이 문제가 되지 않습니다. 그래서 당신의 종교에 입문하기 원합니다." 펭은 자기 말을 잘 알아들었는지 몰라 불안하게 쳐다보았다.

"당신은 누가 세상을 창조했는지 압니까?" 존이 다시 물었다.

"아니요." 펭은 고개를 저으며 대답했다. "저는 착한 영들이 있다는 말은 들었지만 그 영들을 예배하지는 않습니다. 우리는 영의 세계를 잘 모르지만 정령 술사들은 악령을 숭배해야 우리를 해치지 않는다고 말합니다." 그러자 존이 다시 물었다. "만약 당신이 악령을 숭배하면 죽은 후에 악령과 함께 있게 될 것입니다. 당신은 그것을 원합니까?"

"아닙니다. 제가 악령을 달래는 것은 단지 제 부모가 그렇게 가르쳤기 때문입니다. 악령들이 원하는 것은 오직 우리를 괴롭게 하는 것뿐입니다. 만약 더 나은 길이 있다면 배우고 싶습니다. 예수가 저를 도울 수 있다고 들었습니다."

"예수는 누구입니까?" 존은 펭에게 또 질문을 했다.

"당신이 예수이지요?" 펭은 혼돈을 느끼면서 대답했다.

"아니요, 저는 예수가 아닙니다. 예수는 만물의 창조주인 참 하나님입니다. 그분은 하늘에 계시지만, 당신이 그분을 믿으면 그분의 영이 당신 안에 당신과 함께 살기 위하여 오십니다. 제가 유일하신 참 하나님에 대해서 가르쳐 드리지요."

존은 예수가 만물을 창조한 분이며 거룩하고 사랑이 많은 하나님이라고 설명했다. 존이 첫 번째 사람이 어떻게 마귀의 유혹을 받아 하나님께 불순종했는지를 설명할 때, 펭은 익숙하지 않는 라오스 말을 이해하려고 애를 썼다.

"그리하여 죄가 세상에 들어왔어요." 존이 결론적으로 말을 했다.

"이제는 세상에 태어나는 모든 사람이 죄인입니다. 우리는 모두 제멋대로 살았어요. 우리는 아무도 거룩하신 하나님을 기쁘시게 할 수가 없습니다. 나 역시도 죄인입니다만 예수가 나의 죄를 지고 대신 죽어 주셨습니다. 그 후에 그분은 다시 살아나셨고 이제 나에게 새로운 삶을 살 수 있는 능력을 주십니다. 그분은 당신을 위해서도 그렇게 할 수 있습니다." 존은 하나님의 말씀이 라오스 말로 번역되어 있는 두꺼운 책을 읽어주었고, 펭은 신중하게 들었다. '저 책이 *타웨이* 말로 되어 있었다면 얼마나 좋았을까!'

마침내 존은 펭에게 왜 예수를 따르기를 원하느냐고 물었다.

"그것이 바른 길이니까요. 그분이 세상을 창조했고, 저를 위해서 죽었으며 저는 제가 죄인인 것을 압니다." 펭은 재빨리 대답했다.

존은 펭의 진지한 얼굴을 바라보고는 팔목 주위에 묶은 많은 면실 가닥과 가슴에 두 개의 끈이 묶여 있는 것을 보고 물었다. "이런 실은 무엇입니까?" 존은 그것이 종교적 신념과 연관 있다는 것을 알고 있었다.

"제가 아플 때 친구들이 제가 건강하기를 빌며 묶은 겁니다. 그것은 내 영혼의 정령을 내 몸 안에 묶어 두지요." 펭은 최대한 자세히 설명했다. 그 말을 다 들은 존은 단호하게 말했다. "당신이 진정으로 예수의 길을 따르기를 원한다면 그 실을 버려야 합니다. 당신이 여전히 악령에게 복종하고 있다면 당신은 예수를 섬길 수 없습니다."

펭은 주저했다. 그는 *타웨이* 전통과 그렇게 완전하게 단절을 하는 것에 대해 갑자기 두려움을 느꼈다. 펭은 다시 아프게 되는 것을 원치 않았다. "제가 집으로 가서 제 소지품을 가지고 와서 이곳에서 당신과 함께 살며 예수에 대해 더 공부하겠습니다. 제가 다시 돌아와서 여기서 이 실을 끊어버리겠습니다." 펭은 진지하게 말했다.

"당신은 여기서 우리와 함께 살 필요가 없습니다." 존은 그렇게 말하고 왜 그런지 친절하게 설명해 주었다. "만약 당신이 오늘 예수를 영접하면, 당신은 오늘 구원을 받을 것입니다. 우리가 하나님의 책에서 읽은 말씀을 기억합니까? 당신이 예수께 당신의 죄를 용서하고 당신 안에 살기를 요청하면, 당신이 어디로 가든지 그분은 당신과 함께 할 것입니다. 예수는 악령보다 더 큰 권세를 가지고 있기 때문에 그 실보다 당신을 더 잘 보호할 것입니다."

"예수가 저와 함께 마을까지 가신다고요?" 펭은 놀라며 팔목 주위에 묶여 있는 때 묻은 실을 내려다보았다. "그러나 만약 제가 집으로 돌아가는 도중에 무슨 일이 생기면요?"

그런데 이 외국 종교는 아주 달랐다. "당신이 예수를 신뢰하고 있으면 정령은 당신을 해할 수 없습니다. 그러나 당신이 옛날 방식을 계속 따르면 하나님이 기뻐하지 않으십니다. 당신은 이 길이나 저 길 중 하나를 선택해야 합니다." 존은 주머니칼을 칼집에서 꺼내어 옆에 있는 의자 위에 놓았다. "지금 결정을 해야 합니다. 어쩌면 다음 기회는 없을지도 모릅니다."

펭이 칼을 보며 머뭇거리는 동안 이마에서는 땀이 났다. 그는 떨기 시작했고 매우 연약해짐을 느꼈다. 거의 10분 동안 침묵 속에 앉아 있으면서 자신의 옛 생활을 끊어버리는 대가를 생각했다. 펭은 참 하나님을 따르기 원했다. 예수가 세상을 창조했기 때문에 분명 그분의 권세가 악령들보다 더 클 것이었다. "예수는 언제나 저와 함께 하십니까?" 펭이 물었다. "내가 요청할 때마다 그분은 나를 도우십니까?"

존은 고개를 끄덕였다. 펭의 땀이 멈췄고 자기에게 힘이 다시 돌아오는 것을 느꼈다. 천천히 그는 칼을 집어서 실을 끊었고 자기 손에 뭉쳤다. '오, 예수님, 제발 저를 도우소서. 저는 악령들로부터 자유롭게 되기를 원합니다. 당신은 악령보다 더 위대합니다. 그들을 저의 삶에서 쫓아내 주소서! 저는 당신이 저를 그들로부터 보호하시고 저의 모든 죄를 용서해 주실 것을 믿습니다.' 펭은 뭉쳐진 실들을 내려다보면서 속으로 이렇게 외쳤고 이제 크게 안도하면서 자기 뒤에 있는 마루 위로 그 실들을 던졌다.

"내가 당신을 위해 기도하겠습니다." 존이 머리를 숙이고 하늘 아버지인 하나님께 말하기 시작하자 펭의 마음은 경이와 기쁨으로 가득 찼다. 하나님이라는 신은 사랑과 이해심이 참으로 많은 것 같았다. 존은 마치 예수가 그 방에 지금 그들과 함께 있는 것처럼 기도했다. 존이 부드럽게 기도를 하는 동안 펭은 예수가 실제로 듣고 계신다는 확신이 들었다. "이제 하나님이 당신을 구원하신 것에 감사하세요." 존이 펭을 이끌었다. 펭은 처음에는 머뭇거렸으나 곧 말문이 터졌다.

"오, 하나님, 당신은 이 세상을 창조하신 위대한 분이십니다. 저를 사랑해 주셔서 감사합니다. 저는 죄인입니다. 예수님, 저 대신 죽어주셔서 감사합니다. 저를 정령에게서 해방해 주시고 당신을 언제나 따르도록 도와주십시오." 펭은 곧 말을 그쳤지만 평화와 행복감이 그를 감쌌다. 선교사를 올려다보자 선교사가 미소로 화답했다.

"이제 당신은 하나님의 가족이 되었습니다. 당신 앞에 놓인 길이 쉽지만은 않겠지만 예수님이 언제나 당신과 함께 할 것입니다. 언젠가 당신 마을을 방문하고 싶습니다."

"저도 좋습니다. *반 다오*는 실제로는 세 마을입니다. 북부, 남부, 중부 *다오*입니다. 저는 북부에 살고 있습니다." 펭이 힘차게 대답했다.

펭이 알게 된 여자의 이름은 도로시였는데 그들에게 물 한 잔씩을 가져다주고는 그 옆 의자에 앉았다.

"콥자이('감사합니다.'라는 뜻의 라오스 말로 직역하면 '당신이 내 마음을 붙잡았습니다.'이다.) 마담." 펭은 물을 마시기 전에 감사의 말을 했다. 시간이 거의 정오가 되어 공기는 뜨거웠고 조용했다.

펭은 이제 매우 배가 고팠다. 그 때 갑자기 뒷문이 열리는 소리가 나더니 누군가가 안으로 들어왔다. 펭이 쳐다보니 친구 송이 요리 재료인 내장을 들어낸 닭을 손에 들고 부엌문께에 서 있었다.

"안녕, 펭! 놀러 온 거야?" 송은 놀라는 눈치였다. "그래, 나는 예수의 길에 대해 더 배우기 위해서 왔는데 그 분을 따르기로 결정했어." 펭이 기쁜 마음으로 대답했다. "오, 그래? 기쁘다. 나도 예수님을 믿고 있어. 이제는 우리 부족에서 나 혼자가 아니네." 송도 밝게 미소를 띠며 말했다.

"지금 식사 준비 합시다. 여기 있다가 식사 같이 해요." 도로시가 일어나며 펭에게 권했다. 그녀가 주방에서 조개탄 스토브에 요리를 하는 동안 존은 펭에게 강한 기독교인이 되기 위해 기억할 필요가 있는 것을 몇 가지 가르쳐 주었다. "가장 중요한 것은 당신을 괴롭히는 것들에 관하여 예수님께 말하는 것입니다. 그분은 전능하시며 어떠한 문제든지 당신을 도울 수 있다는 것을 기억하세요."

펭은 옛날 방식을 떠나는 것에 관한 질문들로 가득 찼다. 그는 자신이 먹고 마실 수 있는 것들이 무엇인지와 무엇을 피해야 하는지 궁금했다. "당신은 원하는 것은 무엇이든지 먹을 수 있습니다만 술은 당신 몸에 좋지 않습니다. 악령을 영화롭게 하는 축제는 어느 곳도 참여하지 않도록 조심하고, 예수님을 위하여 자신을 깨끗하게 지켜야 합니다. 당신이 다르게 행동하는 것을 마을 사람들이 싫어할지 모르지만 예수님은 당신이 용감히 그분을 위하여 굳세게 서도록 도와주실 것입니다. 사람들에게 예수님은 그들 모두를 각각 사랑하시며 정령의 속박에서도 건져주실 수 있다고 말하세요." 이렇게 말하면서 존은 펭에게 작은 책 두 권을 주었다. "아마도 누군가가 이것을 당신에게 읽어줄 수 있을 것입니다."

존의 이야기를 듣고 있노라니 시간이 참 빨리 지나갔다. 도로시가 식사하라고 불러 그들은 모두 식탁에 앉았다. 존이 음식에 대해 하나님께 감사하는 동안 펭은 송의 옆에 앉아 다른 사람들과 함께 머리를 숙였다. 도로시는 맛있는 냄새가 나는 닭 켕과 밥을 준비했다. 펭이 익숙하지 않은 음식들을 보고 있자 도로시가 음식을 떠서 각 접시에 덜어 주었다. 펭은 존이 포크를 들고 먹는 것을 보고 그대로 따라했다. 음식은 맛있었고 곧 즐겁고 편안해졌다. 외국인들은 자기 마을 사람들처럼 친절하고 대접을 잘하는 것 같았다.

마침내 집에 가려고 펭이 일어서자 존은 자주 놀러 오라고 했다. 읍을 벗어나는 도로를 내려가는 동안 펭의 마음은 따뜻함과 만족감으로 가득 찼다. 너무나 많은 새로운 생각이 떠올라 집으로 돌아오는 길이 멀게 느껴지지 않았다. 식구와 친구들에게 놀라운 이야기들을 들려줄 생각을 하니 가슴이 벅차올랐다.

7
선언

"오늘 어디 갔었니?" 펭이 오후 늦게 마을에 들어서자 친구 람이 자기 집 막대 사다리에서 내려오면서 말을 걸었다.

"참 신에 대하여 미국인에게 물어보려고 읍에 다녀왔어." 펭은 팔등으로 이마의 땀을 훔치며 집 아래 그늘로 들어갔다.

"누가 참 신이래?" 람이 다가오며 물었다.

"만물을 창조한 분인데 이름은 예수야. 나는 그를 따를 거야."

"네가 외국 신을 따를 거라고?" 람이 놀랐다는 표정으로 바라보았다.

"정령들이 화를 낼 테고 그러면 너는 병에 걸려 고통을 당할 거야."

"나는 평생 동안 악령들을 달래 왔지만 많은 병에 걸렸어. 예수는 나를 보호하실 수 있어. 나는 예수의 가르침을 따르기로 했고 내 마음에 두려움이 아닌 평화가 있어." 펭이 담대하게 선언했다.

"그 신을 예배하는 방법을 어떻게 배울 거야? 외국인들에게 가서 살면서 그 사람들의 말을 배울 거니?"

"예수는 외국인들만의 하나님이 아니야. 그분은 모든 세상 사람을 사랑하셔." 펭은 존이 말해준 놀라운 것들을 설명하려 했으나 람은 그저 옷을 뿐이었다. "그 외국인의 신은 우리에게 관심이 없어. 네가 우리 방식을 떠나는 것은 어리석은 거야." 하고 람이 말했다.

펭이 집에 도착하니 어머니가 저녁으로 닭 켱을 만들고 있었다.

"아버지가 찾으셨는데. 어디를 그렇게 오래 나가 있었니?"

"읍에 있는 외국 교사들과 참 신에 대해 얘기를 나누었어요."

펭은 불가에 앉으며 대답했다. 숙은 날카로운 시선으로 쳐다보았지만 아무 말도 하지 않았다. 어머니는 켱을 젓고 있었다. 노란 호박 조각들이 떠오르는 것을 보자 밥을 먹은 지 얼마 지나지 않았는데도 시장기를 느꼈다. "밥이 다 되었나요?"

"그래, 가서 먹거라." 어머니는 아들의 식욕이 돌아온 것이 기뻤다. "아버지는 밤늦게야 오실 거다. 퐁을 만나러 남부 *반 다오*에 가셨는데 너를 데리고 가고 싶어 하셨다. 퐁은 부인과 아이가 죽어서 매우 불행하게 살고 있었는데, 오늘 마을 사람들에게 화를 내며 싸웠다더라. 아버지께 어떤 사람이 자기 아내에게 저주를 걸어 죽게 했는지 찾아달라고 부탁했단다." 펭은 천천히 저녁을 먹으며 기쁨이 사라져 가는 걸 느낄 수 있었다. 아버지를 기쁘게 하고 싶지만 더 이상 정령 의식(儀式)에는 참여할 수 없었다. 자신은 이제 예수의 길에 들어섰기 때문에 옛날 방식을 따라서는 안 된다. 펭은 아버지가 자기에게 화를 낼 것이라는 생각이 들자 괴로웠다. 여동생 잉이 들어와 마루에 앉았다. 잉은 친구들과 함께 숲 속에서 건과류와 죽순(竹筍)을 모으며 보낸 일에 대해서 행복하게 재잘거렸다. 펭은 잉을 좋아했지만 오늘밤은 함께 할 마음의 여유가 없었다. 식사를 마치고 베란다로 나가 쪼그려 앉아 아버지가 오기를 기다렸다.

*사맛*이 돌아와 식사하는 자리에 가족들이 모여들었다. "퐁은 기분이 엉망이 되어 마을 사람들을 위협했단다. 오늘 내가 거행한 의식으로 누가 퐁의 아내를 죽게 했는지 밝히지 못해서 내일 다시 정령들에게 물어보기로 했다. 펭, 나와 같이 가서 마법의 돌을 운반해 줄 수 있지?"

"아버지, 저는 돌을 운반해 드릴 수 없어요." 펭은 네모진 턱을 긴장시키며 꺼져가는 불꽃을 응시했다. 아버지가 침묵 속에 기다리자, 펭은 논쟁하고 목소리를 높이는 자신의 자연스런 성향을 통제하면서 존경하는 마음으로 조용하게 말했다. "저는 예수의 길을 따르기로 결정했습니다. 그래서 더 이상 악령들을 섬길 수 없습니다."

"예수가 누구냐? 그가 너를 악령들로부터 보호할 수 있느냐?" 아버지가 물었다. "예수는 만물의 창조자입니다. 그분은 정령보다 위대하시지만 자신의 권세를 고통이나 문제를 일으키기 위해 사용하지 않습니다. 그분은 모든 사람을 사랑하며 우리를 귀신의 굴레에서 건져내기를 원하십니다." 펭은 진지하게 설명했다.

*사맛*은 아들을 이해할 수 없다는 표정으로 바라보았다. "그게 사실이라면 좋지만, 우리는 귀신의 영에서 피할 길이 없다는 것을 알지 않니? 너는 그들의 분노를 직면할 준비가 되어 있니?"

펭은 숨을 깊이 들이쉬고 아버지를 조용히 바라보았다. "저는 두렵지 않습니다. 예수님이 저와 함께 하며 저를 보호하실 것입니다."

*사맛*은 말이 없었다. 펭이 가끔 성질을 쉽게 부리기는 했어도 결코 완강하지는 않았다. 무슨 일이 있었기에 펭이 저렇게 조용히 자기의 길을 가기로 결단하게 되었을까? *사맛*은 펭이 자신을 돕지 않기로 한 것에 대해 분노와 실망을 느꼈지만 냉정을 유지하려고 노력했다.

아들들을 통제하는 최선의 방법은 적당하게 거리를 두고 어느 정도 자유를 누리도록 해 주는 것임을 아버지는 알고 있었다. "너는 내일 나와 함께 갈 필요가 없다. 정령들은 새로운 생각을 하는 네가 없어야 내 말을 더 잘 들을 것이다. 하지만 너는 곧 너의 어리석음을 후회할 것이고, 우리 가족이 너의 결정 때문에 많은 문제로 고통을 받을지도 모른다."

*샤맛*의 말이 그날 밤 펭의 뇌리를 떠나지 않았다. 펭은 피곤했지만 잠을 잘 수가 없었다. 부모님을 사랑했기 때문에 그분들이 고통을 당하는 것을 원하지 않았다. "오, 예수님, 제 가족을 악령의 분노에서 보호해 주세요. 그들에게 당신의 전능하심을 보여주세요. 제가 당신을 따르기 때문에 정령들이 그들을 처벌하게 하지 마옵소서. 마을에서 문제를 일으키지 않도록 퐁을 지켜주옵소서."

펭은 하나님의 책에서 보았던 말씀을 기억해 내려고 애썼다. 예수님이 자신을 사랑하신다는 것을 기억하자 기쁨이 솟아올랐다. 예수님이라는 그 아름다운 이름을 반복하며 그는 잠이 들었다.

* * *

다음날 아침에 일어났는데 아무런 악몽도 꾸지 않았다. 분명 예수님이 나와 함께 여기 계신다. 펭은 타작한 쌀을 가지고 안으로 들어온 어머니에게 미소를 지었다. 재빨리 마루 중앙에 있는 화상(火床)에 마른 가지들을 쌓아 밝은 불꽃이 생길 때까지 바람을 불어 넣었다. 어제 밤에 남아있던 반쯤 탄 장작에 불꽃이 날름거렸다. 숙은 밥솥을 불 위의 철제 고리에 걸어놓고 쉬려고 구석에 앉았다. 어머니는 밥을 준비하려고 너무 일찍 일어났기 때문에 지쳐보였다. "어머니, 너무 일을 많이 하셔요. 저희에게 너무나 좋은 분이세요." 펭은 미소를 띠며 부드럽게 말했다. 숙도 아들에게 묘한 미소를 지었다. 그녀의 가족은 서로를 *타웨이* 방식으로 좋아했지만, 이것이 말로 표현되는 일은 거의 없었다. 펭이 오늘은 달라 보였다.

밥이 다 되어 갈 때쯤 *사맛*이 잉을 데리고 들어왔다. 숙은 *사맛*의 접시에 약간의 밥을 담아주며 몇 개의 삶은 계란과 고추와 소금 접시를 차렸다. *사맛*은 퐁이 이른 아침에 자기에게 와서 자기 아내를 죽게 한 것은 운명이었기 때문에 아무도 고소하기를 원하지 않는다고 했으며 오늘은 아주 조용해 보였다고 전했다. *사맛*이 힐끗 보니 펭은 웃고 있었다. "어제 밤 저는 퐁이 마을에서 문제를 일으키지 않도록 예수님께 부탁했는데 예수님이 이미 저의 기도에 응답하셨네요!" 펭이 의기양양하게 선언했다.

*사맛*은 이마를 찌푸리고 먹기 시작했다. 자신의 마술이 할 수 없었던 것을 예수가 성취했다는 것이 가능한 일일까? 그는 아들을 지켜보면서 이 새 종교가 과연 효력이 있는 것인지 알아보기로 마음먹었다.

아침식사 후에 펭의 어린 사촌 *데에*가 들렀다. "람이 그러던데 형이 새로운 신을 예배하기 위해 정령들에게서 돌아섰다며? 정령이 형을 병으로 벌주면 어떻게 할 거야?"

"내가 병들면 예수님이 나를 낫게 하실 거야. 그 선교사가 내게 질병은 악령들이 아닌 '세균'이라고 불리는 어떤 것들 때문에 생기는 것이라고 말했어. 그러나 심지어 악령들이 나를 공격한다 해도 나는 예수님이 악령의 권세에서 나를 건지질 수 있는 것을 믿어." 펭은 진지하게 대답해 주었다.

룽 삼촌은 펭이 예수 종교에 입문했다는 것을 듣고는 기뻐했다. "나는 네게 무슨 일이 일어나는지 지켜볼 거야. 그리고 아마 언젠가 나도 예수님을 따르게 될 거야."

그날 오후 펭은 숲에서 대나무를 약간 가져와 논에 있는 임시 거처를 수리하고 있었다. 그때 친구 링과 *사안*이 들렀다. "네가 외국 종교에 입문했다는 것이 사실이니?" 링이 물었다. "모내기 축제 때 올 거니? 그 때 항상 함께 재미있게 놀았잖아!"

"아니, 나는 이제 더 이상 축제에는 안 갈 거야. 나는 이제부터 예수님의 길을 따르기 때문에 정령들을 달래는 일에 참여하지 않을 거야. 정령들은 우리를 두려움에 가두어 두지만 예수님은 사랑의 하나님이셔. 그가 우리 죄를 위한 피의 희생이 되셨기 때문에 우리는 정령들의 권세에서 구원 받을 수 있어. 너도 자유롭게 되기를 원하지 않니?" 펭은 길게 이야기하면서 약간 불안했다. '내가 예수의 길을 정확하게 설명했을까?'

"물론 누구든지 정령들에게서 자유롭고 싶어 하지! 그렇지만 예수가 그들을 이길 수 있다는 것을 너는 어떻게 확신할 수 있니?" *사안*이 의심하는 눈빛으로 바라보았다.

"내 마음으로 알아." 펭은 자신 있게 대답했다. "나는 더 이상 악령들을 두려워하지 않아. 예수님은 땅과 태양과 별과 모든 사람을 창조하신 분이야. 비를 내리시고 벼가 자라도록 하셔. 우리는 우리를 증오하고 언제나 처벌하기를 원하는 귀신들이 아니고 그분을 예배해야 해."

그는 친구들이 예수의 길을 따르도록 설득했지만 친구들은 머리를 흔들었다. "아니, 정령들에게서 벗어나는 것은 매우 위험해. 하지만 우리는 예수가 너를 보호하는지 지켜볼 거야. 우리는 축제가 재미있어. 가지 않으면 아마 외로울 걸?"

친구들이 떠난 후 펭은 일을 밀쳐놓고 하늘을 바라보았다. "예수님, 당신을 따르는 것이 어려워집니다. 저를 강하게 하여 주십시오. 제가 사람들에게 당신의 길이 옳은 길이라는 것을 보여줄 수 있도록 저를 도와주세요. 예수님, 감사합니다. 저는 당신을 의지합니다. 저는 당신이 나와 함께 하심을 압니다."

그렇게 기도하자 평화가 마음을 가득 채웠고 기분이 훨씬 좋아졌다. '놀라운 일이구나. 예수님은 정말로 여기 계시고 나는 두렵지 않다.' 펭은 진심으로 이렇게 생각했다.

* * *

그날 저녁 집으로 돌아왔는데 마을이 뒤숭숭했다. 남자들이 많이 모여 집 밖에서 아버지와 이야기를 하고 있었다. 사촌 벡이 자초지종을 설명해 주었다. "주지사가 내일 아침 남쪽 논 모퉁이에 우리 중 열 사람이 모이래. 반군들이 북부 몽 마을을 공격했는데 우리 보고 숲의 단단한 나무들을 잘라 자기 앞마당에 벙커를 만들어 달래."

"왜 우리가 주지사를 위해 일해야만 하지?" 한 사람이 큰 소리로 불평했다. "그 사람은 언제나 우리에게 자기 일을 해달라고 해. 우리는 세금도 내고, 나무도 잘라 주었고 이미 우리 아들 다섯 명을 라오스 군대에 보냈잖아?" 다른 사람들도 그 말을 지지하는 말을 했다.

"맞아, 우리는 우리 일이 있고 우리 마을도 위험해." 군중은 분노하며 중얼거렸지만 아무도 그 명령에 주도적으로 반항하려고 하지는 않았다. 마침내 사람들은 복종하기로 합의하고 천천히 헤어졌다.

다음날 아침 펭과 벡은 남쪽 논 너머 숲으로 가는 길을 내고 있는 그룹에 합류했다. 갑자기 펭이 정령을 떠났다는 말이 돌기 시작했다. 노한 군중이 화를 내며 펭 주위에 몰려 왔다. 헹이 사람들을 모아 펭의 결정에 반대하도록 선동한 것이었다. "너는 정령들을 버릴 수 없어. 정령들이 마을 전체에 진노할 거야."

"나는 평생 정령의 길을 따라왔어. 모두 함께 제사 고기를 먹었고 술을 마셨지만 결코 만족스럽지 않았어. 하지만 이틀 전에 예수님을 믿었는데 난 아주 만족스러워. 우리는 악령을 섬길 필요가 없어. 예수님은 우리를 악령에게서 보호하실 수 있어." 펭은 조용히 대답했다.

"우리는 조상의 길을 떠나는 것을 원하지 않아. 우리가 외국인의 가르침을 따르면 문제만 생길 뿐이야." 헹이 화를내며 소리쳤다.

"만약 우리 마을에 더 많은 질병이 생기면 그건 네 잘못이야. 너는 동족 걱정은 하지 않는 거니?" 노인 한 분이 펭에게 경고했다.

펭은 여전히 부드러운 목소리로 조용하게 말을 이었다. "저는 제 동족을 사랑합니다. 예수님은 여러분도 모두 사랑하세요. 저는 그분에게 악령의 권세에서 여러분을 보호해 달라고 기도할 거예요. 언젠가는 여러분도 예수님의 길이 옳다는 것을 알게 되실 겁니다."

다른 사람들은 여러 말로 불평하다가 마침내 펭을 혼자 남겨두고 나무를 하러 숲으로 뿔뿔이 흩어졌다.

* * *

그 때 탄 존이 자전거를 타고 나무 사이에서 나타나서는 큰소리로 인사를 했다. "삼바이 바우, 펭!" 펭의 얼굴은 새 친구를 보자 미소를 띠며 금방 밝아졌다. "벌써 저를 방문하러 오셨어요? 만나서 너무 반갑습니다. 저는 오늘 주지사를 위해 나무를 잘라야 해요." 존은 펭이 적당한 나무를 찾아다니는 동안 줄곧 따라다녔다. 작은 *타웨이* 도끼로는 그 단단한 나무를 찍어내는 것이 아주 어려웠기 때문에 펭은 비교적 어린 나무를 선택했다. 그래도 최근의 질병으로 아직은 몸이 허약해서 일의 진척이 느렸다. 욕이 나오려고 했지만 꾹 참았다. 존이 대신해서 도끼질을 하겠다고 고집했다. 펭은 쉴 수 있어서 기뻤다. 마침내 펭은 한 쪽 밑을 찍어낼 수 있었다. 그는 도끼 자루에 등을 기대고는 얼굴의 땀을 훔쳤다.

하늘을 바라보며 펭은 간단히 기도했다. "저는 아직 당신에게 어떻게 말을 해야 할지 모릅니다. 이 나무는 매우 단단하고 저는 그다지 강하지 못합니다. 저를 제발 도와주세요." 교대로 나무에 도끼질을 하는 동안 하나님의 사랑과 권세에 대해 이야기를 했는데 펭은 존이 무언가를 걱정하고 있다는 생각이 들었다.

마침내 존이 말했다. "펭, 우리는 토요일에 몽을 떠나요. 그 말을 해주러 왔어요. 도로시의 건강이 좋지 않아 미국으로 돌아가요. 이렇게 빨리 떠나서 미안합니다. 도로시는 몇 주 동안 가슴이 많이 아파서 우리 선교부 의사에게 보였는데, 빨리 의사한테 데려가야 한다고 전보를 보내왔어요."

"*탄* 존, 당신이 없으면 저는 매우 외로울 겁니다. 저는 아직 하나님의 길을 잘 모르기 때문에 누군가 가르쳐줘야 합니다." 펭은 낙담이 되었다. 그래도 펭은 진심으로 도로시를 걱정했다. "사모님이 아프시다니 유감입니다. 빨리 미국에 돌아가서 고치셔야지요."

"우리는 가능한 한 빨리 돌아올 거예요." 존이 약속했다. "당신에게 가르쳐 드리고 싶은 것이 많이 있어요. 하나님은 우리가 돌아오게 해 주실 거예요. 하나님은 우리를 라오스에서 하나님을 섬기도록 부르셨습니다."

펭은 그 말이 무슨 뜻인지 물었고 존은 펭에게 하나님이 자기 어머니의 심장마비를 고쳐주시면 자신이 어떻게 하나님을 섬길 것인지를 약속한 것과 하나님이 어떻게 자기와 도로시를 만나게 해서 이국땅에서 하나님을 섬기도록 부르셨는가를 말해주었다.

"처음에 우리는 하나님께서 우리를 어디로 보내실지 몰랐지만 라오스에 있는 부족민들의 이야기를 들었을 때, 이곳으로 부르셨다는 것을 확신할 수 있었어요."

"당신은 고국에서도 멀고 전또 쟁 중인 나라에 오는 것이 두렵지 않았나요?" 펭은 존이 왜 아내를 그렇게 위험한 장소에 데리고 왔는지 이해되지 않았다.

"하나님은 언제나 우리와 함께 하신다고 약속을 하셨기 때문에 우리는 두렵지 않아요. 예수님은 자신을 따르는 자들에게 온 세상에 가서 구원의 좋은 소식을 전하라고 명령하셨고, 우리에게는 여기로 가라고 하셨습니다." 존이 힘주어 설명했다.

"어떻게 라오스 말을 그렇게 잘하세요? 어디서 배웠어요?" 펭이 물었다. 펭은 외국인에 대해 호기심이 많았다.

"쉽지 않았어요." 존이 웃으며 대답했다. "오랫동안 책으로 공부하고 라오스 친구들과도 함께 지내며 말을 배웠지요. 도로시와 나는 이미 약혼한 상태였지만 라오스 말을 배우는데 집중하려고 라오스에 도착한 뒤에도 2년 동안 결혼을 연기했어요. 그리고 나는 *카쎙* 부족 마을에도 갔었고 남쪽으로 베트남 국경 근처의 산도 다녔는데 그곳은 도로시가 가기에는 위험한 지역이었어요."

"카쎙 마을도 가셨어요?" 펭은 놀라서 존을 바라보았다. "과거에 인육(人肉)을 먹던 부족이에요. 어쩌면 지금도 그럴지도 모릅니다!"

"예, 알고 있습니다. 그렇지만 하나님께서 저를 안전하게 지켜주셨지요. 거기서는 아무도 예수의 길에 들어오지 않았지만, 저는 적어도 서너 종족에게 하나님 말씀의 씨를 뿌릴 수 있었습니다. 이제 도로시는 첫 아이를 출산할 예정인데 가슴의 통증이 심장병일 수도 있기 때문에 빨리 의사에게 데리고 가야 합니다. 아무튼 몇 달이 지나면 안식년이라서 미국에 좀 머물 거예요. 그래도 그곳에서도 펭을 위해 기도할 것이고 내년에 돌아올 겁니다. 기억하세요. 예수님이 당신과 함께 하기 때문에 당신은 혼자가 아닙니다."

죄사함

4월은 1년 중 가장 더운 달이었다. 대지는 불타는 듯했고 비가 와서 땅이 부드럽게 될 때까지는 논에서 할 수 있는 건 아무것도 없었기 때문에 펭은 그 긴 날들을 그늘에서 쉬면서 보냈다. 필리핀 의사에게서 몇 번 주사를 맞고 나자 다리에 있는 종기들도 사라졌다. 최소한 기분은 좋았지만 할 일이 없어 무료했으며, 예수를 따르기로 결정한 후로는 친구들도 대부분 자기를 피하는 것 같았다. 그는 선교사들이 읍내에 살면서 참 하나님에 대해 더 많은 것을 가르쳐 주면 좋았을 것이라고 생각했다. 그리고 하나님의 책 사본 한 권을 보며 스스로 읽을 수만 있어도 좋겠다는 생각도 했다. 펭은 존이 자기에게 준 작은 책을 읽으려고 했지만 배운 것이 짧아 그 뜻을 제대로 알 수가 없었다. 그러다 갑자기 어떤 생각이 떠오르는지 벌떡 일어나더니 흔들리는 사다리를 타고 급히 내려갔다.

친구 람이 집 아래 그늘에서 새로운 수면용 돗자리를 만들려고 대나무를 자르고 있었다. 람은 펭보다 한 살 어리지만 이미 결혼을 해서 아이가 하나 있기 때문에 겉으로는 나이가 많아 보였다.

"내게 읽는 법을 가르쳐 줄래?" 펭이 람에게 물었다. "내게 라오스 글을 읽는 법을 가르쳐주면 모내기 할 때 도와줄게."

정령 술사의 장남은 읽는 법을 배우지 않도록 되어 있었기 때문에 람은 이 요청에 놀랐다. 펭의 일차적 관심은 부족의 전통을 보존하는 것이어야 하지만 펭은 더 이상 정령 숭배에는 관심이 없었고, 이제 자기 스스로 결정을 할 수 있을 만큼 나이를 먹었다.

"내가 아는 만큼은 가르쳐 줄 수 있어. 옛날 교재가 한 권 있어. 몇 년 전에 아버지가 내 책들을 버리려고 해서 한 권을 우리 논 집 서까래 위에 숨겨 놓았거든." 람은 주저하며 대답했다.

그들은 마을 아래 논으로 함께 걸어가 대나무 오두막집 안으로 들어갔다. 람은 빈 집의 어두운 구석으로 가서 연기에 그을린 서까래 위의 건조한 지붕 근처를 뒤지더니 작은 책 한 권을 찾아서는 먼지를 털고 펭에게 건네주었다. "아무도 못 보게 해." 람이 주의를 주었다.

"그리고 아무에게도 내가 가르치고 있다고 말하지 마. 캄빗이나 다른 이들이 얼마나 화를 낼지 네가 알잖아."

펭은 머리를 끄덕였다. 캄빗은 사람들에게 자녀들이 라오스 방식을 배우면 부족에게 불운이 닥칠 것이라고 정령 술사 이상으로 설득하며 다녔다. 그 후 정부가 마을에 지은 학교가 이상하게 불타 없어졌다.

"형이 학교를 다니면서 내게 몇 단어를 가르쳐 주었어. 나도 몇 주간 학교에 몰래 들어가 교실에 앉아 있어 봤는데, 아버지께 붙잡혀 끌려 나왔지. 숲 속에서 물소를 지키는 일을 해야 했고, 내가 주의가 산만하다고 선생님이 언제나 막대기로 손바닥을 때렸기 때문에 나도 학교를 그다지 좋아하지 않았어." 펭이 추억에 잠겨 이야기했다.

둘은 햇볕이 드는 문 가까이에 앉아 책을 펼쳤다.

"이게 '생선'이야?" 펭은 첫 페이지의 생선 그림 아래의 단어를 가리키면서 물었다. "맞아." 람이 페이지를 넘기면서 다른 문장을 가리켰다. "이것은 '아버지가 숲으로 가신다.'야. 봐, '생선'과 '숲'이라는 단어가 거의 같아. 단지 성조(聲調)가 달라."

펭은 그 페이지를 응시하며 한숨을 쉬었다. 모든 글자가 아주 자세하게 보지 않으면 거의 같아 보였다. 라오스 발음은 *타웨이* 발음처럼 아름답지는 않았지만 펭은 라오스 인이를 읽고 이해하는 것을 배울 결심을 했다. "왜 라오스 글을 읽으려는데?" 람이 호기심에 가득 차 물었다.

"나는 그 선교사가 준 예수의 말씀 책을 공부하고 싶어. 그가 하나님의 말씀을 읽어주었을 때 내 마음에 기쁨과 평화가 넘쳐흘렀어. 하나님의 책을 구하게 되면 같이 읽을 수 있을 거야. 그러나 그 때까지는 *탄* 존이 준 작은 책을 네가 좀 읽어줘."

람의 눈이 두려움으로 동그래졌다. 다른 종교에 대해 관심을 보이면 정령들이 화낼지 모른다. 그러나 펭의 얼굴에서 광채와 겁 없는 결단을 보자 람의 마음은 부드러워졌다. 그는 문 밖을 둘러보고 다른 사람이 아무도 듣지 않는 것을 확인한 후 조용히 속삭였다.

"나도 하나님의 말씀을 듣고 싶어. 정령의 길은 어렵고 내 마음에는 행복이 없어. 너만 좋으면 시간이 날 때 언제든지 네 논집에서 함께 공부하자." 그 후 수 주일이 빨리 지나갔다. 펭은 시간이 나면 언제나 오두막집에 가서 공부했다. 람은 펭이 그 교재를 끝내고 글쓰기를 배우기 시작할 때까지 거기서 가끔 그를 만났다.

마침내 비가 자주 내리기 시작했다. 시원하게 비가 내릴 때마다 아이들은 논에서 뛰며 물장구를 쳤고, 장정들은 근심 없이 비를 맞으며 몸을 식혔다. 어머니들은 작은 아이들을 밖으로 데리고 나가 목욕을 시켰다. 이제 쉴 시간은 별로 없었다. 땅이 부드러워졌기 때문에 경작을 위해 논에서 해야 할 일이 많았다. *타웨이* 사람들은 라오스 사람들처럼 논에서 벼를 재배하기 때문에 우기가 본격적으로 시작되기 전에 수로를 잘 정비해 놓아야 했다.

라오스의 다른 부족들은 대부분 홍수가 날 일이 없는 가파른 언덕에 벼를 재배했다. 11세기와 13세기 사이에 *라오족*이 풍요한 저지대를 차지하기 위해 중국 *윈난*에서 몰려왔을 때, 다른 부족들은 티벳 근처 어딘가에서 다시 동부 국경의 산지로 내몰린 것이었다.

몬-크메르 부족들은 산중에서 농사를 짓기 위해 언덕을 깎아 태우는 방법을 개발했다. 먼저 집과 카누를 만들기 위해 큰 나무들을 잘라냈고, 그 후에 언덕에 남은 관목들은 불태웠다. 불태우는 동안에는 수주 동안 정글에 회색 연기가 자욱했다. 비로 땅이 부드러워지면 날카로운 막대기로 땅에 구멍을 뚫고 그곳에 벼를 심는다. 땅에 남은 재들은 농작물이 자랄 때 거름이 되었다. 벼의 품종 중에는 찹쌀도 있어서 그것을 대나무 용기 속에 넣어 끓는 물 위에서 쪄서 먹는 것이었다.

하지만 펭의 부족은 보통 큰 솥에 삶는 멥쌀을 선호했다. 과거 조상들은 해발 1,000m 이상 되는 산에 살면서 파종과 추수를 할 때만 평지로 내려왔다. 그렇지만 그들에게는 강한 독립심과 자부심이 있었기 때문에 다시 저지대 논을 차지할 수 있었다. 그래도 파종과 추수 때에는 논에 있는 작은 오두막집에서 야영하는 관습을 계속 유지했다. 따라서 집집마다 산기슭 가까운 곳에 크게 집을 지어 살면서도 논에도 작은 집을 지어놓고 있었다.

하루는 밤에 몇 시간 동안 폭우가 내렸다. 펭과 아버지는 다음날 새벽 논으로 나갔다. 아침 식사를 하기 전, 공기가 아직 시원할 때가 일하기에 가장 좋았다. 먼저 논 주위의 수로를 점검하고 물이 새는 곳을 수리했다. 간밤의 폭우로 논에 물이 넘쳤다. 땅이 충분히 부드러워지면 그들은 물소가 끄는 나무 쟁기로 경작을 하곤 했다. 펭은 남부 라오스 그 어느 곳에도 이처럼 아름다운 계단식 논은 없다고 들었다. 라오스 사람들이 벼를 재배하는 평지는 계단이 필요하지 않았다. 펭은 가지고 온 호미를 들고 수로를 따라 자라고 있는 잡초들을 뽑고 다른 논에 있는 잡목들도 정리한 후 좀 쉬었다. 돌아보니 아버지가 이웃사람들과 어망 근처에서 이야기를 하고 계셨다. 사방으로 진흙물이 가득한 뿌연 갈색 논이 펼쳐져 있었다. 모가 자라기 시작하면 논은 밝은 녹색이 되고 산기슭을 따라 놓인 녹보석 목걸이처럼 빛났다. 밭에 물고기가 사는 구멍이 있기도 했는데 깊은 구멍 속 물에 새끼 고기를 담아 보호하고 있었다. 추수 때가 되면 벼는 햇빛을 반사해 황금처럼 반짝였기 때문에 펭은 쌀이 황금처럼 귀하다고 생각했다. 쌀은 자기 부족의 주식일 뿐만 아니라 교역에서 가장 많이 사용되는 물품이었다.

가족은 얼마 안 있으면 새벽부터 저녁까지 논에서 일할 수 있도록 논집으로 이사할 것이다. 볍씨를 심고 모내기를 하는 것은 고된 일이었지만 가족은 모두 즐겁게 일했다. 어떤 밭에서는 연못 어망에 물고기가 잡히기도 했는데 그것은 모두가 고대하는 일이었다.

어느 날 밤 이웃 마을이 반군의 공격을 받았다. *반 다오 남자들은*

이 일을 논의하기 위해 이장 집에 모였다. 선교사를 위해 일했던 송을 포함해서 여러 명의 청년이 잡혀갔다. 종종 그런 포로들은 먼 북부로 끌려가서 강제로 *파텟 라오* 반군 편에서 싸워야 했다. *타웨이* 사람들은 서로 싸우는 세력들에 관심이 없었지만 반군과 그 정치적 결사체인 *네오 라오 학 삿*("민족을 사랑하라"라는 뜻으로 이 군벌(軍閥)은 라오스를 서방의 영향에서 해방시켜 북부 베트남과 연합하기를 원했다.)은 모든 사람이 개입하도록 압력을 가했다.

펭은 친구 송 때문에 마음이 아팠다. 존과 도로시가 떠난 후 수차례 서로 방문하며 주 안에서 나눈 교제는 크게 도움이 되었다. 친구가 집을 멀리 떠나 적들 가운데 잡혀 있으니 얼마나 무섭고 외로울까. 펭은 기도를 할 때마다 늘 송을 보호하시고 구해주시도록 부탁했다. *반 다오*에서 유일한 기독교인으로 사는 것은 어려운 일이었지만 그래도 펭은 적어도 자기 마을에 있기 때문에 안전했다. 그는 라오스 사람들이 왜 서로 계속 싸우는지 알 수 없었다. 이 땅에 평화는 다시 오지 않을 것만 같았다.

비는 그쳤고 5월 중순인데도 아직 논은 볍씨를 뿌릴 수 있을 정도로 충분히 부드러워지지 않았다. 그래서 청년들이 읍내의 불꽃 축제에 갔는데 펭과 람도 따라 갔다. 보통 때는 조용하던 몽의 거리가 사람들로 북적였다. 주변 마을에 있는 절에서 경연에 참가하려고 불꽃을 만들었다. 꽹과리와 북과 징을 연주하는 사람들이 불꽃을 읍내로 가져오는 사람들을 호위했다. 사람들은 거리에서 노래하고 춤추며 자기들이 만든 불꽃이 얼마나 화려한지 자랑하는 등 사람들의 주의를 끌 수 있는 것은 무엇이든지 했다. 청년들은 밝은 줄무늬 화장으로 얼굴을 단장하고 채색 위장복을 입고 거리를 쏘다녔다. *케네*(길이가 다른 대나무로 만든 피리 같은 악기) 연주자들이 사람들을 즐겁게 하기 위해 연주하는 미묘한 피리의 곡조가 주위를 맴돌았다. 키가 큰 화염(火焰) 나무에 꽃이 만개해 있었다. 맑고 푸른 하늘을 향하여 가지를 뻗치고 있는 나무에 선홍색 꽃들이 피어 미풍에 즐겁게 춤추면서 다산(多産)의 축제에 참여하는 것처럼 보였다. *반 다오*에서 온 사람들은 군중 속을 배회하며 들뜬 기분을 즐겼다. 마침내 그들은 어떤 가게 앞에 쪼그려 앉아 경연이 시작되기를 기다렸다.

잠시 후 펭은 일어나 장터로 걸어갔다. 존과 도로시가 살았던 구석에 있는 집에 가보았다. 문과 창문들이 꼭 잠겨 있는 것으로 보아 비어 있는 것이 분명했다. 그가 근처 가게 주인에게 물으니 아직 사람이 살지 않는다고 했다. 펭은 미국이라는 나라가 상상이 되지 않았다. 라오스 밖으로는 한 번도 나가 본 적이 없었다. 그 선교사들을 다시 볼 수나 있을지….

다시 군중 속으로 돌아오는 펭은 매우 고독했다. 자기는 주위 사람들과는 아무런 공통점이 없었다. 심지어 라오스 말조차도 잘 이해하지 못했다. 기독교인이 된 후로는 이제 자기 부족 가운데서도 이방인이었다. 그 외국인들이 다시 돌아오지 않는다면 어떻게 될까? 얼마나 오래 혼자 참 하나님을 따를 수 있을까?

그는 다시 친구들과 합류해 람 옆에 쪼그려 앉았다. 마음이 너무 쓸쓸하니 금실과 은실로 짠 채색 스카프를 목에 메고 가장 좋은 비단 치마를 입고 가까이에 서있는 라오스 소녀들도 거의 눈에 들어오지 않았다. 소녀마다 뒤로 묶어 부드럽게 올린 검은 머리가 밝은 햇빛에 빛났다. 대부분의 *타웨이* 청년들은 소녀들을 수줍게 바라보았지만 펭은 군중만 응시할 뿐 그 외에는 아무 것도 보이지 않았다.

남자들이 집에서 만든 인형들을 가지고 구경꾼들을 즐겁게 하고 있었다. 두 인형들이 서로 주먹질하며 큰 소리로 욕을 하자 모든 사람이 웃었고, 펭도 드디어 웃기 시작하면서 기분이 좀 나아졌다. 인형놀이 하는 사람들은 외설적인 농담을 했지만 아무도 얼굴을 붉히지 않았다. 지금은 아무런 속박 없이 편히 쉬고 즐기는 시간이다. 몇 주만 지나면 모든 사람이 논에서 쟁기질을 하고 볍씨를 뿌리면서 새벽부터 저녁까지 일할 것이지만 오늘은 펭을 제외하고 아무도 삶에 대한 염려를 하지 않는 것처럼 보였다.

행진 대형이 도시 중앙에 형성되는 것이 보이자 떠들썩한 분위기는 점점 가라앉았다. 머리를 깎고 누런 승복을 입은 불교 승려 몇 명이 방석이 있는 도금한 가마에 앉았고, 그들 뒤에는 장식이 좀 덜된 들것에 그날 승려가 되려는 사람들이 앉아 있었다. 청년 다섯 명이 대형 중국제 종이 우산의 그늘 아래 무표정하게 명상에 잠겨 있었다. 징이 울리자 마을 사람들은 각자 맡은 가마의 손잡이를 잡고, 부처의 종들을 운반하는 일을 부처에 대한 공양으로 생각하면서 들것을 어깨에 메었다. 다른 승려들이 천천히 사찰을 세 바퀴 돌 때, 많은 남녀와 아이들이 물과 꽃으로 가득 찬 잔들을 운반했고 소수의 청년들은 뒤에서 불꽃놀이를 했다. 마침내 그 가마와 들것을 대나무와 볏짚으로 만든 임시 처소에 내려놓았다. 거기 탄 사람들은 근엄하게 내렸고 준비된 처소로 들어가서 일렬로 된 빈 대나무 관 앞에서 무릎을 꿇었다. 누런 승려복을 입은 주지와 선임 승려들은 모든 관에 일일이 향수가 든 잔을 부었다. 그 정화수가 관을 관통해 흘러서 무릎을 꿇은 청년들의 깎은 머리 위로 떨어졌다. 부모와 친구, 이웃은 차례로 반짝이는 물 컵을 관에 부어 새로 임직되는 승려들에게 세례를 베풀었는데 이것은 정결을 상징하는 것이었다. 신임 승려들은 각자 축축한 겉옷을 벗고 새로운 승려 복을 입고 부채와 순례자의 지팡이를 받아서 그 처소를 나와 선임 승려들을 따랐다. 일렬로 무릎을 꿇고 있는 여인들이 꽃과 양초와 선향(線香)을 청년들이 들고 있는 부채 사이로 던졌다. 그들은 천천히 그 사이로 지나갔다.

승려들이 사찰 안으로 사라지자 청중들은 장엄한 침묵을 그치고 다시 흥분했다. 주부들이 그 행사를 위해 세운 긴 임시 장막에서 서둘러 점심을 대접했다. *타웨이* 사람들은 알고 지내던 가게주인의 영접을 받아 다른 사람들과 함께 흔쾌히 먹었다. 음식을 위해 지불하는 소액은 사찰을 지원하는 기부금이었다. 곧 온 읍내 사람들이 자연스럽게 기울어진 한 고목(古木) 옆 강둑에 모였다. 원시적인 사다리를 나무에 묶고 청년들이 첫 번째 불꽃을 발사대에 장착하자 구경꾼들은 조바심을 내며 기다렸다. 화약과 점화 점검을 마치고 마침내 불꽃이 나무 맨 꼭대기에 장착되자 긴 도화선이 점화되었다. 군중은 불꽃이 흔들리며 굉음을 내고 공중으로 올라가서 강 건너로 날아가는 것을 지켜보면서 조용해졌다. 모든 사람은 크게 소리를 질렀고 그 불꽃을 설계한 승려는 친구들에게 자랑스러운 듯 미소를 지었다. 불꽃을 하늘에 발사하는 것은 농작물을 위해 적당한 비를 내리게 하려는 것이었다.

다른 마을 사람들도 불꽃을 가져와서 비슷한 방식으로 조심스럽게 발사했다. 그 불꽃은 비록 아름답게 장식했고 길이가 거의 6m나 되었지만 이 불꽃은 흔들리며 오발되어 사람들을 실망시켰다. 불꽃이 사람들이 있는 곳으로 떨어지자 사람들은 자리에서 뛰쳐나오며 그 로켓을 후원한 마을 사람들을 선의로 야유하며 조롱했다. 펭과 친구들도 불꽃이 발사될 때마다 군중과 함께 웃으며 응원했다. 그날 오후 늦게 집으로 돌아오는 사람들은 여전히 축제의 흥분으로 가득 차 있었다. 삶의 염려에서 자유로웠고 농담이 오갔다. 사람들은 뒤풀이를 위해 *랍*의 집에 모였다. 펭은 친구들과 다시 함께 있게 된 것이 너무나 좋아서 함께 술도 마셨지만 곧 마음이 불편해져서 몰래 그 자리를 빠져나왔다.

그 주간에는 비가 별로 내리지 않아 볍씨 뿌리기가 연기되었고, 몇 사람이 과도한 더위 때문에 병에 걸렸다. 한 남자가 자기 칼에 손가락이 잘리는 심각한 사고를 당했다. 마을 장로들은 *사맛*과 다른 정령 술사들과 이 문제의 원인을 알아내기 위해 상의했다. 정교한 예식이 거행되었고 술사들이 신들린 상태에서 정상으로 돌아왔을 때, 그들은 *사맛*의 논집 옆에 지은 새 곳간에서 성난 정령을 보았다는데 의견을 같이 했다. *사맛*이 이 문제를 가족들에게 이야기하자, 펭은 집에는 혼자만의 공간이 없어서 기도하기 위해 거기에 많이 갔었다고 인정했다. 방이 하나인 집에서 펭이 머리를 숙이고 기도를 하면 누군가가 웃으며 그를 중단시킬 것이었다. 다른 사람들 앞에서 예수님께 기도하는 것이 부끄럽지는 않았지만 호기심을 가진 구경꾼 가운데서 기도하는 것은 불편했다. 그래서 그는 혼자 있을 수 있는 그 곳간으로 간 것이었다.

*사맛*은 매우 화가 나서 펭에게 그 성난 정령을 달래는데 대해 책임을 질 것을 요구했다. 그 최후 통첩과 마을 전체의 압력에 직면한 펭

은 정령의 요구를 만족시키고 그 정령이 다시 숲으로 돌아가도록 하기 위해 어린 돼지를 잡았다. 그러나 펭은 아버지가 자신에게 가르쳐 준 주문을 사용하는 대신에 예수의 이름으로 조용히 기도했다. 그러자 모든 사람은 펭이 축제에 합세한 줄 알고 밤새도록 술을 마시며 축하를 했다. 펭은 불안과 외로움에서 탈피하려고 자신이 의도했던 이상으로 술을 마셨다.

펭은 다음 날 아침 심한 두통을 느끼며 깨어났다. 신선한 공기를 마시러 현관으로 기어나갔는데 전날의 사건을 생각하자 자신에 대해 구역질이 났다. 자기가 예수를 따르는 사람으로서 정령을 달래는 시도를 한 것이 잘못이었다는 것을 직감했다. 술을 마시고서 밤에 어리석고 조잡한 것들을 말한 것이 생각나 부끄러웠다.

친구나 가족을 만나고 싶지 않아서 *반* 삼촌이 사는 강변 옆 정원 집으로 천천히 걸어 내려갔다. 거의 일주일 동안 거기서 머물며 상태가 좋아질 때까지 대부분 잠을 자며 보냈다. 펭은 몸이 약해졌고 시력이 흐려졌음에도 불구하고 며칠 동안 먹지 않았다. 반은 펭이 말하고 싶어하지 않는 것을 보고 혼자 내버려 두었다.

계속 기독교인으로서 살 수 있을까? 하나님이 자신의 실수를 용서해주실까? 혼자 신자가 되는 것은 너무 어려웠다. 펭은 자신이 언제나 올바른 일을 할 정도로 강하지 않다는 것을 알았다. 펭은 선교사가 자신에게 가르쳐준 것을 기억하려고 애쓰면서 몇 시간 동안 현관에 앉아 있었다. 그는 기도했다. "오, 하늘에 계신 하나님, 만약 당신이 나를 인도하고 보호하는 것이 당신의 뜻이라면 저는 결코 다시는 술을 마시지 않겠습니다." 그러자 자기 마음속에 어떤 음성이 들리는 것 같았다. "이제부터는 내가 너를 강하게 만들어줄 것이다." 하나님의 사랑과 용서를 느끼자 펭은 다시 힘이 났다. 그러나 그는 여전히 먹기를 거부하면서 그 다음 이틀 동안 기도로 시간을 보내며 하나님의 사랑에 감사했다. 자신의 영이 강해짐에 따라 하나님의 임재가 매우 실제적으로 느껴졌다. 그는 죄를 대항할 능력이 기도에서 온다는 것과 참 하나님과의 친근한 교제를 통해서만이 일어설 수 있는 힘을 얻게 된다는 것을 깨달았다.

드디어 엄청난 우기가 왔다. 논에 물이 차고 쟁기질이 되는 동안 숙은 큰 항아리에 볍씨를 넣고 물을 먹었다. 펭과 아버지는 교대로 물소가 끄는 나무 쟁기를 잡고 논에 쟁기질을 했다. *사맛*은 물소를 격일로 쉬게 하면서 다른 물소로 쟁기질을 하였다. 그 후 물을 수로로 빼내고 볍씨를 끈적거리는 진흙에 뿌렸다. 며칠 후 싹이 나오자 수로의 문들을 다시 막아 빗물이 점진적으로 논에 가득 차게 만들었다. 마침내 싹들이 충분히 자라 모내기를 하여 다른 논에 적절히 펼쳐 심을 수 있게 될 때까지 사람들은 모두 며칠 간 쉴 수 있었다.

펭과 부모는 낮 동안에 어린 벼들을 돌아보고 새들과 다른 위험에서 보호하기 위하여 연중 이때는 언제나 논집으로 이동했는데, 이 집은 산집보다 훨씬 작았기 때문에 펭은 다시 기도를 위한 자기만의 장소가 필요했다. 그래서 그는 논 가장자리에 있는 오래된 곳간을 사용하기로 결정했다. 기도하려고 거기에 간 첫날 펭은 그곳을 하나님께 바치며 예수의 이름으로 모든 악령이 떠날 것을 명령했다. 그는 아버지의 새 곳간에 살았던 악령과의 나쁜 경험에서 중요한 교훈을 배웠다. 만약 그가 귀신을 무시하면, 귀신이 많은 문제를 일으킬 것이지만 예수의 권세로 공세를 취하면 귀신은 떠날 것이었다. 작은 대나무 오두막 안에는 대형 돗자리로 짠 2개의 통 안에 쌀이 가득 들어 있었고 좌우에는 목제 막대기가 달려있었다. 그 통 앞에는 그가 다리를 펴고 편안하게 앉을 수 있을 만큼의 충분한 공간이 있었다. 그는 여닫이 대나무 문을 닫을 수 있었고 아무도 그가 거기 있는 것을 알 수 없었다. 그러나 환기가 잘 안되었기 때문에 습한 날에는 가끔 덥고 끈적거렸지만 그것은 하나님과 홀로 있을 수 있는 축복을 위하여 지불해야 할 작은 대가였다.

우기 후, 약 2달 만에 펭은 한 외국인이 다시 몽에 살고 있다는 소문을 들었다. 존과 도로시가 살았던 집이 아닌 강 건너 남안(南岸)에 살고 있다는 것이었다. 그는 가능한 한 빨리 서둘러 읍내로 갔다. 한 가게 주인이 돈 윌슨이라는 영국인 집을 가리켜 주었다. 그는 존의 친구였다. 훨씬 북쪽에 있는 돈의 현지 선교부가 반군의 습격을 당해 거기로 돌아갈 수 없었기 때문에 일시적으로 몽에 있게 된 것이었다.

펭의 영은 돈이 하나님의 말씀을 읽어주자 다시 살아났지만 또한 죄에 대한 책망도 받게 되었다. 그는 돈에게 자신이 정령들에게 희생을 바쳤으며 술에 취했었다고 말했다. "하나님은 저에게 화가 나 있을까요?" 펭은 걱정이 되어 물었다.

"만약 당신이 그와 같은 것들이 재미있었다면 실제로는 하나님의 자녀가 아니었을 것입니다만, 당신은 그것이 잘못이라는 것을 알고 이제 회개했기 때문에 당신은 틀림없이 기독교인입니다. 하나님은 화나 있지 않습니다. 하나님은 당신을 매우 많이 사랑하시고 당신이 죄를 고백할 때마다 언제나 용서해주실 것입니다." 돈은 부드러운 목소리로 친절하게 답해 주었다. "왜 저는 그렇게 많은 문제들과 부딪히며 유혹을 받을까요? 제가 다른 사람들보다 더 큰 죄인이라서 그럴까요? 다른 사람들은 쉽게 살아가는 것 같은데 저는 언제나 문제를 일으킵니다." 그러자 돈은 성경을 펼치고 로마서 3장 23절을 읽어주었다.

"모든 사람이 범죄했습니다. 비록 행복하고 잘 나가는 것처럼 보이는 사람도 하나님의 눈에는 죄인입니다. '모든 사람이 죄를 범하였으매 하나님의 영광에 이르지 못하더니.'"

펭은 성경을 받아 그 말씀을 스스로 읽었다. 두 번 세 번 읽었지만 여전히 이해가 되지 않았다. 부자들이 가난한 자들과 똑같이 죄인인 것이 가능한가? 그는 문제와 가난은 죄에 비례해서 사람들에게 오는 것이라고 듣고 자랐다. 펭은 그 구절을 다시 읽으며, 그것은 지상에는 아무도 선하고 의로운 사람이 없다는 뜻이라는 것을 깨달았다. 심지어 종교적인 사람도 하나님의 눈에는 용납되지 않았다. 펭은 그 구절을 대여섯번 읽으면서 그 말씀의 요점이 하나님의 의로운 기준에서 자신의 삶이 벗어나 있다는 것임을 깨달았다. 그럼에도 하나님은 자신을 발견해서 구원했으며 어떤 문제를 경험한다고 하더라도 자신을 확실히 지켜주실 것이었다.

돈은 새로운 라오스어 전도지 몇 장과 마가복음이 들어 있는 소책자를 주었다. 펭은 이 책들을 부끄러워하는 것처럼 가족들에게 숨기는 것은 잘못이라고 생각하여 그날 저녁에 전도지를 공개적으로 읽었다. *사맛*은 펭이 라오스어로 된 종이를 읽고 있는 것을 보자 이마를 찌푸리며 어디서 난 것이냐고 물었다. "도시에 있는 외국인이 저에게 주었습니다." 펭은 조심스럽게 대답했다.

*사맛*은 투덜거리며 아들을 보았다. 어디서 읽기를 배웠단 말인가? 왜 그는 부족의 전통에 만족하지 못하는가? 그러면서도 그는 이상하게도 펭이 그 종이에 있는 이상한 글자들을 읽을 정도로 영리하고 야심이 있다는 것이 자랑스럽게 느껴졌다.

"크게 읽지는 마라. 나는 외국인의 말을 듣고 싶지는 않구나." *사맛*은 이렇게 말했지만 논집에 살고 있었기 때문에 펭이 읽는 것을 금하지는 않았다. 하지만 그것들을 마을로 가져가는 것은 허락받지 못할 것이었다.

몇 주 후, 펭은 논집에서 혼자서 마가복음을 읽고 있었다. 마가복음은 예수의 기적과 교훈들을 서술하고 있었기 때문에 펭을 황홀하게 만들었다. 이 책의 말씀은 하나님을 보다 친밀하게 알고자 하는 펭의 갈망을 채워주었다. 그는 말씀을 부드럽게 발음하며 일부 어려운 라오스어 단어의 의미를 파악하려고 노력하고 있었다. 고음이나 저음이냐에 따라 단어의 의미가 달라지기 때문에 눈으로만 읽는 것보다는 큰 소리로 읽는 것이 더 쉬웠다. 그러던 중에 갑자기 문 앞에 그늘이 생겼다. 펭이 깜짝 놀라 위를 쳐다보니 헹이 노려보고 있었다.

"그래, 혼자서 이런 짓을 하고 있었군. 라오스 책을 읽는단 말이지!" 하고 헹이 말했다.

"그래. 틈틈이 공부하고 있어." 펭은 눈을 반짝이며 말했지만 마음은 두려움으로 오그라들었다. 헹은 분명 다른 사람들에게 말할 것이었다. 펭은 비밀이 곧 마을 전체에 알려질 것임을 알았지만 평정을 유지하며 염려를 나타내지 않으려고 결심했다. "들어 와서 내 말 좀 들어 봐." 펭은 헹에게 들어오라고 손짓했다. 그는 헹에게 이야기할 기회를 기다려 왔었다. 그들이 다시 친구가 될 수 있다면 좋으련만! 그러나 형은 들어오기를 거부하고 펭을 비난하기 시작했다. "너는 네가 마을에서 제일 잘났다고 생각하는 거지? 그러나 너는 란지를 아내로 삼지 못했어. 그리고 이제 너는 반 다오에 외국 방식을 들여오기를 원해. 정령 술사들에게 네가 하는 짓을 이를테니 각오나 하라구!" 형은 펭이 무슨 말을 하기도 전에 돌아서 가버렸다.

하나님의 능력으로 보호 받음

헹이 자기가 본 장면을 반 다오 마을의 이장과 장로들에게 보고하자 이장은 주말에 마을 사람들 전체가 참석하는 회의를 자기 집 근처의 넓은 공터에서 열었다. 그 회의에는 심지어 여인과 아이들도 참석했다. 비가 잠시 그쳐서 하늘에 흘러가는 흩어진 구름 사이로 햇빛이 약하게 비쳤다. 사람들은 햇빛을 볼 수 있어 기뻤지만 높은 습도에 불쾌지수가 높아서 펭은 더 긴장할 수밖에 없었다.

이장은 군중 위에 있는 자기 집 베란다에 앉아서 오른손을 들어 보임으로 자신이 회의를 시작할 준비가 되었다는 신호를 보냈다. 마을 사람들은 이장을 기대의 눈으로 바라보며 침묵 속에 기다리고 있었다. 그는 "사맛의 아들 펭이 정령들을 화나게 했다!"고 선언했다. "펭은 외국의 신을 따르기로 결정했고, 이제는 라오스어 책을 우리 마을에 들여놓고 있다." 회중은 놀라며 웅성거렸다. 헹이 일어섰고 투앗이 그에게 발언하도록 몸짓을 했다.

"사맛의 작은 아들 카프는 살로네로 갔고 라오스 사람들을 위해 일하고 있습니다. 사맛의 가족은 우리 조상의 방식에 충성하지 않습니다."

캄빗과 펭의 아버지 가까이에 앉은 다른 정령 술사들도 *사맛*을 곱지 않은 눈으로 쳐다보았다. 그들 중 일부는 *사맛*의 인기를 시기하고 있었기에 자녀들의 일로 *사맛*의 명예를 깎아내릴 수 있는 이 기회를 환영하고 있었다. *사맛*은 자기 아들들을 변호하기 위해 즉시 일어났다. 그의 굵고 검은 머리털이 보통 때보다 더 뻣뻣한 것처럼 보였다. 전통 흑백 격자무늬의 *타웨이* 허리옷을 입고 있을 뿐이었지만, 그의 크고 잘 생긴 체구는 위엄과 힘으로 빛났다.

"내 아들들은 부족의 법을 깨뜨리지 않았소. 호기심이 만족되면 우리 방식으로 돌아올 것이오. 우리는 서로에게 예속되어 살지 않소. 청년들은 정령을 화나게 하지 않도록 조심을 하는 한, 스스로 선택할 수 있는 자유가 있어야 하오." *사맛*은 몇 분간 웅변적으로 논쟁을 한 후 결론을 내렸다. "펭은 어떠한 라오스 책도 마을에 들여오지 않았소. 우리는 논집에 자전거 보관을 허락합니다. 따라서 책도 허용되어야 합니다. 우리가 라오스 사람과 외국인의 방식에 무지해서 오히려 그들이 우리를 이용하는 것은 좋지 않습니다. 만약 정령들이 화나면 정령들이 알려줄 것이오." *사맛*은 자기 아들들의 행동이 정령들의 화를 돋울 것이 겁나기는 했지만, 펭과 *카프*를 사랑했고 보호하기로 결심하고 있었다. *사맛*은 영리한 연사(演士)였고 상식이 풍부했다. 몇 사람이 일어나서 *사맛*의 말에 동의를 표했는데, 이는 *사맛*이 평소 어려움에 처한 사람들을 도와주었고 또 *사맛*에게 충성스러운 친구들이 많이 있었기 때문이었다.

그러자 투앗이 몸짓을 해 펭에게 발언 기회를 주었다. 펭이 일어났을 때 하늘이 갑자기 어두워졌다. 두꺼운 회색 구름들이 태양을 가렸고 강한 바람이 회중을 휩쓸었다. 펭은 자신이 어두움의 세력에 포위되는 느낌을 받았으나 담대하게 말했다. "저는 *타웨이* 사람을 사랑합니다. 그리고 저는 아무에게도 문제를 초래하기를 원하지 않습니다. 저는 예수의 길로 행하는 것이 평안과 기쁨을 가져오는 것을 발견했습니다. 저의 책은 천지를 창조하신 참 신에 관해서 들려주는데, 그분은 우리를 억압하는 모든 귀신에 대해 절대 우위의 권세를 갖고 계십니다. 저는 그분에 대해 말해주는 이 책들을 읽기 원합니다. 그래서 여러분 모두에게 참 행복으로 가는 길을 보여주고 싶습니다. 그러나 저는 이 책들을 마을로 가져오거나 사람들에게 문제를 초래하는 어떠한 행동도 하지 않을 것입니다."

다른 몇 사람이 의견을 개진했고, 그 후 정령 술사들이 *사맛*을 빼고 조용히 협의를 했다. 마침내 그 마을의 강력한 무당인 *캄빗*이 평결을 내렸다. "이번에는 펭에게 어떠한 벌금도 부과하지 않는다. 그러나 우리는 펭이 우리 전통을 위반하지 않는지 신중하게 지켜볼 것이다. 어떠한 라오스 책도 마을에 반입해서는 안 된다."

찬성한다는 중얼거림이 *타웨이* 회중을 휩쓸었고 약한 비가 내리기 시작하자 사람들은 재빨리 흩어졌다. 불만족한 헹은 화를 내며 펭을 노려보다가 발길을 돌려 그 자리를 조용히 떠났다. *사맛*은 그가 떠나는 것을 보면서 자신에게 쉽게 포기하지 않을 적(敵)이 있다는 것을 인식했다. 그날 펭 가족의 저녁식사 자리는 아주 조용했다. 바깥에는 굵은 빗줄기가 줄기차게 내리고 있었고 간간히 번개가 치고 천둥도 울렸다. 하지만 작은 대나무 논집 안은 안전하고 따뜻했다. 펭은 그날 오후 자신을 지지해 준 것에 대해 아버지께 감사의 말씀을 드렸다.

*사맛*은 그에게 엄중한 표정을 지으며 말했다. "다음에는 네가 스스로 변호해야 할 것이지만, 그들은 우리 가족이 불충(不忠)하다고 고소할 권리가 없어. 우리는 충성스러운 *타웨이* 사람들이야."

갑자기 바람이 몰아치더니 열린 문 쪽으로 빗방울이 들어왔다. 펭은 일어나 입구에 있는 칸막이를 밀어서 문을 꽉 닫아버렸다. 마치 큰 짐승이 하늘을 가로질러 다니는 것처럼 천둥이 쳤다. 펭은 식사를 마치기 위해 다시 자리로 와서 앉으며 혼잣말을 했다. "예수님이 비를 만드셨고 폭풍도 통제하신다." 아마도 하나님은 마을 사람들에게 하나님이 펭의 편이라는 것을 말씀하려고 하시는지도 몰랐다. 천둥과 번개는 예전에는 가끔 펭을 놀라게 했지만 예수님을 믿고 난 후부터는 그렇지 않았다.

모두 식사를 마치자 *사맛*은 한숨을 쉬며 펭을 흘겨보았다. "너는 그 이상한 생각을 내던져야 해. 그 외국인은 너에 관한 것을 모두 잊어버렸고 다시 돌아오지 않을 거야."

펭은 아버지를 존경했기 때문에 마음속에 가득한 반박할 수 있는 말들을 억눌렀다. 선교사들은 자기 부족민 이상으로 자신을 돌보아 주었다. 존과 도로시는 틀림없이 돌아올 것이다. 그러나 펭은 아무 말도 하지 않았다. 만약 아버지가 예수의 길을 따르지 못하도록 한다면 자기는 동생처럼 집을 떠날 것이다. 그는 문제를 일으키고 싶지 않았다.

우기여서 몇 주 동안 거의 매일 비가 내렸다. 마침내 모내기가 끝났고 벼들은 잘 자라는 듯 보였다. 종종 도우러 내려오기는 했지만 부모님은 펭에게 논일을 맡아 하도록 남겨두고는 산집으로 돌아갔다.

폭우가 내린 후에는 가끔 부서지는 수로를 수리하느라 펭은 계속 바빴다. 그는 또한 게들이 수로를 넘어 어린 벼들을 상하게 하지 않는지 주의 깊게 살펴야 했다. 그는 그 선교사의 집에 누군가가 와서 사는지 알기 위해 읍에 가보고 싶었지만 우기 동안은 여행이 어려웠다. 비포장 차도가 미끄러운 진흙탕이 되기 때문이었다.

* * *

8월 중순의 어느 맑은 날 오후, 람이 급히 집으로 펭을 찾아왔다.

람은 막 읍에서 돌아와 바로 집으로 가고 싶었지만, 펭에게 전해줄 소식이 있어서 큰 바위들이 있는 돌길 대신 진흙 언덕길로 가는 지름길을 택해서 먼저 펭의 집으로 왔던 것이다. 펭의 집에 도착하자 람은 잉이 있는 것을 보고 물었다. "펭 집에 있니?"

"아니요. 아직 논에서 일하고 있어요. 하지만 저녁 먹으러 집으로 올 거예요." 람은 그 말을 듣고 실망해서 한동안 우두커니 서있었다. 숲길로 오느라 논을 그냥 지나쳤던 것이다. 람은 잉에게 자신이 몽에서 가져온 소식이 있다며 저녁 먹고 다시 오겠다는 말을 펭에게 전해달라고 부탁했다. 람이 그날 저녁 늦게 다시 왔을 때, 펭은 지는 햇빛을 받으며 베란다 위에서 기다리고 있었다.

"어서 와. 나에게 전해줄 소식이 있다며?"

막대 사다리를 잡고 올라오는 람은 흥분한 얼굴이었다. "어떤 외국인들이 몽의 선교사 집에 살고 있어! 오늘 내가 그들과 이야기했어."

"안으로 들어와서 얘기해 줘." 펭은 반색을 하며 람을 맞아 들였다.

그들은 화덕 옆 돗자리 위에 앉았다. 몇 개의 밝은 조개탄이 재속에서 빛나고 있었고 타는 장작 불빛이 방을 가로질러 가까운 창문 옆에 조용히 앉아서 베텔 넛을 씹고 있는 펭의 부모의 얼굴에 아른거렸다.

잉은 저녁식사 때 썼던 에나멜 접시들을 씻기 위해 모아서 가지고 나갔다.

"백인 여자 세 명이 그 선교사 집에 살고 있어." 람이 말했다. "여자들이!" 펭이 놀랍다는 표정으로 소리쳤다. 펭은 외국인 여자와는 이야기하기를 원하지 않았다. 어떻게 여자가 자기에게 무엇을 가르칠 수 있단 말인가? "그들의 남편들은 어디에 있는거야? 분명 남편 없이는 오지 않았을 텐데?"

"그들은 아무도 가족이 있다고 말하지 않았어. 어린 아이도 없었고 남자들이 거기 살고 있는 것 같지도 않았어. 하지만 그들은 너에 관해 알고 있었고 네가 곧 방문하기를 바라고 있어."

"그들은 탄 존과 그의 아내 도로시의 친구들이 분명해. 아마도 남편들은 멀리 여행 중일거야." 펭은 주저하며 말했다.

"남편도 없이 몽에 머물고 있으니 용감하군. 나는 지난 주 라오스 군인들이 월맹 군인들을 내쫓기 전에 동부로부터 도시 가까이 왔다고 들었단다." 지금까지 옆에서 잠자코 듣고 있던 *사맛*이 끼어들었다.

"그 여자들이 네게 예수님에 관해 얘기했니?" 펭은 희망적으로 람을 보았다. 아마도 이제는 몇 명의 선교사들이 도시에 있으면서 람을 가르칠 수 있기 때문에 람도 기독교인이 될 수 있을 것이다.

"그래, 그들은 나에게 네가 말했던 것과 같은 말을 했어. 그러나 나는 정령의 길을 떠날 수 없어." 람은 두려워하며 *사맛*을 흘깃 보았다.

펭은 다음 날 오전 빨리 새로운 선교사들을 만나러 가고 싶었지만, 며칠 동안 비가 심하게 내렸다. 날이 개면 논에 할 일이 너무 많아 아버지가 도우러 내려오셨다. 그들은 함께 호미로 잡초를 뽑고 폭우로 약해진 수로도 수리했다. 펭은 화가 나려고 했다. 읍내에 다녀오게 해 달라고 막 말하려다가 마태복음에서 읽었던 말씀(마 8:34-35, 10:43-45)이 생각나서 마음을 바꾸었다. 예수님은 다른 사람들을 섬겼으며 자신을 따르는 자들에게도 자신을 부인하고 동일하게 행동할 것을 기대하셨다. 그래서 펭은 아버지 옆에서 조용히 계속해서 일하기로 결심했다.

"카프는 도시에서 이방인들에게 임금을 받을 것이 아니라 여기서 가족을 도와야 한다." 어느 날 사맛이 이렇게 말했다. 라오스의 시골 사람들은 다른 사람을 위해 일하는 고용인은 열등한 사람이고 실제로는 노예라고 생각했다. 펭도 고개를 끄덕였다. "저도 카프가 집에 돌아왔으면 해요." 이 말을 하는 펭의 마음속에 불현듯 카프에 대한 시기와 적개심이 생겼다. 펭은 선교사를 방문하기 위해 하루도 휴가를 낼 수 없었지만 카프는 자기가 원하는 곳은 어디나 갈 수 있었다.

펭은 가족이 함께 붙어살며 서로 돕는 것이 최선이겠지만 자기도 동생처럼 독립할 수 있기를 바랐다. 그러나 펭은 아버지를 사랑했고 그리스도에게로 인도하기를 원했기 때문에 조용히 참고 열심히 일하면서 예수님께 자신을 보다 인내할 줄 알고 이기적이지 않은 사람으로 만들어 달라고 기도했다.

사맛은 매일 새로운 일을 만들어 내는 것처럼 보였다. 비록 숙과 잉도 내려와서 돕기는 하지만 펭 가족에게는 넓은 논이 많아서 매년 이맘때는 항상 일이 많았다. 그런데 카프가 살로네에 가버린 올해는 예년보다 더 긴 시간을 일해야 했다. 가끔은 비가 오는 중에도 일을 하는 경우도 있었다.

그러던 어느 날 아침, 오랜만에 하늘이 맑게 개었다. 펭이 보니 그날은 아마도 비가 오지 않을 것 같았다. 그래서 펭은 더 이상 참지 못하고 아버지께 들릴 정도로 큰 소리로 중얼거렸다. "오늘은 읍에 갈 수 있었으면…."

숙이 그 말을 듣고 걱정스런 눈으로 남편을 보았지만 *사맛*은 그 말을 못 들은 척 했다. 며칠 동안 숙은 펭이 새로운 선교사들을 만나러 가고 싶어서 조바심이 난 마음을 조심스럽게 억누르고 있음을 느끼고 있었다. 그녀는 펭이 아버지에게 화가 나서 쏘아붙이지 않는 것이 놀라웠다. 그녀는 아들이 가여워서 펭에게 조용히 말했다.

"바나나를 조금 가지고 가서 팔아 오렴. 잘 익어서 가격을 좋게 받을 수 있을 것 같구나." 그녀는 펭이 예수의 길을 따르기 시작한 후부터 더 인내하고 친절해졌다고 느끼고 있었다. 분명 선교사들을 방문하는 것은 아들에게 도움이 되는 일이었다.

펭은 아버지를 간절히 바라보았다. 아버지가 가는 것을 허락할 것인가? *사맛*은 이마를 찌푸렸고 입술을 가늘게 끌어당겼다. 그는 펭이 다시는 외국인, 더욱이 이상한 여자들과 관련되는 것을 원하지 않았다. 그는 적개심을 가지고 숙과 아들의 간절한 얼굴을 쳐다보았다.

만약 펭에게 약간의 자유라도 허락하지 않으면 펭도 동생처럼 집을 떠날지도 모를 일이었기에 마침내 그는 동의하며 고개를 끄덕였다.

"그래, 좋은 생각이다. 과일이 다 익었고 우리는 현금이 필요해."

*사맛*은 펭이 태어나기 전에 바나나 나무를 심어 두었는데, 그 이유는 바나나가 라오스 사람들에게 인기가 있고 가족에게 소득원을 추가로 제공했기 때문이었다. "제가 준비해서 바로 출발할게요." 펭은 사

맛이 다른 말을 더 하기 전에 논집의 낮은 현관을 뛰어 내려가면서 소리쳤다. 그는 급히 산집으로 올라가 가까운 나무에서 큰 바나나 가지 2개를 잘라 냈다. 그러고 나서 줄기를 끈으로 사용하여 운반용 막대기 양 끝에다 바나나 대를 묶었다.

펭이 마을을 떠날 때 뜨거운 아침 해는 머리 위에서 이글거렸고 한쪽 어깨에는 무거운 짐을 묶은 막대기가, 다른 쪽 어깨에는 끈으로 묶은 신발이 매달려 있었다. 맨발로 걷는 것이 더 편했다. 햇볕이 따가왔음에도 불구하고 길은 여전히 지난 주에 온 비 때문에 미끄러웠다. 하지만 펭의 발은 걷는 동안 시원한 진흙 속에서 즐거운 휴식을 취할 수 있었다. 펭은 읍에 도착해서 선교사들을 만날 때 가장 멋있게 보이도록 강가에서 발을 씻고 깨끗한 샌들을 신을 참이었다. 그의 해진 흰 셔츠는 온도와 함께 습도가 올라가자 곧 땀으로 젖었지만 다음 날 아침까지 기다리지 않은 것은 잘한 행동이라고 생각했다. 비록 다음 날 새벽 이른 시간에 여행하면 여정이 더 쾌적하기는 하겠지만 아무튼 그때는 아버지가 마음을 바꿀지도 모르고 또 폭우가 시작될지도 모르는 일이었다.

몽으로 가는 길의 중간쯤에 있는 *타힌*이라는 작은 라오스 마을에 도착했을 때 쯤, 날씨는 매우 더웠고 펭은 지쳐 있었다. 그래서 펭은 그곳을 천천히 지나가면서 물 한 잔 줄 사람을 찾아보았다. 작은 대나무 집들이 더 튼튼한 나무 집들 사이에 흩어져 있었다. 집은 모두 지주(支柱) 위에 지었지만 *타웨이* 만큼 높지는 않았다. 그 마을은 사람들이 대부분 논으로 일하러 나가고 아무도 없는 것처럼 보였다. 그 때 갑자기 펭을 부르는 목소리가 들렸다. "청년, 그 과일을 메고 어디로 가는 거요?" 펭이 돌아보니 치아가 없는 노인 한 분이 작은 대나무 집의 현관에 앉아 있었다. "내가 당신의 바나나를 사고 싶소." 노인은 그 쪽으로 오라고 손짓으로 펭을 부르고 있었다.

"몽에서 팔 것입니다만 물 한 잔 마시고 싶습니다." 펭이 큰 소리로 대답했다. "와서 원하는 대로 마시시오." 노인은 집으로 들어오라는 몸짓을 해 보였다. 펭이 현관으로 들어가자 어린 자녀 두 명이 집 밖으로 나왔는데, 회색 단발머리를 한 할머니가 뒤따라 나왔다. 나머지 가족이 논에 나가 일하는 동안 조부모가 어린 손주들을 돌보고 있는 모양이었다. "돈을 줄 테니 그 바나나를 내게 팔아요."

펭은 머뭇거렸다. 이 마을에 사는 라오스인들은 언제나 타웨이 생산품을 싼 가격에 사서 이익을 남기고 다시 팔곤 했다. 하지만 펭은 바나나를 도시에서 팔아 좋은 가격을 받기로 결심한 상태였다.

펭은 무릎을 꿇고 운반 막대기를 낮추어 바나나를 조심스럽게 땅에 내려놓았다. "바나나 열두 개를 10킵에 팔 거예요, 할머니." 펭은 한 줄기에서 많은 바나나를 꺾어내어 할머니에게 건네주었다. 그녀는 펭에게 물이 가득 찬 국자를 주었고 펭이 마시는 동안 집으로 다시 들어가 돈을 갖고 나왔다. 그런데 구겨진 돈을 받아서 세어 보니 고작 다섯 장이었다. "5킵요? 이건 너무 적은 데요." 읍내에서는 그보다 갑절은 받을 수 있었다. 하지만 마실 물을 주었으니 논쟁을 하지는 않기로 하고 두 번째로 물을 마신 후에 그 노인과 부인에게 감사하고 바나나 짐과 샌들을 어깨에 메고 다시 길로 들어섰다.

펭은 두 시간 후에 몽에 도착하여 가게 주인에게 바나나를 좋은 가격에 팔았다. 배가 고팠으나 시장은 이미 문을 닫았고 음식이야 나중에 식당에서도 먹을 수 있을 테니 우선 선교사들을 방문하고 싶었다.

그는 재빨리 강변으로 가서 발을 씻고 물기를 말린 다음 샌들을 신었다. 펭은 약간 긴장이 되는 것을 느꼈다. 선교사 집으로 가서 열린 앞문으로 들여다 보았지만 아무도 보이지 않았다. 다만 옆방에서 목소리가 들렸다. 인사말을 건네는 것도 부끄러워 펭은 옆문으로 돌아갔다. 펭은 심호흡을 하고 문 쪽으로 걸어 올라가면서 안을 들여다보았다. 부엌에서 곱슬머리 여자가 일을 하고 있었다. 펭은 자신의 존재를 알리기 위해 부드럽게 기침을 했다. 올려다보는 그녀의 얼굴은 석탄불 화로 위에서 요리를 하느라 뜨겁게 달아올라 있었다.

"삼바이 바우! 저는 *반 다오*의 펭입니다."

"오, 당신이 마침내 왔군요!" 그 여자가 기쁨의 탄성을 터뜨렸다.

"펭이 왔어요. 빨리 이리 와봐요." 그녀는 급히 친구들을 불렀다.

다른 2명의 백인 여자가 펭을 만나러 달려 나왔다. 그들은 미소를 짓고 행복하게 고개를 끄덕이며 펭을 안으로 데리고 들어갔다.

"존과 도로시는 작년 봄에 여기를 떠나기 전에 당신이 예수님을 믿었다고 우리에게 얘기해 주었어요. 우리는 당신을 너무 만나고 싶었답니다. 펭, 내 이름은 *안나*예요." 라오스 여인처럼 검은 머리를 뒤로 부드럽게 빗어 올린 여자가 말했다. 그녀는 흰색 블라우스와 가볍게 채색된 라오스 치마를 입고 있었다. "여기는 우르술라고, 여기는 로즈마리예요," 그녀는 다른 여자들도 소개해 주었다.

펭이 외국 이름을 제대로 발음하지 못해서 그들은 펭이 쉽게 말하고 기억할 수 있는 보다 단순한 이름을 만들어냈다. 펭은 그들 모두가 자기가 신고 있는 것과 같은 고무끈 샌들을 신고 있다는 것을 알아

차렸다. 그는 트럭 타이어로 만든 샌들이 아닌 도시에서 산 샌들을 잘 신고 왔다고 생각했다. 집 안에서 신발을 신고 있는 것이 이상하게 보였지만 중국인과 베트남 가게 주인과 진료소의 필리핀 의사와 같은 외국인들은 언제나 신발을 신고 있는 것 같았다.

"당신들의 남편은 어디에 있죠?" 펭은 줄곧 궁금하던 것을 단도직입적으로 물어 보았다. 그런데 의외의 대답이 돌아왔다.

"오, 우리는 결혼하지 않았어요. 하지만 우르술라는 내년에 결혼할 건데 약혼자는 지금 솔라네에 있어요." 연갈색 머리의 작은 여자가 펭에게 수줍은 미소를 지었다. "로즈마리와 나는 아직 남편을 찾지 못했어요. 하지만 우리는 독신인 것을 개의치 않아요. 하나님이 우리를 돌보시니까요." 안나가 펭에게 설명해 주었다.

"저도 결혼하지 않았습니다." 천천히 말하면서 펭은 자기가 이 여자들에게 이렇게 자유롭게 말해도 되는지 궁금했다. 이 여자들은 정말로 자신을 돌보는 것일까? 아니면 다음에 방문하면 자신에게 싫증을 내고 자신을 무시할까? 란지에게 버림받은 후부터 펭은 어떤 여자도 그다지 신뢰하지 않았다.

"가끔은 결혼하지 않은 것이 힘듭니다만 저는 아직 부모님과 함께 삽니다." 펭은 조심스럽게 부언했다. "당신들이 이곳에 있는 동안 누가 부모님을 돌봅니까?"

"부모님들은 아직 그다지 나이가 많지 않으시고 실제로 우리가 필요하지도 않으세요." 우르술라가 대답했다. "그분들은 우리가 하나님의 말씀을 라오스에 전하러 온 것을 기뻐하십니다."

펭은 놀라서 말없이 세 여자를 응시하며 앉아 있었다. 어떤 부모가 결혼도 하지 않은 딸이 외국을 여행하도록 허락할 수 있단 말인가? 그것은 생각할 수 없는 일이었다. 그러나 예수님을 믿으면 그런 두려움도 극복할 수 있게 된다고 펭은 생각했다. '이 여자들은 하나님의 말씀을 라오스에 전하러 오는 것을 매우 중요하게 느끼고 있음에 틀림이 없다!'

"라오스에는 설교하러 오기를 원하는 남자들이 없습니까?" 펭은 마지막으로 물었다.

"네, 없어요." 여자들은 슬픈 목소리로 머리를 가로저으며 한 목소리로 대답했다. "하나님은 남자뿐만 아니라 여자도 사용할 수 있으니 나는 그저 기뻐요. 하나님이 라오스에서 하시는 일에 한 부분을 차지하는 것은 놀라운 일이니까요." 로즈마리가 부언했다.

펭은 잠시 이에 관해 생각했지만 여전히 수수께끼 같았다. '아마도 외국 남자들은 매우 게을러서 여자들로 하여금 자기 일을 하게 하는 모양이군!'

"저는 하나님의 책을 더 배우기 위하여 왔습니다." 펭이 자기가 이곳에 온 이유를 설명했다. 그러자 그들은 펭을 가까운 탁자로 데려가 함께 앉아서 각자 크고 무거운 책을 펼쳤다. 안나는 그 책이 라오스어 성경으로 라오스 말로 번역된 하나님의 말씀이라고 설명했다. 그녀는 자기 성경을 펭 앞에 놓고서 손가락으로 한 구절을 가리켰다. 곱슬머리 여자가 "씨 뿌리는 자가 씨를 뿌리러 나갔다."라고 읽자 펭은 그 말을 따라 했다. 여자들이 모두 몇 줄씩 읽은 후, 안나는 펭에게 읽어 보라고 했다. 펭은 더듬거리며 몇 단어를 읽었다. 많은 단어들이 한 번도 본적이 없는 단어들이었고 그 의미를 알 수가 없었다. 책의 활자는 *탄 돈*이 준 마가복음서보다도 작아서 읽기가 더 어려웠다.

*로즈마리*가 이야기의 의미를 설명했다. "씨는 하나님의 말씀입니다. 하나님은 자신의 말씀을 전 세계에 전파하기를 원하시지요. 그것이 우리가 여기 와서 사는 이유입니다. 라오스 사람은 대부분 돌밭과 같은 마음이어서 부처의 교훈에 따라 공덕 쌓는 일에만 관심이 있지요. 그들은 예수께서 제공하시는 의의 선물을 원하지 않는 것처럼 보이는데, 그래서 씨가 그들의 마음속에 들어갈 수가 없어요. 그러나 당신과 같은 사람은 좋은 밭과 같은 마음을 갖고 있어 진리를 받아들입니다."

*펭*은 질문을 많이 했고, 여자들은 *펭*이 이해했다는 확신이 들 때까지 성경 구절을 설명했다. 그들은 요점을 설명하기 위해 성경의 다른 구절도 찾았는데, 하나님의 말씀을 오랫동안 연구했기 때문에 그렇게 많이 아는 것이 틀림없다고 *펭*은 생각했다.

*로즈마리*가 음식을 준비하러 나가자 이번에는 *안나*가 요한복음을 펼쳤다. *안나*가 예수께서 태초에 만물을 창조하셨음을 설명하면서 1장을 읽어주자 *펭*은 주의 깊게 들었다. *펭*의 눈은 만족으로 빛났고 자기가 어떻게 하나님을 찾게 되었는지 설명했다. "저는 악령들이 해와 별과 지구를 만들 수 없다고 생각했어요. 저는 선한 영이 그것들을 만들었음이 틀림없다고 믿었고 그를 찾기로 결심했습니다."

곧 새로 지은 밥과 라오스 식(式) 찜 요리가 탁자 위에 놓였고 여자들은 *펭*에게 함께 식사를 하자고 권했다. *펭*은 처음에는 주저했으나 외국 여자들이 그렇게 맛있는 음식을 만들 수 있다는 사실에 놀라며 게걸스럽게 먹었다. 그들은 함께 먹으며 행복하게 이야기를 했는데, 그 순간 *펭*은 집에서는 여자들과 함께 밥을 먹은 적이 거의 없었음에도 불구하고 이 여자들과 밥을 함께 먹는 것이 전혀 이상하지 않다는 사실을 깨달았다. 예수를 향한 선교사들의 순전한 사랑과 자신에 대한 관심 때문에 그는 매우 편안하고 안전함을 느꼈다. 펭이 선교사들을 안 것이 불과 몇 시간 전임에도 불구하고 그들 모두는 같은 가족의 구성원이라고 느꼈다. 펭은 선교사들이 라오스 말을 매우 잘하는 것에도 좋은 인상을 받았다. 그는 자기 부족의 말을 좋아함에도 불구하고 자신도 라오스 말을 잘 할 수 있을 때까지 열심히 공부하리라 결심했다. 식사를 하면서 펭은 자기 마을에서 혼자 기독교인으로 사는 것이 얼마나 어렵고 외로운지 이야기했다.

"쉽지 않을 거예요." 안나가 펭의 말에 동의했다. "우리는 당신이 예수님을 위하여 강하게 설 수 있도록 그리고 당신이 모든 형태의 정령 숭배에서 멀어지도록 매일 당신을 위해 기도해요. 하나님은 벌써 당신에게 많은 것을 가르쳐주셨네요."

식사 후 펭은 다시 공부하기를 원했고, 로즈마리는 그에게 검붉은 표지의 대형 라오스어 성경을 주었다. 그녀는 성경 구절들에 밝은 빨간 색연필로 밑줄을 그어 그가 집에서 쉽게 다시 찾아서 공부할 수 있도록 해 주었다.

펭은 특별히 베드로전서전 1:5의 말씀이 좋았다. "너희가 말세에 나타내기로 예비하신 구원을 얻기 위하여 믿음으로 말미암아 하나님의 능력으로 보호하심을 입었나니." 하나님이 자기를 안전하게 지키며 옛 생활로 다시 돌아가지 않도록 도와주신다는 것을 알게 되니 위로가 되었다. 하나님의 책은 믿음의 시련이 금보다도 훨씬 더 귀하다고 말씀했다. 이 선교사들은 기독교인이 된다는 것이 쉽지 않다는 것을 이해하고 있는 것 같았다. *로즈마리*는 그에게 언젠가 천국에서 예수님의 얼굴을 볼 때에 모든 고난은 가치가 있는 것이라고 말했다.

펭은 *로즈마리*에게서 거의 한 시간 동안 이야기를 들었지만 전혀 피곤해 하지 않았다. 펭은 눈을 그녀의 얼굴에 완전히 고정시키고 입을 벌린 채 꼼짝 않고 앉아 듣고 있었다. 그는 시간이 지나가는 것과 오후의 더위도 잊고 있었다. *로즈마리*가 피곤해지자 *안나*가 가르쳤고, 그 다음은 우르술라 차례였다. 그래도 그의 배우고자 하는 열망은 다 채워지지 않았다.

마침내 저녁 무렵이 되어서야 펭은 "이제는 떠나는 것이 좋겠어요." 하고 말했다. "어둡기 전에 집에 도착해야 돼요." 그는 운반 막대기를 어깨에 메고 그들이 준 성경책을 집어 들었다.

"우리는 내일과 매주 일요일 여기서 교회 모임을 해요." 안나가 말했다. "당신이 할 수 있을 때는 언제나 와서 우리와 함께 예배해요."

펭은 읍내를 벗어나면서 셔츠를 벗어 무거운 라오스어 성경을 그 안에 싸고 보다 쉽게 운반할 수 있도록 소매를 함께 묶어 손잡이를 만들었다. 그는 아름다운 하나님의 책을 보호하고 가능한 한 깨끗하게 보존하고 싶었다. 지는 해를 향하여 걸음을 재촉하며 그는 이제는 어쩌면 아버지가 하나님의 말씀을 듣고 싶어 하실지 모르겠다고 생각했다. '*카프*가 살로네에서 집으로 돌아오면 그에게도 예수님에 대하여 말할 거야!' 그는 마을 술사들이 하나님의 책을 빼앗을지도 모르고 자기가 계속해서 예수님에 대해 이야기를 하면 *반 다오*에서 문제를 일으킨다고 자신을 고소할지 모른다는 두려움이 있었지만 그 모든 생각을 다 뒤로 떨쳐 버렸다.

10

성령의 가르침

펭은 계속해서 논집에서 혼자 살았다. 수로를 수리하거나 잡초 뽑는 일로 바쁘지 않을 때는 성경을 읽을 수 있었기 때문에 거기서 누리는 자유가 좋았다. 펭은 여자 선교사들이 준 커다란 라오스어 성경에 붉은 색 밑줄을 그은 단어의 뜻을 이해하기 위해 많은 시간을 보냈다. 그중 한 구절이 이해하기가 쉬워서 애독 구절이 되었다.

"하나님이 세상을 이처럼 사랑하사 독생자를 주셨으니 이는 저를 믿는 자마다 멸망치 않고 구원을 얻게 하려 하심이라(요 3:16)."

이 구절은 예수의 메시지를 매우 분명하게 요약하는 것처럼 보여서 펭은 들으려 하는 사람들에게는 누구든지 간절한 마음으로 읽어주었다. 마을 지도자들은 펭을 유심히 살펴보았으나 펭이 책을 마을 밖에 보관하고 있는 동안은 아무 것도 할 수 없었다. 곧 일단의 아이들이 예수님에 관한 이야기를 듣기 위해 논집으로 오기 시작했다. 정령 술사들의 위협이 두렵기는 했지만 아이들은 호기심을 이기지 못했다.

어떤 때는 람도 왔는데 하나님의 책이 펭에게 왜 그렇게 중요한지 그 이유를 알기 원했다. 람은 그 책에 아무런 마술적 단어가 없으며

108

단지 인간의 죄와 하나님의 사랑에 대한 단순한 이야기일 뿐이라는 사실을 발견했다. 람도 때론 어려운 단어의 의미는 알 수 없었지만, 펭이 음절을 이상하게 발음하는 것은 고쳐줄 수 있었다.

펭은 침착하게 성경 구절을 반복해서 읽고나서 눈을 감고 기도했다. "오, 하나님, 이 단어의 뜻을 보여주세요. 당신이 내게 말씀하시는 바를 이해하도록 도와주세요." 그리고는 구절을 다시 읽고 조용히 묵상하다가 어떤 생각이 떠오르면 청중과 나누곤 했다.

펭은 어느 날 람에게 "아들을 믿는 자는 영생이 있고, 아들을 믿지 않는 자는 영생을 보지 못하고 도리어 하나님의 진노가 그 위에 있느니라(요일 3:36)."라는 구절을 읽어주었다. 람은 그 말을 들으며 두려워했다. 람은 하나님이 자기에게 화를 낸다는 생각이 무서웠다. 펭의 하나님은 분명 매우 강력했다. 그분은 벌써 몇 달째 펭을 악령들에게서 안전하게 지키고 계신다. 아마도 예수님을 따르는 것이 현명한 일일 것이라고 람은 생각했다. 며칠 후 람은 읍내에서 볼일이 끝난 후, 그 선교사들과 시간을 보내며 질문도 하고 하나님의 책에 대해서 배우기도 했다. 예수의 길은 평안과 행복의 길인 것처럼 보였고 람은 펭에게서 보았던 기쁨과 용기를 갖기를 갈망했다. 하나님의 보호를 받으며 악령이나 죽음을 다시 두려워하지 않는 것은 놀라운 일이었다. 그러나 걱정 하나가 발목을 잡았다. 자기가 외국의 신을 따르기 시작하면 아내가 조롱하고 화를 낼 것이었다. 친척들은 부족 정령에 충성하지 않는다고 고소할 것이고 가족에게 어떤 불운(不運)이 생기면 자기를 비난할 것이다. 그래서 좀 더 있다가 결정하겠다고 슬픈 목소리로 말했다.

"예수의 길은 좋습니다. 그러나 제가 지금 그분을 따를 수 있는지 확신이 없습니다. 가족이 저에게 화를 낼 거라구요. 결정을 하기 전에 좀 더 신중히 생각해 봐야 할 것 같습니다."

이제 비는 그다지 자주 내리지 않았고 논에도 할 일이 줄어들었다. 논의 수로를 수리하는 일과 논 밖에서 돼지나 기타 가축을 기르는 일은 대부분 펭의 책임이었다. 가끔 아버지가 도우러 이른 아침에 산집에서 내려왔다. 해는 뜨거웠지만 아직 중천에 이르지 않았을 때 아침을 먹기 위해 일을 멈추곤 했다.

"오늘은 집에 가서 같이 밥을 먹자구나. 오랫동안 집에 오지 않았잖니." 논집에서 혼자 밥을 지어 먹던 펭에게 아버지가 집으로 오라고 했다. 숙이 화로 옆 대나무 돗자리 위에 접시들을 차리고 있자니 펭과 남편이 얼굴에 흐르는 땀을 훔치며 집으로 들어왔다. "빨리 밥 좀 주세요. 어머니, 배고파 죽겠어요." 펭이 엄살을 부렸다.

숙은 미소를 지으며 화덕 가장자리 옆에 밥솥을 놓고 밥을 한 숟가락 떠서 한쪽 벽 높은 곳에 걸려 있는 작은 선반 위에 옮겨 놓았다. 몇 마디 중얼거린 후 그녀는 마른 피로 덮인 작은 대나무 접시에 그 밥을 한 줌 놓았다. 그 곁에는 닭 깃털이 있었다. 펭은 모친이 이 의식을 행하는 것을 수백 번 보아왔지만 지금은 마치 그 전에는 결코 본 적이 없는 것처럼 응시하고 있었다. 조상에게 경의를 표하는 것은 너무나 당연한 것이어서 펭은 그 관습에 대해 많이 생각해 보지 않았다. 펭은 중국과 라오스에도 조상을 숭배하는 유사한 관습이 있다는 것을 알고 있었다. 각 가정의 어머니들이 대개 가정의 구성원을 대표하여 이 의무를 관장했다. 이제 펭은 갑자기 이것은 단지 경의를 표하는 것이 아니라 의식을 행하지 않으면 처벌이 뒤따를 것이라는 두려움 때문에 하는 예배 행위인 것을 깨달았다. 그 간단한 행위 때문에 자기 앞에 놓인 식사는 이제 조상의 영에게 바쳐진 것이 되었다. 그는 더 이상 부모처럼 조상의 영을 두려워하지는 않지만, 그 음식을 먹으면 조상숭배에 참여하는 것이 된다.

"저는 배 고프지 않아요." 펭이 불쑥 한마디 했다. 그 말을 들은 숙은 놀라 입을 다물지 못했고 *사맛*은 이마를 찌푸렸다.

"제 뜻은 이 밥을 먹을 수 없다는 것입니다. 이것은 조상의 영들에게 바쳐진 것이고 저는 우리가 그들을 예배하거나 달래는 시도를 해야 한다고 믿지 않습니다." 펭이 방금 자기가 한 말을 설명했다.

"질병과 고통은 조상을 숭배하지 않는 자들에게 닥치는 것이다. 이것은 우리 *타웨이* 전통이다." *사맛*이 반박했다.

"저는 조부모님을 제 마음에 사랑으로 기억합니다." 하고 펭이 아버지에게 확신을 주었다. "하지만 그들을 예물로 달래야 할 필요가 있다고 믿지는 않습니다. 우리 조상들은 지금 어디에 있든지 그들은 여전히 우리를 사랑하고 우리를 해치려 하지 않을 거라구요."

*사맛*과 숙은 펭이 아침을 먹지 않고 논집으로 돌아가자 화가 났고 상처를 입었다. 그래서 두 사람은 거의 일주일 동안 펭을 보러 논으로 내려가지 않았다. 펭 자신도 기독교인이 된 이래로 최근 몇 달 동안 조상숭배에 관련되어 있었던 것에 충격을 받았다. "제발 저를 용서해주세요. 저는 당신의 말씀을 불순종하고 있다는 것을 몰랐습니다. 제가 잘못하고 있는 것을 보여주셔서 감사합니다." 펭은 하나님께 기도했다. 그러던 중 펭은 갑자기 선교사들이 죄 용서에 대한 구절을 보여주

었던 것이 기억나서 성경에 빨간색으로 표시한 곳을 조심스럽게 찾아보았다. 마침내 책의 거의 끝부분에서 그 말씀을 찾아냈다.

"만일 우리가 우리 죄를 자백하면 하나님은 미쁘시고 의로우사 우리 죄를 사하시며 우리를 모든 불의에서 깨끗하게 하실 것이요(요일 1:9)." 펭은 하나님의 선하심에 놀랐다. 하나님은 자신이 잘못한 것에 대해 처벌하려고 질병을 보내지 않았고 인내하시며 잘못을 깨닫도록 도우셨다.

숙은 펭의 행동들을 이해할 수 없었으나 펭의 결심이 흔들리지 않을 것임은 알 수 있었다. 펭은 이제 성질 부리는 것을 언제나 통제하면서 모든 사람에게 온유하고 친절하며 인내했다. 비록 말로는 표현할 수는 없었지만 아들에 대한 사랑과 감탄이 자라고 있었다. 그녀는 펭이 보고 싶었고 *사맛*도 아들을 다시 보기 원한다는 것을 알 수 있었다. 마침내 숙은 이 일을 남편과 의논했고 *사맛*도 마음을 풀고 잉을 논집으로 보냈다. "엄마, 아빠는 오빠가 내일 우리와 함께 식사하기를 원하셔. 엄마도 지금부터는 조상에게 예물을 바치기 전에 언제나 오빠 음식을 접시에 먼저 담아 놓는다고 하셨고."

펭은 부모님이 자신을 다시 보기를 원하는 것에 안도했다. 펭은 부모님이 아직 자신의 새로운 삶의 방식을 이해하지 못하기 때문에 부모에게 인내하지 않으면 안 된다는 것을 깨달았다. 그는 그 후 산집에서 자주 식사를 했고 할 수 있는 대로 모든 면에서 부모를 향한 사랑과 존경을 보이려고 노력했다.

***

이 일 후, 마을 청년들은 몽에서 곧 있을 학교 축제에 관해 이야기하기 시작했다. 모든 부족이 대표단을 보내도록 초청을 받았고 다른 부족들은 대개 참가를 했지만 *타웨이* 부족은 청년들이 라오스 아이들과 게임을 하고 재미있는 시간을 보내다 보면 그들도 학교를 다니겠다고 떼를 쓸지 모른다는 이유로 참가하지 않았다. 금년에는 *살로네*와 *사라베네*에서 관리들이 올 예정이었고 축제는 일요일 아침에 개최될 예정이었다. 펭은 람이 다른 몇 친구들과 간다는 말을 들었지만 자신은 동행하자는 초대를 받지 못했다. 최근에 펭은 마을 청년 중 일부가 자신이 믿는 새로운 종교 때문에 자기와 말하기를 거부하는 것을 눈치채고 있었다.

펭의 부모는 몰랐지만 펭은 수 년 전에 학교 축제에 간 적이 있었다. 축제는 매년 여러 차례 라오스의 모든 사찰에서 열리는 오락을 겸한 종교적 공덕 쌓기와는 달랐다. 축제는 단지 지역 사회의 체육 발전상을 공식적으로 보여주는 것이었다. 축제 때는 학생과 군인 그리고 부족 사람들이 가장 좋은 옷을 입고 와서 종려나무 가지로 만든 연단 주위에 직사각형 대열로 일렬로 섰다. 펭이 축제에 갔을 때는 비가 왔지만 사람들은 육군 대령이 주지사를 안내하여 사람들을 순시하는 동안 이슬비 속에서도 인내하며 차렷 자세로 서 있었다. 그 후 주지사가 큰 스피커로 연설하는 동안에도 빗속에 그대로 서 있었다. 마침내 학생들이 릴레이와 달리기 경주로 사람들을 즐겁게 하자 모두 편한 자세로 안락한 장소에 가서 관람하는 것이 허락되었다. 어떤 경주에서는 특정 연령대의 아이들이 대야에서 물을 한 모금 머금고 누가 자기 물병에 가장 먼저 채울 수 있는가 보려고 물병으로 달려갔다. 관중들은 웃으며 응원했지만 한 아이가 흥분하여 물을 삼켜 버리는 일도 있었다. 그 후 소년들이 눈을 천으로 가리고 길고 무거운 막대기를 받아 장대에 일렬로 달려있는 토기 항아리로 인도되었다. 한 소년이 세 번째 시도 만에 항아리를 깨뜨려 그 안에 갇혀 있던 생닭을 풀어주었다. 게임을 지켜보며 같이 웃는 것은 즐거운 일이었다. 그래서 펭은 다시 가보고 싶었다. 그러나 혼자라면 가지 않겠다고 생각했다. 일요일에 있을 축제에 같이 가자고 하는 사람이 아무도 없으면 그냥 선교사들과 성경공부를 할 생각이었다. 펭은 이제껏 친구들이 자기를 무시해서 마음이 상한 상태였다. 그러나 이 행사는 정령 숭배와 관련되지 않은 일이었고 친구들과 함께 있으면 즐거울 것 같았다.

그 바로 다음 날, 람이 펭의 논집으로 왔다. "일요일에 우리와 함께 축제에 가지 않을래? 우리가 어디 가는지 아무에게도 말할 필요가 없어. 게임을 구경하면 매우 재미있을 거야."

11

일요일 동트기 전 펭은 친구들과 만나기로 한 장소로 서둘러 나갔
다. 가면서 펭은 그날 계획을 점검했다. 개막식과 게임이 끝나
면 선교사의 집에 가자고 친구들을 초대할 생각이었다. 아마도 친구
들은 마을 장로들의 영향력에서 멀리 떨어져 있기 때문에 호기심을 가
지고 복음을 들을지도 모른다. 혹시 친구들이 싫다고 하면 자기는 혼
자서라도 선교사들을 만나러 갈 생각이었다. 펭은 몇 주 전 첫 방문
후, 선교사들을 만나지 못했고 배우고 싶은 것은 매우 많았다.

펭은 마을 청년들이 늘 만나는 장소인 큰 떡갈나무 아래 길 옆에서
기다렸다. 동쪽 하늘이 점점 밝아왔다. 친구들은 늦었다. 람은 동틀
때 모일 것이라고 말했지만 펭은 그보다 훨씬 전에 와 있었다. 기다리
다 못해 차도로 내려가 보았지만 누군가가 멀리서 걷고 있는 흔적은
없었다. 분명 친구들은 자기를 피해서 더 일찍 출발했거나 다른 길로
간 것이다. 펭은 그들은 진짜 자기 친구들이 아니라고 생각했다. 함께
있기를 원하지 않는 사람은 친구가 아니었다. 길옆에 앉아 어찌할까
생각했다. 선교사들에게 하나님의 말씀은 정말 듣고 싶었지만 그 집

정문 바로 앞 장터에서 축제를 하니 매우 시끄러울 것이다. 그리고 자기가 부족민과 함께 앉아 축제에 참여하지 않고 선교사의 집으로 가면 문제가 될 수도 있었다. 하지만 람이나 다른 친구들의 무시를 당하면서까지 함께 있고 싶지는 않았다. "오, 하나님, 제가 어떻게 해야 할까요?" 하고 기도하고 마침내 펭은 일어나서 다시 논집으로 천천히 걸음을 옮겼다. 혼란스러웠고 모욕감을 느꼈다. 예수의 길을 따르는 것은 그만큼 외로웠다.

* * *

다음 토요일이 되었을 때 펭은 선교사들을 방문하는 일을 더는 늦출 수 없다고 결정했다. 그는 이른 아침 논에서 해야 할 일들을 재빨리 끝내놓고 전날 밤에 남긴 찬밥을 몇 숟가락 먹고 서둘러 떠났다. 몽에 도착했을 때는 정오였는데 날이 매우 더웠다. 거의 모든 사람이 정오의 태양을 피하기 위해 집안으로 들어간 상태라 거리에는 사람들이 거의 없었다.

펭이 문간에서 수줍게 서 있는 것을 보자 응접실 탁자에서 공부하고 있던 안나는 큰 소리로 인사하며 반가워했다. "삼바이 바우, 펭! 당신이 와서 너무 기뻐요!" 다른 여인들도 그 소리를 듣고 2층에서 내려왔다. 그들은 오후 내내 함께 이야기하고 질문에 답도 해주면서 펭을 격려하였다. "펭. 자주 오면 좋겠어요. 될 수 있으면 매주 오세요." 로즈마리는 가능한 자주 오라고 했다. 펭이 큰 성경을 갖고 왔기에 그들은 또 중요한 구절들을 붉은 색으로 표시해 줄 수 있었다. "이렇게 줄을 그어 주시면 제가 집에서 다시 찾을 때 도움이 됩니다." 펭이 설명하자 안나는 펭에게 성경은 많은 책과 장(章)이라고 불리는 짧은 부분들로 나눠진다는 것을 보여주었고, 펭은 점차 어떻게 어떤 구절을 찾는지 이해하게 되었다. *로즈마리*는 한 때 지구를 덮었던 큰 홍수 이야기를 들려주며 그 이야기를 묘사하는 천연색 그림 한 장을 펭에게 주었다. 그림 뒷면에 그 이야기를 단순한 단어들로 적으면서 펭이 성경에서 찾을 수 있도록 책, 장, 구절도 써 넣었다. 그림을 자세히 살펴보니 성경이 교훈하는 바를 더 분명히 알 수 있었다.

그들은 이미 오랜 친구 같았기 때문에 외국인 여자들에게서 가르침을 받는 것이 더 이상 이상하게 느껴지지 않았다. 그들은 예의가 바르고 친절했으며 펭이 이해를 못할 때는 언제나 이해할 때까지 기다려 주었다. 그들의 목소리는 온유하고 행복했고 펭은 그 자리가 편안했다. 그럼에도 펭은 여전히 여자 선교사들이 어떻게 부모에게서 그렇게 멀리 떨어져서 이상한 나라에서 남편도 없이 살 수 있는지 의아했다. 분명 이들에게는 말씀을 나누는 것이 가정을 이루는 것보다 더 중요한 모양이었다. 그리고 *타웨이* 사람들도 여자들에게 가사(家事)를 마음대로 할 수 있도록 허락하고는 있지만 이 외국 여자들에게는 더 많은 자유가 있어 보였다.

"몽에 오기 전에는 어디서 살았습니까?" 펭이 곱슬머리의 키 큰 여자 *로즈마리*에게 물었다. "처음 2년은 *타콩*에 있었어요. 나보다 나이와 경험이 많은 선교사 몇 명과 함께 살면서 언어를 배웠지요. 우리는 가끔 자전거를 타고 숲으로 가서 마을 사람들을 방문하고 그들에게 예수님을 전했어요. 후에 나는 또 다른 도시로 이동했는데 거기 있는 동안 라오스 소년 한 명과 부족민 한 명이 예수님을 믿었어요. 그런데 그때 반군들이 그 지역으로 이동해 오는 바람에 나는 서둘러 떠나야 했어요. 반군이 그 마을을 공격하여 점령하기 바로 전날에 빠져 나왔답니다."

"그곳은 몽과 같은 큰 도시였나요?" 펭이 궁금증을 참지 못하고 또 질문을 했다. 왜냐하면 펭은 여행을 많이 하지 않았고 자기 나라에 대해 잘 알지 못했기 때문이었다.

"아뇨, 아주 작았어요. 실제로는 그저 큰 마을이었어요. 그곳은 포장도로도 없었고 가게도 몇 군데뿐이었어요. 나는 왜 그곳을 무옹(도시나 중요한 마을을 가리키는데 사용되는 라오스어)이라고 하는지 모르겠어요. 아마 그곳이 큰 도시로 성장하기를 바라기 때문에 그렇게 부르는 것 같아요." 로즈마리가 웃으며 대답했다.

"당신은 언젠가 그곳에 돌아가서 예수님에 관하여 가르칠 건가요?" 펭이 다시 물었다.

"네, 정부가 다시 그 지역에 대한 통제권을 회복하면요. 지금은 남부 베트남의 비무장지대 근처여서 아무도 다닐 수 없어요. 심지어 라오스 사람이 친척을 방문하러 갈 수도 없어요. 그렇지만 설사 내가 다시 그곳에 가서 성도들을 다시 보지 못한다 해도 천국에 가서는 만날 거예요."

"어쩌면 라오스 반군이 언젠가 몽도 공격하여 당신을 잡아갈 수도 있어요. 여기 사는 것이 두렵지 않나요?"

"아뇨, 예수님이 나를 이곳에 보내셨고 언제나 나와 함께 하겠다고 약속하셨어요. 그리고 미국에서 친구들이 매일 나의 안전을 위해 기도하고 있어요. 그러나 만약 내가 잡혀간다고 해도 반군들에게 예수님에 대하여 말할 수 있는 기회가 될 거예요. 하나님이 나에게 고난을 허락하시면 또 감당할 수 있는 능력도 주실 겁니다." 로즈마리의 대답에 다른 여자들도 확신 있게 고개를 끄덕이며 동의했다.

"내일은 일요일입니다. 일요일은 예수님이 죽은 자들 가운데서 살아나신 날이기 때문에 기독교인들에게는 특별한 날입니다. 우리는 매주 일요일 아침에 예배를 드리는데 당신이 우리와 함께 참여할 수 있으면 좋겠습니다." 안나가 화제를 바꿨다. "아마도 우리 이웃집에서 잠을 잘 수 있을 거예요." 우르술라가 거들고 나섰다. 그 이웃은 베트남 가족이었고 스스로 기독교인이라고 하며 가끔 교회에 오고 있었다. 펭은 선교사들이 소개해 준 대로 그 집에 머물렀지만 그 집 사람들에게 실망하고 말았다. 그들은 성경을 읽지도 않았고 밤에 자기 전에 기도도 하지 않았다. 게다가 친절하지도 않았으며 라오스말도 잘하지 못했다.

다음 날 아침 예배에 참석한 사람은 베트남 자녀 3명과 여자 선교사들과 자신뿐이었다. 안나가 예배를 인도하면서 기도로 시작했고 기도 후에 다함께 예수님을 찬양하는 노래를 불렀다. 펭은 곡조를 알지 못했고 단어도 모두 이해하지는 못했지만 그 행복한 노래들은 펭의 마음을 따뜻하게 했다. 그러고 나서 기도를 한 번 더하고 하나님의 책에서 교훈을 들었다. 특별히 펭은 새 친구인 선교사들이 하나님께 말하는 것을 듣는 것이 좋았다. 기도 시간마다 자기도 간절히 기도를 드렸다.

함께 식사를 한 후 우르술라와 로즈마리가 펭에게 요한복음 14장을 가르치고 있을 때, 람이 문간에 나타났다. 람은 펭 옆에 앉으며 졸리는 눈으로 펭을 힐끗 보았다. 람이 지난 주에 펭을 빼놓고 학교 축제에 가버린 후로 서로 이야기를 나누지 않은 상태였다. 펭은 람에게 미소 지으며 어쩌면 람이 오늘 기독교인이 될지도 모른다는 생각을 하면서 그를 용서하기로 마음먹었다. 펭은 자기 성경을 람 앞으로 밀어놓으며 람에게 그들이 공부하고 있었던 곳을 보여주었다. 우르술라가 "내가 곧 길이요 진리요 생명이니, 나로 말미암지 않고는 아버지께 올 자가 없느니라." 라는 예수님의 말씀을 읽었다. 그들이 교대로 몇 구절을 읽은 후, 로즈마리가 왜 예수가 천국으로 가는 유일한 길인가를 설명했다. 마침내 그녀가 람에게 물었다. "예수님을 믿을 준비가 되었습니까?" 람은 주저하며 입술을 불안한 듯 핥있다. "지는 예수에 관해 듣는 것을 좋아합니다만, 지금 당장은 그분을 따를 수 없습니다. 제 친척이 제게 화를 낼 것입니다. 후에 많은 사람이 예수의 길에 들어서면 저도 동참하겠습니다."

펭은 매우 실망할 수밖에 없었다. 그날 오후 집으로 오는 길에 람에게 예수님은 가족을 악령들에게서 안전하게 지키실 수 있다는 확신을 주려고 했지만 람은 의심과 두려움으로 가득 차 있었다. "아내가 예수님을 믿기를 원하지 않아. 내가 기독교인이 되면 심지어 나를 떠날지도 몰라. 부모님도 나에게 화를 내실 것이고 그러면 살기가 아주 어려워질 거야." 람이 풀이 죽어서 중얼거렸다.

펭은 자기가 아직 미혼이라 원하는 대로 무엇이든지 할 수 있는 자유가 있어서 좋다는 생각이 들었다. 아버지가 자기가 외국 종교를 믿는 것에 대해서 그렇게 관대한 것도 행운이었다. 최근에 사맛은 참 신에 대해 질문을 하기까지 했고, 하루는 성경의 몇 구절을 진지하게 들었다. 그날 펭의 아버지는 하나님의 말씀이 진리인 것 같다고 인정하기까지 했다. "아마도 이 종교는 모든 타웨이 사람이 따라야 할 좋은 길일지도 몰라. 하지만 우리는 먼저 이 종교가 안전한 것임을 확인해야 한다. 나는 한동안 예수가 너를 정말로 악령들의 권세에서 보호할 수 있는지 지켜볼 거야."

그 다음에 펭이 선교사들을 방문했을 때는 선교사들이 펭에게 작은 휴대용 축음기와 복음 레코드 몇 장을 주었다. 펭의 논집에서 음악 소리가 나오자 *타웨이* 사람들이 흥분해서 집안에 몰려 들어왔다. 작은 검은 상자가 노래를 하는 것을 보고 사람들은 놀라워했다. 위에서 빙빙 돌아가는 접시 같은 물체에서 소리가 나오니 놀라운 일이었다. 판이 끝날 때마다 마을 사람들은 펭에게 축음기를 다시 틀어서 또 노래를 들려달라고 졸랐다. 펭은 이 반응이 기뻤지만 설교와 노래가 라오스 말이 아닌 *타웨이* 말로 나와서 자기 친구들이 듣고 있는 것을 이해할 수 있었으면 하고 바랐다.

며칠 후 어른들은 흥미를 잃었으나 청년들과 아이들은 계속해서 와서 들었다. 축음기를 마을 안으로 가져오는 것은 허락되지 않았지만 매일 오후 논에서 일을 마치면 무리가 레코드를 듣기 위해 논집에 모였다. 그들은 들으면 들을수록 내용을 더 분명히 이해할 수 있었다.

아이들은 특별히 잃은 양 이야기를 좋아했다. 아무도 양을 본 적은 없지만 그 신비한 상자에서 나오는 울음소리로 그 동물이 고통 가운데 있는 것을 분명히 알 수 있었다. 그들은 목자와 함께 양의 수를 세는 것을 배웠고 목자가 잃은 양을 찾아 이곳저곳을 다닐 때는 긴장하며 숨을 죽였다. 처음에는 라오스 단어를 많이 알지 못했으나 펭이 *타웨이* 말로 번역해서 거듭해서 들려주자 이해하게 되었다. 펭은 바로 자기들이 죄 가운데 잃어버린 바 되었으며 예수님이 그들을 찾으시는 선한 목자임을 설명했다.

13살 난 펭의 사촌 *데에*는 거의 매일 복음 이야기를 들으러 왔다. *데에*는 어렸을 때 부모님이 돌아가셔서 지금은 삼촌 집에서 살고 있었다. 가끔 외로웠고 버림받은 것처럼 느끼고 있었지만 펭이 예수님이 그를 사랑하고 해악에서 보호해 주신다고 말하자 *데에*의 마음은 점점 따뜻해졌고 그의 눈은 기쁨으로 빛났다. 가끔 *사안*이라는 또 다른 친척도 들으러 왔는데, 곧 펭처럼 예수님을 따르겠다고 했다. 펭은 뛸 듯이 기뻐했다.

어떤 레코드에 있는 라오스 찬송은 곧 애송곡이 되었다. 아이들은 몇 개의 단어만 이해했지만 그 라오스 노래는 아주 쉬웠기 때문에 곧 가사를 외워 불렀다. "주님이 오셨네. 오 찬송으로 노래하자. 기쁨으로 가득 찬 마음으로, 구세주가 오셨네." 그 음악은 거의 매일 오후와 저녁에 논을 넘어 울려 퍼졌다. 펭의 마음은 즐거웠고 곧 많은 사람이 예수의 길을 걷기 시작할 것이라는 희망으로 가득 찼다.

* * *

비는 10월에 그쳤고 11월이 되자 벼는 추수할 만큼 여물었다. 모든 사람이 논집으로 돌아왔고 아이들은 매일 새벽부터 늦은 오후까지 부모 옆에서 일했다. 너무 허약해서 논에서 일할 수 없는 할아버지와 할머니들은 어린 아이들을 돌보며 집에서 밥을 지었다.

펭은 볏단을 잘라 쌓아 놓고 햇볕에 말렸다. 그는 땀을 뻘뻘 흘리면서 쉬지 않고 일했다. 얇은 면(綿) 모자가 짧은 머리에 잘 맞아 땀이 눈에 들어가는 것을 막아 주었다. 숙과 잉은 근처 논에서 말린 볏단을 논집 근처의 타작마당으로 옮기기 위해 묶고 있었다.

펭은 멀리서 일하고 있는 아버지를 힐끗 보았다. '아버지가 금년에 예수님이 자신들에게 풍작을 주신 것을 인정할 수 있다면 좋으련만!'

펭은 일을 계속하는 동안 조용히 하나님이 복 주신 것을 감사하며 곧 자기 아버지도 구세주를 믿게 해달라고 기도했다. *사안*이 예수님을 믿었으니 분명 다음으로 예수님을 믿을 사람은 *사맛*이리라.

추수가 시작되었기 때문에 하나님의 말씀을 공부할 시간이 거의 없었다. 가족이 모두 논집에 와 있고, 긴 하루 일과가 끝나면 모두 다 지쳐서 저녁을 먹고 자러 가기 바빴다. 펭은 저녁에 성경을 읽으려고 했지만 종종 눈을 뜨고 있을 수도 없었다. 이른 아침 먼저 일어나도 너무 어두워 읽을 수가 없었다. 그들은 동트기 전에 일을 시작했다. 오두막은 작고 비좁아서 오랜 시간 조용히 집중하여 기도하기가 어려웠다. 그렇기는 해도 펭은 하루 종일 하나님 생각을 하고 있었기 때문에 그것이 짧은 대화들로 솟구쳐 나오는 것이었다.

종종 저녁에는 소녀들의 임시 거처인 작은 오두막 앞에서 청년들이 노래하는 소리가 들렸다. 그러나 펭은 금년에는 그들과 함께 하고 싶지 않았다. *란지*와의 불행한 경험이 있은 후부터 펭은 마음속 아픔은 사라졌어도 소녀들에 대한 흥미를 잃었다. 그는 청년들이 행하는 일들이 예수님의 가르침과는 달리 부도덕하다는 것을 알게 되었다. 그래서 결혼을 고려하기 전에 몇 년을 더 기다리기로 결정했다.

펭은 일을 하다 잠시 허리를 펴고 쉬었다. 추수는 고된 일이었다. 해가 머리 위에 있는 것을 보니 아침 식사를 할 시간이었다. 숙이 준비한 달팽이와 밥, 고추를 먹고 있는데 적군이 몽으로 진격해 오고 있다며 이장 투앗의 집에 모이라고 소리치는 소리가 들렸다. *펭과 사맛*

은 재빨리 식사를 끝내고 투앗의 논집 가까이에 모여 있는 사람들과 합류했다. 모든 사람이 흥분해서 소문에 대해 떠들어 대고 있었다.

곧 이장 투앗이 밖으로 나와 앉았다. 그가 손을 들자 군중은 조용해 졌다. "우리에게 아무런 실제적인 위험은 없지만 오늘 오후 일하는 동안 경계태세를 갖춰야 합니다. 반군이 북부에서 몽과 이 지역으로 진격하고 있다는 소식입니다. 라오스 정부군이 반군을 저지하러 출동했다고 합니다. 우리는 낯선 사람을 보면 즉각 신고해야 합니다."

이장이 말을 멈추자 모인 사람들은 다시 제각각 한마디씩 하기 시작했다. 투앗은 다시 손을 들고 사람들이 조용해질 때까지 기다렸다.

"오늘 밤 몇 사람을 임명해서 우리 마을 주위의 숲과 논에 숨어 적들에게서 우리를 보호하고 사람이 접근하면 우리에게 경고하도록 할 것입니다. 오후는 평소대로 일하세요. 아직은 위험하지 않지만 경계해야 합니다."

12
죽음을 통한 삶

뜨거운 오후 시간이 서서히 지나는 동안 펭은 계속해서 도시에 있는 선교사들을 생각했다. '분명 그 여자 분들이 놀랐을 텐데! 그들이 떠날 수도 있어!'

그 날 오후 펭은 일을 하다말고 투앗을 만나러 갔다. 이장은 현관에 앉아 있었다. 그는 펭이 자기를 만나려고 기다리는 것을 보고는 이마를 찌푸렸다. 눈이 검은 눈썹 밑에서 무섭게 보였다. "사다리 위로 올라오너라." 투앗이 펭을 불렀다. "무엇을 원하느냐?" 투앗은 우호적이었고 마을 사람들이 모두 좋아했지만 펭은 약간 불안했다. "제가 내일 몽에 다녀올까요? 최신 소식을 알아내어 내일 저녁에 보고드릴 수 있을 것 같습니다." "혼자 가는 것이 두렵지 않으냐?" 투앗이 불안한 듯 물었다. 펭은 고개를 가로 저었다. 투앗은 생각에 잠기더니 미소를 지었다. "좋아! 여기도 사람이 필요하지만 네가 원하면 가도 좋아. 그리고 너는 내가 대령에게 보내는 메시지를 전해 주거라."

펭이 자신의 계획을 이야기하자 *사맛*은 못마땅해 했다. "그건 위험한 일이다. 그리고 우리는 네가 필요해." *사맛*은 펭의 주된 관심이 선교사들을 만나는 것이라는 사실을 알고 있었지만 그 부분을 언급하지는 않았다. 화가 나기도 했지만 속으로는 아들이 그 일을 자원했다는 것에 자부심을 느끼면서 막지 않기로 했다. 적어도 자기 아들은 겁쟁이가 아니었다.

펭이 다음 날 오전 선교사들의 집에 도착하니 한 백인이 응접실에서 일단의 부족민에게 설교를 하고 있었다.

'선교사들은 어딜 간 거지?' 펭은 여자 선교사들의 행방이 궁금했다. '그들은 이곳을 벌써 떠났을까?'

펭은 매우 불안했지만 그 모임을 중단시킬 수는 없어서 사람들 뒤에 앉아 조용히 설교를 들었다. 사람들을 찬찬히 살펴보다가 펭은 청중 중 몇 사람이 *후아이* 사람이라는 사실을 알 수 있었다. *후아이* 남자들은 붉은 줄무늬가 있는 검은 천으로 만든 허리옷을 입고 있었고 *후아이* 여자 몇 명은 목과 팔목에 장신구를 걸친 채 비슷한 감으로 만든 치마와 블라우스를 입고 있었다.

그 방 왼쪽에 있는 사람들은 분명 *데나* 부족 사람들이었다. 귀밑에 대형 나무 장식물을 단 것 외에는 옷차림이 더 수수했다. 한 여인은 거의 직경이 2인치나 되는 상아 장식물을 달고 있었다. 펭은 한 노인이 장딴지 중간부터 발목까지 문신을 하고 있는 것도 보았다. 문신을 하는 관습은 모든 부족 가운데서 사라지고 있었지만 문신이 총탄에서 보호해 준다고 믿는 사람이 아직 있었다. 다른 이들은 문신은 아름다운 것이어서 아내를 얻는데 도움이 된다고 생각했지만 펭은 결코 좋아하지 않았다. 그 외국인이 설교를 끝내고 사람들이 흩어지자 펭은 자신을 소개했다.

"오, 나는 당신을 만나기를 원하고 있었습니다! 나는 *데이빗 헨릭슨*입니다." 그 외국인은 기쁜 듯이 외쳤다. "나는 몽 주위의 부족 언어로 복음 레코드를 만들기 위해 이곳에 왔습니다."

친숙한 *펭*의 목소리를 들리자 부엌에서 일하고 있던 *안나*가 들어왔다. "만나서 기뻐요. *펭*." *안나*가 인사를 하고 상황을 설명했다. "*캐시*와 *로즈마리*가 반 *타이*를 방문하고 돌아오면 점심을 함께 먹을 겁니다." 그리고 *캐시*는 자신들과 함께 사역을 하기 위해 최근에 온 새로운 선교사라고 덧붙였다.

"도시 동쪽에서 벌어진 전투에 대해서 들었습니까?" *펭*은 불안한 마음으로 물었다. *안나*는 고개를 끄덕이며 자기들도 약간 놀랐다고 했다. "우리는 짐을 싸고 기도하며 밤을 보냈는데, 하나님이 평안을 주셔서 침대로 가서 잘 잤어요. 총성은 들리지 않았어요."

*안나*가 말을 마치자 데이빗이 끼어들었다. "정부군이 오늘 밤 다시 몽으로 진격할 거라는 말을 들었어요. 반군이 본격적으로 싸우기 전에 베트남 방향 동쪽으로 퇴각했는데 아마도 이 지역의 저항 정도를 그저 시험해 본 것 같아요."

대부분의 선교사들은 흉한 소문과 이런 저런 위기에 이미 적응이 되어 있었다. 라오스 사람들은 어떤 경우에도 조용하고 금욕적이었기 때문에 라오스에서의 느린 시골 생활은 몰려드는 전쟁의 먹구름에도 불구하고 다소 평화스러워 보였다. *데이빗*은 도시 반대편에 있는 군부대에서 잠을 잔다고 했다. "내가 밤에 이곳에서 여자들과 함께 체류하는 것은 좋게 보이지 않아요. 만약 반군들이 이 도시를 공격하면 여자들을 보호하기 위해 여기 있고 싶지만 우리는 조심하지 않으면 안 됩니다. 그렇지 않으면 사람들이 우리 기독교인들도 자기들처럼 낮은 기준을 갖고 있다고 생각할 수 있습니다." 데이빗이 힘주어 말했다.

"걱정하지 마세요. 하나님이 우리를 돌보실 것입니다." 안나가 말하자 다른 여자들도 고개를 끄덕였다. 그들은 두려워하지 않았다.

"여기 계시는 동안 저희 마을에 와 주실 수 있으십니까? 제 가족에게 예수님을 전하고 싶습니다만 제가 하나님의 말씀을 잘 설명할 수가 없습니다." 펭은 데이빗을 향해 미소를 지으며 부탁했다.

"여행 허가증을 얻을 수 있다면 기꺼이 방문하지요." 데이빗은 흔쾌히 승낙했다. "하지만 경찰이 지금은 전투 때문에 위험해서 시골 방문을 허락하지 않을 겁니다. 그리고 나는 부족 언어로 복음 메시지를 녹음하는 것을 도와 줄 사람을 이곳에서 찾아야 합니다." 데이빗은 막막하다는 표정을 지었다.

"그렇지만 사람들이 무슨 말을 해야 할지 어떻게 알겠어요? 이 지역 부족민들은 예수님에 대한 것은 아무 것도 모릅니다." 펭은 알쏭달쏭한 표정이었다. "그 사람들은 내가 라오스어로 말해주는 것을 통역만 하면 됩니다." 데이빗이 방법을 설명하자 펭의 얼굴이 빛났다. "타웨이 말로도 녹음을 할 겁니까?" 펭이 호기심에 가득차서 물었다. "저는 지난주에 타웨이 말로 레코드 두 개를 녹음했습니다." 데이빗은 아쉽다는 듯이 말했다. "당신을 만날 방법이 없어서 이곳에서 도와 줄 사람을 찾았습니다. 혹시 렌과 쿰을 아십니까?"

"네, 저희 마을 남쪽에 삽니다만 예수님을 믿지는 않는 걸로 알고 있습니다." "나도 당신이 나를 도와줄 수 있었으면 하고 바랐습니다. 그 사람들은 타웨이 말을 아주 분명히 말했습니다. 메시지를 정확하게 통역했는지 점검하는 방법이 있습니다. 만약 잠시 시간이 있다면 오늘 오후 내가 다른 언어로 녹음을 하는 것을 지켜보면서 어떻게 하는 건지 보세요.""네, 그리고 싶습니다." 펭은 기꺼이 그러겠다고 말했다.

그들이 함께 식사를 하고 접시를 치우는 동안 *챰*이라고 하는 *데나* 사람이 왔다. *데이빗*은 녹음기와 종이를 탁자 위에 놓고 그 사람 반대편에 앉았다. 펭은 *데이빗*이 라오스 말로 한 문장을 말하면 *챰*이 그 말을 *데나* 말로 통역하는 것을 방 건너편에서 지켜보았다. 그 사람의 말을 녹음한 후 *데이빗*은 테이프를 되돌려서 녹음기를 다시 틀었다.

*챰*은 그 검은 상자를 응시하면서 어떻게 자기 목소리가 그 안에 갇히는지 의아해 했다. "이제 당신이 방금 *데나* 말로 통역한 것을 라오스 말로 해 보세요." *데이빗*이 *챰*에게 요청했다. *데이빗*은 *챰*이 라오스 말로 다시 통역한 것이 마음에 들지 않는 모양인지 전체 과정을 처음부터 반복했다. 몇 차례 시도한 후에 *챰*은 보다 분명하고 확신 있게 말하기 시작했다. 마침내 *데이빗*은 만족했고 그들은 다음 문장으로 넘어갔다. 어떻게 예수의 길을 걷는지에 대한 짧은 메시지를 녹음하는데 시간이 많이 걸렸다. 펭은 신중하게 들었다. 그는 *데나* 말을 일부 이해할 수 있었기 때문에 *챰*이 일을 잘했다는 것을 알 수 있었다.

한 시간 후 펭은 조용히 빠져 나와 집으로 돌아왔다. 얼마나 있어야 *타웨이*어로 된 녹음 테이프를 레코드로 만들어서 자기 친구들에게 들려줄 수 있을까?

*데이빗*은 여러 차례 경찰서를 방문한 후에 *반 다*오로 가는 여행증명서를 얻을 수 있었다. 그는 어느 날 아침 펭이 가르쳐 준 방향을 따라서 마을에 도착했고 *사맛*의 논집으로 안내되었다.

이웃 사람들은 백인이 현관 위의 펭에게 말하고 있는 것을 보자 일을 멈추고 찾아 왔다. *데이빗*은 그들과 함께 추수에 대해 이야기를 나눴는데, 그들은 그의 우호적인 태도에 감명을 받았다. 숙은 중식으로 그 호박 켕과 밥을 대접했다. 그 후 *데이빗*은 참 하나님과 그의 아들 예수에 대하여 한 시간 가량 설교했다. *사맛*은 별말 없이 신중하게 들었는데, 그 외국인은 겸손하고 친절했으며 그의 교훈은 흥미 있었다.

그 날 오후 늦게 펭은 선교사를 도로까지 바래다주었다. 더 친해지고 싶어서 단둘이만 시간을 갖고 싶었다. 그는 *데이빗*이 미혼이라고 해서 놀랐다. *데이빗*은 가끔 외롭기는 해도 더 많은 부족민이 자신의 언어로 복음을 들을 수 있도록 녹음을 하면서 전국을 여행하는 것이 더 중요하다고 했다. 돌봐야할 아내와 자녀들이 있으면 이 일을 하기가 어려울 것이라는 말이었다. "나는 한 알의 밀이나 쌀과 같습니다. 그것은 열매를 맺기 위해 땅에 묻혀 죽지 않으면 안 됩니다."

그는 잠시 길 옆에 서서 성경을 펼쳤다. 그리고 예수께서 그런 말씀을 하신 곳(요한복음 12:24-26)을 펭에게 보여주었다. 그리고 데이빗은 결론을 말했다. "예수님처럼 나의 뜻을 포기하면 두 배로 열매를 맺을 수 있어요. 다른 사람들을 구원하면서 일생을 살 수 있구요. 때가 되면 하나님이 아내를 만나게 하실 거예요. 그분은 내게 가장 맞는 사람을 주실 겁니다."

펭은 후에 벼를 추수하면서 이 말을 생각했다. 그는 벼줄기를 잘라 조심스럽게 보며 줄기에 달려있는 많은 알갱이는 땅에 묻힌 한 알의 볍씨에서 왔다는 것을 깨달았다. 진지한 결단의 모습이 펭의 눈에 어른거렸고 그는 하나님을 섬기는 것이 설사 미혼으로 살아야 한다는 것을 의미할지라도 신실하게 섬기겠다고 결심했다. 그리하면 어느 날 많고 많은 *타웨이* 사람들이 예수님을 따르게 될 것이다. 그리고 자신이 결혼한다면 아내는 자기 부족에게 하나님의 말씀을 전파하는 일에 기쁘게 자기와 함께 할 기독교인 소녀여야 했다.

몇 주 후 펭은 몽에 가보고 깜짝 놀랄 수밖에 없었다. 몽에 새로 온 군인들이 가득했기 때문이었다. 이번에는 반군이 상당히 가까이까지 와서 공격했던 것이다. 선교사들은 격렬한 포격 소리를 들었으며 필요하면 재빨리 철수할 준비를 하라는 경고를 받았다고 했다. 그러나 박격포 소리에 놀란 적들은 정부군이 진군하자 흩어져 버렸다.

선교사들은 하나님이 구원에 주신 것을 찬양하는 마음으로 가득 차 있었다. "당신을 다시 못 보는 줄 알았어요. 그런데 좋은 결과가 있었죠. 이 도시를 방어하기 위해 온 군인 가운데 기독교인이 몇 명 있어서 우리 교회에 오고 있어요. 기독교인의 교제를 그리워하여 우리와 함께 성경을 공부하고 있지요." *로즈마리*가 기뻐하며 펭에게 소식을 전해 주었다.

펭은 예배 시간에 방이 군인들로 가득 찬 것을 보고 기뻤다. 그는 특별히 성경학교를 다녔던 기독 경찰관 *캄*과 만나 즐거웠다. *캄*은 설교하는 법을 알았고 어려운 성경 구절들을 설명할 수 있었으며 펭의 많은 질문에 대답할 수 있었다.

그러나 사탄은 결코 쉽게 패배를 인정하지 않는다. 사탄은 이제 선교사들이 효과적으로 사역하는 것을 방해했다. 육체적으로 과도하게 피곤하도록 하고 다른 데 신경을 쓰도록 하는 방법을 사용했다. 선교사들은 하나님의 말씀을 계속 전하기는 하는데 모호한 영적 어두움과 좌절감이 무겁게 짓누르는 것을 느꼈다. 어느 일요일 스위스 적십자 대표 한 사람이 예배 중간에 도착하여 남부 베트남 국경 근처의 전쟁으로 피폐해진 지역에서 피난 온 난민 부족에게 음식과 옷을 배분하는 일을 선교사들이 도와달라고 요청했다. 그 사람은 일단의 라오스 군인들이 기관총을 발아래에 둔 채 식당 탁자에서 성경공부를 하는 것을 보고 놀랐다.

*안나*는 성경공부를 방해하고 싶지 않아 모임이 끝날 때까지 그가 읽을 불어 성경책을 건네주었다. 군인들이 떠난 후 *안나*는 그의 요구를 듣고 도와주겠다고 하면서 불어로 복음을 설명하기 시작했다. 그 사람은 *안나*에게 자신은 종교적이며 선행을 하려고 최선을 다하고 있다고 확신시켰는데도 불구하고 그가 성경적 의미에서 진정한 기독교인이 된다는 것이 종교적인 것과는 아주 다른 무엇이라는 것을 이해하는 데는 시간이 좀 걸렸다.

기독 군인들은 선교사들과 전쟁의 진행 상황에 대해서는 별로 이야기하지 않았지만 선교사들이 들으면 머리가 쭈뼛 설 만한 이야기를 들려주었다. 군대 친구 중에는 위험에서 보호받기 위해 자신의 영혼을 사탄에게 팔기도 했는데 적군의 총탄이 비껴가면 이 사람들은 그 일을 마귀의 공적으로 돌린다는 것이었다. 많은 군인이 작은 부처상을 언제나 갖고 다니면서 그런 것을 달고 있으면 어떠한 총탄도 자신을 죽이지 못한다고 믿었다.

어느 날 펭이 선교사들의 집에 있을 때 *라트*라는 기독교인 군인이 선교사의 다리미를 사용하기 위해 온 적이 있었다. 선교사들은 부엌 화로에서 불붙은 조개탄을 약간 가져와 라트를 위해 구형(舊形) 다리미에 채워 넣어 주었다. *라트*는 자기 군복을 다린 후 급히 떠났다. 펭은 *라트*의 행동이 이해되지 않았다. '*라트*는 왜 기도를 하지 않는 거지? 왜 떠나기 전에 기도하지 않았지?'

펭은 아침에 일어나서, 저녁에 자기 전에, 먹거나 일하기 전에, 여행을 떠나기 전에, 다른 기독교인들과 만날 때는 언제나 기도하라고 가르치는 복음 레코드의 교훈을 곧이곧대로 받아들이고 있었던 것이다. 그래서 펭은 모든 신자가 복음 레코드의 가르침대로 한다고 생각하고 있었다.

12월 중순이 되어 몽 주위의 군사적 상황이 크게 개선되자 현지 대령은 선교사들에게 일부 시골 마을에 갈 수 있는 허가증을 발급해 주었다. "우리가 당신 마을에도 갔으면 좋겠어요? 대령이 지금은 안전하다고 하네요." 어느 일요일 *로즈마리*가 펭에게 물었다.

"오, 할 수 있는 대로 빨리 오세요." 펭은 기뻐하며 대답했다. 그러나 대령은 선교사들이 거기서 밤을 새워서는 안 된다고 경고했다.

"어두워진 후에 당신들이 집밖에 있는 것은 위험해요. 아무튼 당신들은 밤에는 우리 논집에서 있어야만 합니다. 논집은 작고 방이 하나밖에 없지만 마을 이장은 외국인이 마을 안에서 자는 것을 허락하지 않을 거예요. 마을 사람들은 외국인이 마을에서 자는 것이 정령들을 화나게 한다고 생각하거든요." 펭이 설명했다.

"그건 좋아요. 당신 부모님도 계신다면 우리가 같은 방에서 자는 것도 보기에 나쁘지 않을 거예요." *안나*가 흔쾌히 대답했다.

"침대가 없어서 마루 위에서 잡니다." 펭이 조심스럽게 말했다.

"우리는 개의치 않습니다. 시골집에서 많이 자 보았어요. 그래서 사람들이 시골에서 어떻게 살고 있는지 잘 알고 있답니다. 그런데 이번에는 잠을 자지는 않을 거예요. 대령은 우리가 어두워지기 전에 귀환하기를 원하거든요." 로즈마리가 펭의 걱정을 덜어 주었다.

어느 12월 아침, 펭은 논집을 방문한 선교사들을 기쁜 마음으로 집 안으로 데리고 들어가 부모님께 소개했다. 숙은 잉이 강 부근 연못에서 잡은 새우와 작은 물고기를 재료로 큰 캥을 만들었다. 푸른 채소와 물고기가 들어간 요리를 선교사들은 밥에 얹어 아주 맛있게 먹었다.

"타웨이 사람과 라오스 사람은 식생활 문화가 다른가요?"

안나가 밝게 채색된 개인용 에나멜 접시와 놋숟가락을 보면서 물었다.

"네, 우리와 라오스 사람은 식생활이 다릅니다. 라오스 사람과 많은 다른 산지 부족은 증기에 찐 찰진 밥을 손가락으로 공처럼 둥글게 만 후 국물에 담가서 먹습니다만 우리는 쌀을 끓이고 숟가락을 사용합니다."

선교사들이 밥 먹는 모습을 지켜보기 위해 많은 사람이 작은 집 문 앞에 모였다. 마을 사람들은 대부분 백인 여자를 본 적이 없었다. 아이들은 마을에서 갈색 얼굴과 작고 둥근 코만 보다가 백인 여자의 창백한 얼굴과 큰 코를 보고는 부드럽게 낄낄거렸다. 그러나 선교사들이 참 하나님에 대하여 말하기 시작했을 때는 모든 사람이 존경하는 마음으로 들었다. 참석한 사람 중 라오스 말을 아는 사람이 극히 일부였기 때문에 펭이 전부 타웨이 말로 통역을 했다. 사안은 형을 데리고 왔다. 사안은 오랜 동안 교회에 오지 않았지만 여전히 예수의 길을 따르고 있다고 말했다. 사맛과 숙은 조용히 들으며 펭이 사랑스럽고 단호하게 선교사들의 말을 설명하는 것에 놀랐다. 외국 여자들이 펭을 존경하는 것이 분명했다. *사맛*은 그 이유는 이해하지 못했지만 그 날 자기 아들에 대해 자부심을 느꼈다. *사맛*은 여전히 예수의 메시지가 진리일 수 있는지에 대해서는 의심했지만 그것이 좋게 들렸다. 그는 사려 깊게 들었고 그 여자들에게는 우호적으로 다시 오라고 초청했다.

*펭*은 2주 후 매우 실망한 얼굴로 몽을 방문했다. "*사안*이 옛날 방식으로 돌아갔어요. 우리 마을은 지난주 큰 축제가 있었는데, *사안*의 아버지가 정령들을 달래기 위해 예물을 바칠 것을 고집했고 *사안*이 이에 굴복했기 때문에 저는 다시 마을의 유일한 기독교인입니다."

"그러나 그가 진정으로 예수님을 믿었다면 하나님은 그를 내치지 않으실 거예요. 하나님이 우리에게 주시는 영생은 우리가 어떤 나쁜 일을 하면 사라지는 것이 아닙니다. *사안*이 진정으로 하나님의 가족으로 태어났다면 예수님은 *사안*을 다시 회복시키실 거예요." *로즈마리*의 말을 들은 *펭*의 눈은 새로운 희망으로 빛났다.

"물론입니다! 제가 하나님께 범죄했을 때 저를 용서하신 것처럼요. *사안*이 옳은 길로 돌아오도록 어떻게 도울 수 있을까요?"

*로즈마리*는 성경을 펴서 도움이 될 수 있는 구절들을 읽었다. *펭*은 특별히 히브리서 13장 5~6 말씀이 와 닿았다.

"그가 친히 말씀하시기를 내가 결코 너희를 버리지 아니하고 또한 너희를 떠나지 아니하리라 하셨느니라. 그러므로 우리가 담대히 가로되 주는 나를 돕는 자시니 내가 무서워 아니하겠노라. 사람이 내게 어찌하리요?"

"이 구절이 *타웨이* 말로는 어떻게 되죠?" *로즈마리*가 물었다. *펭*이 그 구절을 통역하자 선교사들은 *타웨이* 말을 라오스어로 적으려고 했다. 일부 이상한 소리를 어떻게 적어야 할지 몰랐지만 그들은 마침내 대충 번역하고 다시 펭에게 상당히 정확하게 읽어줄 수 있었다.

"나는 여기에 함께 살면서 *타웨이* 어를 배울 수 있었으면 좋겠습니다." 로즈마리가 펭에게 말했다.

"그것이 하나님의 뜻이라면 그렇게 하게 하실 겁니다." 펭은 간절한 마음으로 동의했다.

함께 몇 시간 동안 공부한 후 *안나*가 펭에게 자신들이 어느 마을에 가서 설교하는 것을 도와달라고 요청했다.

"우리는 내일 북쪽에 있는 부족 마을을 방문하기로 약속했어요. 숭이라는 남자가 우리를 초대했어요. 지난번에 거기 갔을 때는 사람들이 축제를 하고 있었고 그는 술에 취해 있었지만 그가 이번에는 이장과 모든 마을 사람을 모을 거라고 약속했어요. 당신이 우리와 함께 가서 설교하는 것을 도와줄래요? 오늘밤은 전에 하룻밤 신세졌던 베트남 이웃의 집에서 잘 수 있을 거예요."

"좋습니다. 당신들이 나를 필요로 하면 나는 언제든 당신들과 함께 갈게요. 저는 마을에 기독교인 친구가 없어서 매우 외롭습니다." 펭은 기뻐하며 대답했다.

그들은 다음날 아침식사를 일찍 끝내고 동틀 무렵에 출발했다. 먼 길은 아니었지만 때로 길을 찾기가 어려웠기 때문에 선교사들은 펭이 동행해 준 것을 고마워했다. 선교사들은 부족 언어가 서로 다름에도 펭이 이 부족의 말을 이해한다는 것이 기뻤다. 펭은 그 마을에서의 설교를 도왔고 숭과 다른 사람들이 전심으로 하나님을 따르도록 권면할 때 부드럽고 사랑스런 태도로 자신감과 확신을 가지고 말했다.

집으로 돌아오며 *로즈마리*가 전 세계 기독교인이 예수의 탄생을 축하하는 성탄절이 가깝다며 성탄절에 자기들과 함께 예배도 드리고 식사도 하자고 펭을 초청했다. 펭은 흥분되었고 기독교인들은 축제에서 무엇을 하는지 보기를 간절히 원했다.

"당연히 저는 참석할 겁니다. 그리고 *사안*이 예수님의 길로 돌아오기로 결심하면 어쩌면 저와 함께 참석할지도 모르겠군요."

13
교제

펭과 사안은 성탄절 아침 늦게 출발해 정오가 지나서 선교사들의 집에 도착했다. 선교사들은 펭 일행이 일찍 올 줄 알고 음식을 일찍 준비하는 바람에 그들이 도착했을 때는 먹을 준비가 이미 끝나 있었다. 그러나 기독 경찰관 캄이 바로 그 때 도착하여 *사안*이 하나님께 돌아오는 것을 돕기를 원했다. 캄은 *사안*이 악령에게 제물을 바친 것에 대해 회개 기도를 할 때까지 한 시간 가량 상담을 했다.

마침내 오후 2시경 그들은 성탄절 식사를 하기 위해 식탁에 둘러앉았다. 구운 닭은 비록 식었지만 밥과 고추와 함께 먹으니 맛이 있었다. *로즈마리*는 고구마로 호박 파이를 만들었다. 남자들은 이 이상한 음식을 조심스럽게 맛보고는 단 음식을 많이 먹는 것에는 익숙하지 않았지만 좋아하기로 했다. 남자들은 기쁘게 먹었고 여자들이 하는 대로 어색하지만 포크도 사용했다. 다 먹은 후 펭이 식탁 정리를 돕겠다고 고집을 부렸고 하나님의 말씀을 읽고 라오스 찬송을 부르며 또 그저 함께 있는 것을 즐기며 많은 시간을 보냈다. 캄은 시간이 되어 돌아갔지만 *사안과* 펭은 더 머물렀다.

"선교사님 나라에는 큰 도시가 많이 있습니까? 우리나라와는 어떻게 다른가요?" *사안*이 *로즈마리*에게 물었다. 하지만 *사안*과 펭은 몽에서 전기, 세탁기, 전화 같은 것들을 본 적이 없었기 때문에 *로즈마리*의 설명을 이해하기는 힘들었다.

"당신은 언제 결혼할 거죠? 왜 아직까지 남편감을 찾지 못한 거죠?" 펭이 *안나*에게 불쑥 물었다. 안나는 얼굴이 빨개지며 머리를 숙였다. 안나가 잠시 동안 대답을 하지 않자 펭은 자신이 *안나*의 마음을 상하게 했다고 생각했다. *안나*는 검은 머리를 뒤로 묶어 올리고 있었기 때문에 거의 라오스 여자처럼 보였고 라오스 말도 너무 잘해서 펭은 때때로 안나가 외국인이라는 사실을 잊어 버렸다.

"죄송해요, 제가 그런 질문을 하지 말았어야 했는데…." 잠시 동안의 어색한 침묵 후에 펭이 마침내 말문을 열었다.

"괜찮아요." 안나가 천천히 고개를 들었다. "전 단지 당신에게 어떻게 설명해야 할지 생각하고 있었던 것뿐이에요. 사실 전 작년까지 약혼자가 있었어요. 그런데 그 사람이 나를 위해 하나님이 예비하신 사람이 아닌 것을 깨달았고 그래서 지금은 결혼하지 않기로 했지요."

펭은 잠시 생각하더니 다시 질문을 던졌다. "어떻게 그 사람이 당신을 위한 하나님의 선택이 아닌 것을 알 수 있죠?"

"그 사람과 결혼할 생각을 하면 제 마음에 평안이 없었어요. 그 사람은 기독교인이고 신실했지만 갑자기 내가 진정으로 그 사람을 사랑하지 않는다는 것과 하나님이 내가 독신으로 있는 것을 원하신다는 사실을 깨달았어요." 그 때 조용히 듣고 있던 *사안*이 알 수 없다는 표정으로 소리쳤다. "그러나 모든 사람은 결혼해야 해요. *캐시*도 이번 주에 결혼하잖아요?" 선교사들이 *사안*에게 캐시가 *사반나케트*에 있는 약혼자를 만나러 갔다고 말해 주었던 것이다.

"아뇨, 그들은 앞으로 몇 달 내에는 결혼하지 않을 거예요. 두 사람은 라오스 말을 정말 잘하기를 원하고 있는데 독신으로 있으면 언어 공부에 더 많은 시간을 사용할 수 있거든요." *로즈마리*가 부연 설명을 해 주었다.

펭은 그 여인들이 예수님의 복음을 라오스에 전해주려는 일념으로 자신의 개인적 욕구를 희생하는 것에 놀랐다. 그들이 고국에서 가족과 친구들과 살았다면 훨씬 더 편안했을 터였다. "당신 나라는 모든 사람이 기독교인입니까?" 펭이 또 다시 질문을 했다.

"아뇨, 미국 사람들은 대부분 예수님에 대해 듣기는 했지만 그 중 많은 사람들은 그분을 따르기를 원하지 않습니다. 그리고 우리나라에도 아직도 예수님에 대해 들어보지 못한 사람들도 일부 있습니다. 나는 *나바죠* 인디언과 함께 살면서 복음을 전하기도 했는데, 그들은 도시에서 멀리 떠나 사막에 살면서 나이든 인디언들은 여전히 자신들의 종교를 따르죠. 그들 중 많은 사람이 영어를 배운 적도 없어요." *로즈마리*가 자세히 설명해 주었다. 사안의 눈이 놀라서 둥그레졌다. "그럼 왜 당신은 그들을 떠나서 라오스에 온 거죠?"

"왜냐하면 많은 선교사가 이미 그 마을에 살고 있고 라오스와 같은 나라는 복음을 적절하게 전파할 충분한 일꾼이 없다는 것을 알았기 때문이에요." "우리나라에 대해서는 어떻게 들었습니까?" 펭이 물었다.

로즈마리는 미소를 지었다. "내가 싱가포르에 있는 우리 선교본부로 오는 배를 타고 있을 때 잡지에서 읽었어요. 그 때 나는 하나님께 나를 라오스로 보내달라고 기도하기 시작했고 마침내 선교부 지도자들이 동의했지요." "어디서 하나님을 섬기게 될지 알지도 못하면서 고국을 떠났다는 뜻입니까?" 펭은 놀라서 *로즈마리*를 응시했다.

"네, 어떤 의미에서는요. 나는 임무를 받기 전에 싱가포르에 체류하는 것은 알고 있었지만 그 후 하나님이 나를 어디로 보내실지 처음엔 확실히 몰랐어요. 그러나 하나님께 순종하고 있었고 그분이 나를 올바른 곳으로 인도해 주실 줄 알고 있었기 때문에 마음은 평안했어요. 그리고 그분이 그렇게 하셨죠! 하나님이 나를 이곳 당신 나라로 보내 주셔서 매우 기뻐요." "나도 여기 있는 것이 기쁘긴 마찬가지랍니다." *안나*도 *로즈마리*의 말에 동의했다. 두 여자는 *펭*과 *사안*에게 따뜻한 미소를 보냈다.

펭은 그들의 눈 속에서 진정한 사랑을 보았다. 펭의 마음은 기쁨으로 노래를 불렀다. 이들은 자신의 진정한 자매들이었다. 비록 그들의 조국과 관습은 매우 달랐지만 예수님이 그들을 함께 있게 해서 한 가족으로 만들었기 때문이었다.

펭은 *사안*과 함께 오후 늦게 집으로 돌아오는 동안 여자들이 해 준 말에 대해 계속 생각했다. 그는 이 여자들처럼 예수님을 사랑하고 하나님을 섬기기 위해 모든 것을 기꺼이 포기할 수 있는 부족 소녀를 발견할 때까지는 결혼을 하지 않겠다고 결심했다. 분명 어느 날 많은 *타웨이* 사람이 예수님을 믿을 것이고 하나님은 자신에게 기독교인 아내를 주시리라. 그동안 그는 그 선교사들처럼 전심(全心)으로 예수님을 따르고 복종하기로 했다.

성탄절이 며칠 지난 후 *카프*가 잠시 집에 들렀다. 사람들은 모두 그를 보고 놀랐다. 입는 옷도 달랐고 말도 다르게 했다. 외국인과 살고 있었던 것이 분명했다. *사맛*은 *카프*가 라오스 정부를 위해 구멍을 파고 있다는 말을 듣고 불편했지만 악령들이 그 일에 대해 그를 처벌하지 않은 것에 놀라면서도 안도했다. *카프*는 잘나가고 있고 건강한 것처럼 보였다. *카프*는 형의 변화에 대해 감명을 받았다. *펭*은 그 주간 몸이 아팠지만 평안과 자신감을 반사하고 있었고 정령들에게 예물을 바치는 것을 거부했다. 심지어 *란지*에 대한 적대감도 없어졌고 화도 내지 않았다. *카프*는 *펭*이 마치 새 사람이 된 것처럼 보였다.

*카프*는 형을 가르쳤다는 외국 여자들에 대한 호기심으로 그들을 만나러 갔다. 선교사들이 복음을 설명할 때 *카프*는 예의 바르게 경청했지만 부(富)와 성공을 얻으려는 야망 때문에 그의 마음에 신앙을 위한 공간은 없었다. 그 다음 주 *카프*는 도시의 일터로 돌아갔다.

성탄절 후 곧 많은 기독 군인들이 다른 곳으로 전속되었기 때문에 몽은 달라지고 있었다. 오직 *캄*과 *펭*만이 매주 선교 센터에 와서 교제를 나누고 성경을 배웠다. 이제 *캄*은 강 건너편에 근무하면서 불교 사찰이 내려다보이는 곳에 살고 있었다. 그는 승려들에게 전도할 기회가 있다는 것과 그곳이 군부대와는 달리 성경을 연구할 수 있는 조용한 분위기라는 것에 감사했다. *캄*은 자기가 전투에 개입하고 싶지 않아서 경찰이 되었는데 이제는 모든 경찰관이 라오스 군대의 일부가 되었다고 선교사들에게 털어놓았다. 비록 자기는 싸움을 좋아하지 않지만 자신의 책임을 충실히 이행할 것이며 자신이 어디에 있든지 그리스도를 위한 모범이 되도록 노력하겠다고 말했다.

어느 날 *캄*이 만면에 미소를 띠고 와서는 소식을 전했다. "군인들이

석 달 동안 급여를 받지 못했다고 불평을 하기에 제가 염려하지 말라고 했지요. 예수님이 내 기도를 들어 주셔서 이번 달에 돈이 올 것을 알았기 때문이었어요. 그런데 급여가 이번 주에 지급되었고 이제 내 친구들은 예수님이 큰 능력을 갖고 계신 것을 압니다."

1월 중순에 펭이 매우 아팠기 때문에 어머니와 누이가 약을 얻으러 선교사들에게 갔다. 숙은 외국인의 접시와 요리 방식에 매료되었다. 숙과 잉은 선교사들에게 몇 마디 *타웨이* 말을 가르쳐주면서 부엌에서 웃고 떠드는 동안 *로즈마리*가 빵 반죽을 하여 부풀리는 것을 지켜보았다.

며칠 후 *안나*와 *로즈마리*는 펭을 위한 약과 새로운 레코드판을 가지고 *반 다*오를 방문했다. 이 복음 레코드판은 오래 전에 만들어져 미국에서 막 도착한 것들이었는데 어떤 것은 *타웨이* 말로, 어떤 것은 아주 가까운 다른 부족의 말로 되어 있어서 *타웨이* 사람들이 이해할 수 있었다. 11월에 *데이빗*이 제작한 테이프들은 레코드판 제작을 위해 캘리포니아로 선적되었다. 펭이 가르쳐 준 지름길로 오니 논집까지는 불과 12킬로미터 밖에 되지 않았다. 그들이 도착하자 사람들이 새로운 레코드판을 듣기 위해 모였다. *사안*도 그들 중에 행복하게 미소 지으며 교제를 고대하고 있었다.

*안나*는 펭과 몇 사람에게 피부병 주사를 놓았다. *사맛*도 아팠지만 어떠한 약도 먹으려 하지 않았다. *로즈마리*는 거지 *나사로*와 부자 이야기를 해 주며, 부자가 죽은 후에도 여전히 자기 형제들을 사랑하여 누군가가 그들에게 가서 회개하도록 말해줄 것을 간청했다고 설명했다. *타웨이* 사람들은 감명을 받았고 조상은 죽은 후에 자손을 해하는 것을 원하지 않아야 한다는 것이 논리적이라는 것에 동의했다.

그러나 예수님을 따르라는 간청을 받았을 때 그들은 두려움으로 머리를 가로저었다. 그 때 군중 속에서 작은 목소리가 들렸다.

"저는 예수님을 따르기를 원해요." 그 말을 한 사람은 다름 아닌 *펭*의 고아 사촌 *데에*였다. *데에*는 여위고 연약해 보이는 14살 소년이었는데 나이보다 훨씬 더 어려 보였다. *로즈마리*와 얘기한 후 *데에*는 예수님을 마음에 모시는 기도를 했다.

"너는 예수님이 네 마음에 들어가셔서 너를 구원하신 것을 믿니?" *로즈마리*가 물었다.

"네!" *데에*가 확신에 차서 대답할 때 *데에*의 여윈 얼굴에 밝은 미소가 빛났다. *사맛*은 그 대화를 듣고 있었지만 아무 말도 하지 않았다.

*숙*이 요리한 밥과 맛있는 *캥*을 먹은 후 선교사들은 잠시 쉬면서 *사맛*과 *숙*과 더 친하게 되었다. 선교사들이 떠날 때 *펭*은 논을 가로질러 배웅을 했다. "마침내 제 가까운 친척 중 한 명이 예수님을 믿었네요! 어쩌면 다음으로 제 아버지가 믿게 될지도 몰라요." *펭*이 기뻐서 소리쳤다. 며칠 후 *펭*이 아버지를 선교부로 데리고 와서 아버지가 마침내 필리핀 의사에게 기침과 가슴통증을 치료받았다고 설명했다.

"의사가 약을 가지고 오는데 이틀이 걸린다며 약을 가지고 오면 아버지께서 바로 받을 수 있게 이 도시에 머물러 계셨으면 하네요. 그런데 잠은 진료소 근처 집에서 잘 수 있지만 식사는 할 수가 없어요. 아버지가 여기에 계시는 동안 당신들과 함께 식사를 할 수 있을까요?" *펭*이 선교사들에게 사정을 설명했다.

"물론이죠! 우리는 언제나 환영이에요." *로즈마리*는 *사맛*과 충분히 이야기를 나눌 수 있는 기회가 온 것을 기뻐하며 말했다. 그 다음 사흘간 로즈마리는 *사맛*이 진료소에서 돌아오면 하루 2번 밥과 함께 맛있는 라오스식 켕을 대접했다. 선교사들이 매일 *사맛*에게 예수님에 대하여 말해 주자 *사맛*은 점점 더 복음에 대해 관심을 보였고 선교사들은 *사맛*이 곧 기독교인이 될 것이라고 확신했다. 그러나 주말에 펭과 데에가 마중 왔을 때까지 *사맛*은 결정을 내리지 못했다.

2월 초 캐시가 사반나케트에서 돌아오고 며칠 후에 선교사들은 다시 반 *다오*를 방문했다. 이때는 이 지역이 평화로웠고 현지 당국이 아주 안전하다고 판단했기 때문에 선교사들은 1박을 할 수 있었다.

이웃 사람이 트럭으로 중간까지 데려다 주었기 때문에 오전 8시가 조금 지나 논집에 도착했다. 그들이 마을을 보고 싶어 해서 펭은 결혼한 누이 노이네 집이 있는 언덕으로 선교사들을 데리고 갔다. 펭은 사촌 데에가 함께 살고 있는 가족에게도 선교사들을 소개했지만 그 마을에서는 아무도 예수에 관하여 듣기를 원하지 않았다.

선교사들은 반 *다오*의 풍경이 아름다운 것에 감명을 받았다. 반 *다오*는 가파른 산에 둘러싸여 있는 큰 바위 정원 같았다. 그 마을에는 평지는 거의 없었고 보도는 디딤돌로 되어 있었다. 바나나 및 종려나무를 비롯한 각종 나무가 높은 층계식 집들을 휘감고 있었다. 그러나 그곳은 행복한 장소가 아니었다. 사람들의 얼굴에는 두려움과 의심이 가득했다. 집 근처에 있는 닭털과 대나무 부적은 어두움의 영들에 대한 충성을 선포하는 것으로서 우울과 슬픔과 억압의 상징처럼 느껴졌다.

일행이 다시 논집으로 돌아오는 동안 펭은 친척들의 압력 때문에 *사맛*이 다시 귀신 숭배로 돌아갔다고 슬프게 말했다.

"그 말을 들으니 유감이군요. 하나님이 당신의 마음이 진리를 추구하도록 예비하지 않으셨더라면 오늘 이곳 사람들 가운데 기독교인은 한 명도 없었을 것 같군요. 사탄은 여기서 큰 권세를 가지고 있는 것처럼 보이네요." *로즈마리*가 진정으로 슬퍼해 주었다.

아직 추수를 마치지 않았기 때문에 펭의 부모는 여전히 논집에 살고 있었다. 그들은 선교사들을 환영했고 그들이 1박을 할 수 있는 것이 기뻤다. 그날 저녁 청년들이 선교사의 말과 복음 레코드판을 듣기 위해 작은 대나무 오두막 안에 모였다. *타웨이* 말로 된 한 레코드판은 이미 많이 낡아 있었다. 라오스어로 녹음된 레코드판을 듣는 것도 모두 좋아하는 것처럼 보였다. 사실 그들은 라오스 가사를 모두 다 이해하지 못하였음에도 한 레코드판에서 3곡을 암송했다. 라오스 민속 곡조에 기독교적인 가사를 붙인 것이라서 청년들은 그 곡들에 매료되었다.

그들은 몇 주간 매일 저녁 해 왔던 것처럼 그 곡들을 열정적으로 반복해서 몇 시간 동안 불렀다. 시간이 늦어 마침내 펭은 선교사들이 잠들 수 있도록 그만하라고 했지만 청년들은 아직 피곤하지 않았다. 청년들은 마지막 1곡을 4절까지 암송하며 불렀다. 마침내 청년들은 작별 인사를 하고 현관 사다리를 내려가서 바깥 어둠 속에서 끼리끼리 모였다. 그들 중 일부는 집에 돌아가지 않고 1시간가량 거기서 계속 노래를 불렀다. 자신들의 종교에는 이와 같은 행복한 노래와 즐거운 오락이 없었기 때문이었다.

피곤한 선교사들은 자정이 가까와 와서 작은 대나무 오두막 돗자리 위에 누워서 잠을 청했지만 그들의 마음은 논을 넘어 온 마을에 울려 퍼지는 복음송을 들으며 하나님께 대한 찬양으로 가득 찼다. 아직 여기는 기독교인이 3명밖에 없지만 하나님은 분명 타웨이 부족 가운데 역사하고 계셨다. 다음 날 아침 펭은 선교사들을 캉 마을로 안내했는데 그곳은 작년에 타웨이 말 레코드판이 만들어진 곳이었다. 사람들은 논에서 일하고 있었다. 언덕에 있는 버려진 옛 학교 건물에서 놀고 있던 몇 명의 아이들 말고는 아무도 이야기를 들으려고 하지 않았다.

그 후 그들은 펭네 밭으로 가서 장애를 가진 반 삼촌을 만났다. 펭은 정령들을 달래는 축제 기간 동안 장애인이 마을에 들어오는 것은 금기라고 설명했다. 반은 자신에게 필요한 모든 것이 있는 밭에서 대부분의 시간을 보냈다. 그는 옛 곳간에서 혼자 살면서 철물 일을 하며 형 *사맛*을 위해 밭을 돌보았다. 반은 방문객들을 맞아 기뻐했고 선교사들은 집으로 돌아가기 전까지 오랜 시간 그와 얘기했다.

펭이 그 다음 일요일 예배를 위해 도시에 왔을 때 로즈마리가 청년 캠프와 성경학교를 도와달라는 요청을 받았으며 그 후에는 안식년을 맞아 미국으로 돌아갈 것이라고 했다.

"*캐시*와 *안나*와 저는 청년 캠프에서 상담을 할 거예요." 로즈마리가 펭에게 말해 주었다. "우리는 여기를 곧 떠날 것이고 돌아오지 않겠지만 누군가가 3월이나 4월에 우리를 대신하여 올 거예요. 선교본부에서 어떤 사람을 보낼지 아직 확실히 모르지만 바라기는 부부가 와서 남자가 당신을 가르치면 좋겠습니다."

그 말을 들은 펭은 풀이 죽어 보였다. 그는 친구들이 떠나는 것이 싫었다. 펭의 부모는 아직 기독교인이 아니지 않는가!

"청년 캠프가 무엇입니까?" 펭이 묻자 로즈마리가 설명을 하려고 하다가 눈을 반짝이며 캐시를 바라보았다. 캐시가 미소를 지었다. 그녀도 같은 생각을 했던 것이다.

"펭도 청년 캠프에 가면 좋겠네요. 분명 지금은 시골에 전투가 많지 않아서 여행 허가증을 받을 수 있을 거예요."

펭은 청년 캠프라는 말을 듣고 흥분했다. 그는 갑자기 라오스에 다른 기독교인이 많이 있다는 생각이 들었다. 이제 그는 그들 중 몇 명을 만나 자신의 삶을 바꾼 그 놀라운 하나님에 대하여 더 배울 것이다. 그 후 집에 돌아가면 아버지도 자기처럼 예수님을 따르는 일에 동참하도록 설득할 수 있을 것이다.

14
청년 캠프

헬기 프로펠러 돌아가는 소리가 점점 더 커졌다. 펭의 좌석이 흔들리더니 갑자기 밖의 나무들이 사라지고 눈 앞에는 푸른 하늘만 펼쳐졌다. 헬기의 열린 문 옆에 군인 한 명이 앉아 기관총으로 땅을 겨눈 채 눈으로는 정글을 훑으며 적들의 징후를 살피고 있었다.

헬기가 방향을 바꾸기 위해 기울자 몽 시가지가 눈앞에 펼쳐졌고 강은 은색 리본처럼 도시를 굽이굽이 돌아 흐르고 있었다.

펭은 좌석 가장자리를 꽉 움켜 쥐었다. 자신을 붙들고 있는 벨트가 고마웠다. 벨트가 없다면 문으로 미끄러져 저 아래 땅으로 떨어졌으리라. 오른편에는 3명의 군인이 *데나* 부족 허리옷을 입고 있는 남자를 감시하고 있었다. 그 남자의 두 손은 뒤로 묶여 있었고 눈에는 두려움이 있었다. 펭은 그가 반군을 위하여 간첩활동을 하거나 돕다가 잡혔을 것이라고 생각했다.

그들이 산악지역에 접근하자 펭은 *타웨이* 마을을 볼 수 있을 것으로 생각했다. 그러나 어디가 자기 마을인지 알 수가 없었다. 집들은 작았고 자신은 아주 높은 곳에 있었기 때문에 알아보기가 어려웠다. 그러니 한 눈에 온 세상을 볼 수 있는 창조주께는 얼마나 작게 보이겠는가!

펭의 마음은 하나님이 찾아오셔서 자신을 만나 주신 것에 대한 감사로 가득했다. 1년 전 자신은 악령을 두려워하며 살았지만 지금은 그런 속박에서 벗어나 예수님을 사랑하는 다른 사람들을 만날 수 있는 청년 캠프로 가고 있는 것이다! 처음에는 여행 허가와 교통수단을 구하기가 어려워 불가능할 것 같았지만 선교사들이 현지 경찰에게서 허가증을 받는 것을 도왔고, 우호적인 *라오스* 장교가 살로네까지 이렇게 무료로 갈 수 있게 해주었다. 봉과 살로네 간의 버스 여행은 전투 때문에 중단된 상태였다.

산악지대 중간에서 헬기는 하강하기 시작했고 큰 평지에 내리자 기다리고 있던 일단의 군인들이 조종석 쪽으로 달려왔다. 여전히 헬기 프로펠러가 시끄럽게 돌고 있었기 때문에 펭은 그들의 말을 들을 수가 없었다. 곧 4명의 군인이 올라타기 시작하자 기관총을 가진 군인이 펭에게 내리라고 손짓했고 그 옆에 앉은 군인이 펭을 밀쳐냈다.

"너는 여기 콩에서 내려야 해. 우리는 더 이상 너를 데리고 갈 좌석이 없어."

펭은 당황하며 작은 짐을 들고 땅에 내려섰다. 헬기는 날아가 버리고 펭은 어디로 가야할지 막막해 하는데 주위에 집이 몇 채 없는 것을 보고 마을은 상당히 떨어져 있을 거라고 생각했다. 펭은 하나님께 인도해 주실 것을 조용히 부탁드리고 평지 끝자락에 보이는 큰 2층 건물로 갔는데 그곳은 잠겨 있었다. 그는 여자 선교사 중 2명이 여기서 사역했다는 것이 갑자기 생각났다. 그런데 그들은 어디에 있는가?

그는 어떤 사람이 길로 나오는 것을 보고도 어디로 가야할지 몰라 여전히 그 건물 앞에 조용히 서 있었다.

"삼바이 바우! 선교사들을 찾고 있습니까?"

"삼바이 데에! 네, 그들이 어디 있습니까?"

"그분들은 몇 주 전에 살로네로 갔습니다. 나는 이 교회 목사 룸입니다. 당신은 기독교인입니까?"

펭은 자신이 누구이며 청년 캠프로 가는 길이라는 것을 설명했다.

곧 그들은 좋은 친구가 되었다. 펭은 가까이에 후아이 마을이 있고 그곳에 소규모 신자 모임이 있다는 것을 알게 되었다.

"와서 제 집에 머무세요." 룸이 펭을 강권했다. "화요일에 우체국 지프를 타고 살로네로 갈 수 있을 겁니다. 거기서부터는 선교사들이 청년 캠프까지 갈 수 있도록 해줄 거예요."

다음 날은 일요일이었다. 어른 10명과 그 자녀들 몇 명이 목사 집에서 드리는 예배에 왔다. 룸은 찬양을 인도하고 성경을 읽은 후 그 구절에 대해 간단히 설명했다. 폐회 때 그는 펭이 몽에서는 세례(침례)를 줄 사람이 없어서 여기서 세례 받기를 요청했다고 광고했다.

"먼저 모든 사람에게 당신이 어떻게 기독교인이 되었는지 이야기하세요." 룸이 펭에게 요청했다.

펭은 사람들이 꽉 찬 방에서 앞으로 나가 목사 옆 돗자리 위에 앉았다. 그는 자신이 착하고 좋은 영이 세상을 만들었음을 확신하고 어떻게 진리를 찾았는지를 말했다. 펭은 존과 도로시를 방문하여 예수님을 자기 마음에 초청한 이야기로 마무리하면서 자신의 아버지를 위해 기도해 달라고 덧붙여 말했다. "하나님은 저에게 은혜를 베푸셨습니다. 하나님이 저를 이곳 콩으로 오게 하셔서 오늘 세례를 받을 수 있어 기쁩니다. 한동안 제 사촌 *데에*는 저를 제외한 유일한 *타웨이* 기독교인이었습니다. 비록 내 친구 *사안*이 한동안 예수님을 따르긴 했지만요. 그런데 이제는 한 사람이 더 있습니다. 토기장이 마을에 살고 있는 제 친척으로 며칠 전에 예수님을 믿은 누엔입니다. 삼촌 *반*이 누엔 가까이 살고 있는데, 그도 믿음에 가깝습니다. 그러나 제 아버지는 정령 술사로서 숲의 정령들을 무서워합니다. 제발 그를 위하여 기도해 주세요."

후아이 신자들은 펭과 그 친척을 위하여 기도한 후, 가까운 거리에 있는 마을 끝 강으로 내려가 목사가 펭에게 세례(침례) 주는 것을 지켜보았다. 룸의 집으로 돌아온 신자들은 모두 성만찬을 하면서 구세주의 죽음을 기념하는 일에 동참했다. 펭은 룸이 나누어 준 크래커와 붉은 쥬스가 예수님의 몸과 흘린 피를 상징하다고 설명할 때 경청했다. 하나님의 가족의 일원이 되는 것은 놀라운 일이었다.

월요일 오후 늦게 지프 한 대가 우편물과 가게 주인들을 위한 물품을 싣고 콩에 도착했고, 다음날 아침 *살로네*로 돌아가는 그 차에는 펭이 동승하고 있었다. 바퀴자국이 난 도로는 산의 좁은 능선을 따라 가다가 차보다 키가 큰 풀들이 있는 곳을 관통하며 지나갔다. 우기에 만들어진 바퀴자국이 너무 깊어 운전수는 대부분 좁은 도로의 가장자리를 달렸기 때문에 지프는 위험스럽게 한쪽으로 기울었다. 마침내 꾸불꾸불한 도로가 산의 서쪽으로 내려가기 시작하더니 마을과 커피 농장을 지나 가파른 고개를 돌아 내려갔다. 지프가 고갯길에서 심하게 속도를 내어 어지러웠다. 그러나 이윽고 도로가 평평해지면서 *살로네*로 접어들었다. *살로네*는 펭이 보았던 도시들보다 훨씬 큰 도시였다.

운전수에게 작별 인사를 하며 차에서 내렸는데 다리가 뻣뻣했다. 5시간이나 차를 타본 일이 처음이었던 것이다. 펭은 자기 주위로 사람들이 떠들며 몰려들자 깜짝 놀라며 건너편에 일렬로 주차된 큰 버스들을 바라보았다. 그는 선교사들이 몽에서 도착했기를 바랐다. 그렇지 않으면 이 도시에 아는 사람이라곤 동생 카프(만약 그가 여전히 있다면)밖에 없는 셈이었다. 하지만 펭은 용감하게 룸이 가르쳐준 방향으로 걷기 시작했다. 도중에 몇 번 길을 물어야 했지만 선교사들의 집에 도착할 수 있었다.

펭은 열광적인 환영을 받았다. 펭의 친구들은 아직 도착하지 않았지만 여기 있는 외국인 교사들은 펭에 대해 아는 것처럼 보였다.

"우리는 근 1년 동안 당신을 위해 기도하고 있습니다." 그들은 기쁜 얼굴로 펭 주위에 몰려들었다. "어떻게 여기까지 왔어요? 하나님이 당신 마을에서 어떻게 역사하고 계신지도 우리에게 말해주세요."

그날 밤 펭은 라오스 기독교인의 집에서 잠을 잤고, 그 다음 며칠 동안 살로네 신자들 중 새로운 친구를 많이 사귀었다. 그들은 미국인의 트럭을 운전하는 동생 카프를 찾도록 도와주었다.

카프는 집 소식을 듣기 원했는데 펭이 예수님에 대하여 이야기를 시작하자 못마땅한 듯 중단시켰다. "나도 예수님에 관해 들었어. 이 외국인들 중 일부는 예수의 이름을 욕으로 사용해. 그들은 그분을 예배하거나 전혀 두려워하지 않는 것 같고 나는 그분에 대해 관심이 없어."

카프는 일정이 바빴고 선교사를 방문할 시간이 없었다. 그는 펭에게 손목시계와 새 옷을 보여주며 용돈도 후하게 주었다. 그는 심지어 형을 데리고 시장에 가서 홍콩에서 수입된 셔츠와 테니스화도 사주었다. 음식 가게들이 오전에 철수하기 때문에 정오 무렵에는 시장 광장(廣場)이 대부분 비어 있었지만 중앙에 있는 몇 가게는 여전히 옷과 가정용품을 찾는 사람들로 붐볐다. 펭은 그렇게 큰 시장 광장은 본 적이 없었다. 펭은 살로네에서 중국인과 베트남 상인들이 그렇게 많이 있고 또 그렇게 잘 살고 있는 것을 보고 놀랐다. 거리의 어떤 가게들은 심지어 접는 문 대신 가게 전면에 유리로 된 진열대도 갖추고 있었다.

교사들이 몽에서 오기를 기다리면서 펭은 며칠 동안 여기저기를 다니며 도시를 탐색했다.

거기 사는 사람들은 이상한 습관이 있었다. 많은 사람들이 저녁 늦도록 자지 않고 심지어 어두워진 후에도 거리를 걸어 다녔다. 차도 가장자리에는 좁은 콘크리트 공간이 있어 온종일 시끄럽게 달리는 차에서 떨어져 사람이 걸을 수 있었다. 어떤 거리는 밤에 가로등이 켜지기도 했고, 심지어 교회에는 조그만 스위치를 켜면 불이 들어오는 전구라는 이상한 물건도 있었다. 그가 머물렀던 가족은 특별히 잘 사는 것 같지는 않는데도 저녁에는 작은 등잔을 몇 시간 동안이나 계속 켜 놓고 있었다. 이것이 처음에는 펭에게 낭비처럼 보였지만 어두워진 후에도 앉아서 이야기하고 함께 성경도 읽을 수 있어서 좋았다.

마침내 캐시와 안나가 도착했다. 병이 나서 늦었다고 했다. 또 그들은 최근에 몽 지역에서 몇 명이 장티푸스로 사망했다고 보고했다.

로즈마리는 청년 캠프를 위한 성경공부 준비 때문에 앞서 출발한 상태였다. 다음 날 헤르만 크리스텐이라는 스위스 선교사가 펭을 자기 트럭으로 사반나케트에 데려가기 위해 왔다. 캐시는 그들과 함께 가기로 했지만 안나는 살로네에서 며칠 더 해야 할 일들이 있었다. "다음 주 캠프에서 만나요." *안나*는 선교사들과 함께 트럭에 올라타는 *펭*에게 작별 인사를 했다.

울퉁불퉁한 도로를 따라 지루하게 4시간을 여행하는 동안 *펭*은 많이 졸았다. 그는 흥분 되었지만 그렇게 오랜 시간 동안 차를 타는 것에 익숙하지 않았기 때문에 잠이 왔다. 잠에서 깨어나자 두려움이 밀려왔다. 집에서 멀리 떠나 있는데 매순간 더 멀어지고 있는 것이다. 성경캠프는 재미있을까? *라오스* 청년들은 자신에게 우호적일까?

마침내 *사반나케트*에 도착했다. 이 도시는 *살로네*와 비슷했다. *헤르만*은 그늘진 거리를 돌아서 복음선교회 앞마당에 차를 세웠다. 큰키의 홀쭉한 백인이 그들을 맞이하러 달려 나왔다.

"틀림없이 당신이 *펭*이지요! 삼바이 바우!" 그는 손바닥을 합장(合掌)하더니 제대로 된 *라오스* 방식으로 머리를 공손하게 숙이고 나서, *캐시*와 *헤르만*과 영어로 열심히 얘기를 주고받았다. *캐시*가 흥분한 그 사람을 겨우 진정시키더니 *펭*에게 정식으로 소개해 주었다.

"*펭*, 여기는 내 약혼자 *론*이에요. 우리는 금년 말에 결혼할 거랍니다." *론*의 머리와 피부는 *캐시*보다 더 아름다웠다. *펭*은 피부 색깔이 달라도 *론*이 금세 좋아졌다. 그들은 그날 많은 시간을 함께 보냈고, *론*은 *펭*을 많은 현지 기독교인에게 소개했는데 많은 이들이 도시의 가장자리에 있는 한 마을에 살고 있었다. 그 중 우호적인 한 가족이 성경캠프가 시작되기까지 함께 지내자며 *펭*을 초청했다. 그 집 장남 *케*도 캠프에 참석할 것이어서 두 청년은 곧 목욕을 하러 강으로 달려갔고 형제처럼 함께 수영을 하며 놀았다.

일요일 아침 *펭*은 좁은 예배당에 약 50명이 모인 것을 보고 놀랐다. 마르고 머리카락이 회색인 농부가 예배를 인도하는데 잃은 양을 찾는 선한 목자 예수님에 대해 설교했다. 그분은 이 회중의 수석 장로였다.

화요일 이른 아침 펭은 새 친구 케에와 함께 어깨에 침구를 메고 도시로 출발했다. 이미 청년들이 캠프장으로 가려고 선교회 구내에 집결해 있었다. 10시에 론은 캐시와 로즈마리, 일단의 라오스 소녀들을 선교회 소유 랜드로버에 태우고 떠났고, 몇 분 후 펭과 8명의 청년도 아르만드 하이니거라는 또 다른 스위스 선교사가 운전하는 픽업트럭의 뒤 칸에 타고 출발했다. 가는 길에 작은 마을 두 곳에 들러 트럭 뒤 칸이 꽉 찰 때까지 청년들을 더 태웠다.

모든 사람이 가벼운 담요 안에 여분의 옷과 함께 작은 침구를 가져왔다. 펭의 담요에는 귀중한 라오스어 성경과 한 번 갈아입을 수 있는 옷, 그리고 고무 가죽 끈뿐이었다. 그러나 카프가 살로네에서 사준 새로운 셔츠를 입고 신발을 신고 있었기 때문에 옷을 잘 입고 있다는 느낌이 들었다. 마침내 트럭이 강 가장자리에 멈추었다. 모두들 거기서 위로 올라가 상류로 타고 갈 배를 찾아보았다.

하이니거씨가 광고를 했다. "소녀들이 모터보트와 카누를 타고 마을로 올라갔는데, 그 배들이 돌아오려면 몇 시간이 걸릴 것입니다. 그래서 우리는 걸어가야 합니다. 침구는 여기 두고 출발해도 됩니다. 배들이 와서 마지막으로 오는 사람들과 함께 침구를 가져올 것입니다."

다음 두 시간 동안 펭은 새 신발 대신 오래된 고무 샌들을 신었더라면 좋았을 것이라고 생각했다. 최근 발에 피부병을 앓았기 때문에 새 신발이 고통스러웠다. 숲을 관통하는 길은 대부분 거칠고 먼지가 많았다. 그리고 지난번 내린 비와 짙은 그늘 때문에 마르지 않은 진창길을 여러 번 지나야했다. 그러나 펭은 도시의 포장도로와 소음에서 벗어나 다시 숲에 있는 것이 좋았다. 그는 케에와 다른 라오스 소년들이 길을 따라 있는 다양한 나무들과 관목들의 이름 대기를 하는 동안 관심을 가지고 들었는데 많은 나무가 자신이 사는 곳에도 있는 종류였다. 몇몇 소년들은 자기들이 본 잎사귀와 열매의 실제적인 용도에 대한 열띤 토론을 시작했다. 갑자기 폭우가 내려 펭과 새 친구들은 나무 밑으로 재빨리 들어갔지만 곧 물이 넘쳐 그 길은 진흙탕이 되어 버렸다. 한참이 지난 후에야 비가 멈추고 해가 나왔다. 그들은 나무 사이로 난 좁은 길을 바삐 내려가며 합창곡과 찬송가를 불렀다. 펭은 최선을 다해 동참했고 마음은 예수님을 믿는 다른 이들과의 행복한 교제로 따뜻해졌다.

마침내 그들은 숲을 벗어나 코네 마을로 가는 넓은 비포장도로 위로 나왔다. 펭은 넓게 울타리가 쳐진 마당이 있는 몇 개의 대형 목조 주택을 보고 놀랐다. 이곳은 잘 사는 마을처럼 보였다. 안나와 로즈마리가 멀리 서서 자기에게 손을 흔들고 있어서 펭은 소리 내어 인사했다.

"저기 있는 건물은 소녀 기숙사야. 우리들은 예배당 가까이 있는 집에서 잘 거야." 케에가 펭에게 말해 주었다. 그들은 숙소에 도착하자마자 강에 수영하러 뛰쳐나갔다. 펭은 새 친구들에게 물을 끼얹으며 강 중간에 걸려 있는 통나무까지 헤엄을 치면서 즐겁게 시간을 보냈다. 마지막 그룹은 해질 무렵 도착했다. 모두 피곤해서 그날 밤은 일찍 잠자리에 들었다. 펭과 사반나케트에서 온 소년들은 예배당 가까운 빈 집에서 잤고, 다른 마을에서 온 이들은 가까운 기독교인의 집에

머물렀다. 날씨가 너무 더워 담요가 전혀 필요하지 않았다. 그 집에
한 때 개가 살았는지 아침에 일어나니 온 몸에 벼룩 물린 자국 투성
이었다.

그 주간은 재미있는 활동들을 하며 빨리도 지나갔다. 펭은 특히 오
전의 소규모 성경공부반과 저녁의 집회가 좋았다. 그는 매일 주어진
성경 구절들을 암송하려고 열심히 노력했지만 공부시간 동안 이야기
만 할 뿐 배우려는 노력을 전혀 하지 않는 소년들도 있었다. 그들은
밤에 방에서도 한 번도 성경을 읽지 않았고 오직 재미있게 노는 데만
관심이 있는 것처럼 보였다. 펭은 그러한 태도를 이해할 수 없었는데,
다네라고 하는 친구가 자기 이야기를 해 주었다. 그들은 거의 모두가
어려서부터 교회에 다녔기 때문에 때로는 성경 공부가 싫증이 난다는
것이었다. 다네의 아버지는 코네 교회의 목사였다. 펭은 충격을 받았
지만 자신이 얼마나 진지하게 진리를 탐색했는가를 기억하며 공손하
게 조용함을 유지했다. 그는 그것을 결코 당연시 하지 않았고, 또 아
직 구세주에 대해 듣지 못한 사람이 많은 것을 잊지 않기를 바랐다.

코네라는 큰 마을 사람들은 거의 모두가 신자라는 이야기를 듣고 놀
랐다. 후에 아르만드는 그에게 1902년에 스위스에서 온 최초의 선교
사들이 이곳에 정착했다고 말해 주었다. 많은 어려움에도 불구하고
그들은 마침내 성경을 라오스 말로 번역했다. 선교 초기에는 한 가족
전체가 콜레라로 죽는 일도 있었는데, 펭은 그들의 묘비를 강 가에서
볼 수 있었다. 펭은 선교사들이 그렇게 오랜 동안 라오스에 있었다는
것에 놀랐다. 그는 만약 그들이 자기 부족에 몇 년 전에만 와서 전도를
했더라면 어쩌면 자기 부모도 이미 기독교인이 되었을 것이라고 생각

했다. 거의 매일 저녁 참가자들은 밥과 함께 황소개구리 스튜를 먹었다. 펭은 코네 기독교인은 대부분 다소 가난하다고 들었다. 그들은 열심히 식사를 준비했지만, 돼지고기나 닭고기만으로는 1주간 80명이나 되는 청년들이 먹기에 충분하지 않았다. 그런데 금년에는 많은 개구리를 강에서 잡을 수 있었다. 청년들은 단순한 식사에 대해 불평했지만 펭은 맛있다고 생각했다.

선교사들은 매일 저녁 청년들과 함께 식사를 했다. 그들은 음식을 즐기는 것처럼 보였고 적어도 개구리를 먹는 것에 대해 서 불평하지 않았다. 어느 날 저녁 참가자들은 켕 안에 개구리 대신 개미 알이 있는 것을 보고 즐거워했다. 이것은 분명 환영할만한 변화라고 펭은 생각했다. 그는 론이 음식을 맛보기 전에 머뭇거리며 동료 선교사들에게 의심스러운 눈빛을 보내는 것을 보며 미소지었다. 분명 미국인들은 보통 개미 알을 먹지 않는다! 그러나 론은 그 맛을 좋아하게 된 것 같았다. 왜냐하면 그가 곧 다른 참가자들처럼 게걸스럽게 먹고 있었기 때문이었다.

라오스 사람들은 펭에게 익숙한 쌀밥과는 상당히 다른 밥을 먹었다. 증기로 찐 찰기가 있는 쌀밥이었고 숟가락을 사용하지 않았다. 펭은 곧 다른 사람들처럼 손가락으로 먹는 것에 숙달되었다. 그는 손바닥 위에서 찰기가 있는 밥 약간을 둥글게 말아 켕이 든 작은 대접에 담가 먹었다. 어려운 부분은 밥과 함께 한 조각의 고기나 야채를 건져 올려, 젖은 공 모양의 밥이 무릎 위에서 부서지기 전에 입안에 넣는 것이었다. 신참 선교사 중 일부가 먹는데 어려움을 겪어서 많이 웃고 놀리기도 했지만 대부분은 이미 그 기술을 습득하고 있었다.

캠프에는 소년보다 소녀가 더 많았다. "우리 나이 또래의 소년들은 대부분 군대에 있어. 물론 일부는 상급 학교로 갔지만 대부분 6학년 이상 진학하지 않아. 아무튼 그럴 능력이 없어." 케에가 설명해 주었다.

펭은 다른 참가자들보다 몇 살 더 먹었고, 오직 다른 세 명의 소년만이 자기처럼 시골출신이었지만 일부 소녀를 제외하고는 모두 자기에게 우호적이었다. 몇몇 소녀는 길에서 마주치면 고개를 끄덕이며 수줍게 미소 지었지만, 일단의 소녀들은 마치 펭이 보이지 않는 것처럼 행동했다. 집회를 할 동안 소년 소녀들은 예배당의 서로 반대편에 앉았고 식사도 따로 했음에도 불구하고 소녀들은 라오스 소년들과 이야기를 할 핑계들을 찾아냈다. 일부 소녀들은 현대 태국 패션으로 머리를 자르고 있었는데, 그들은 언제나 머리를 빗질하거나 꾸미고 있었기에 분명 성경공부보다는 외모에 더 관심이 많은 것 같았다. 펭은 그런 소녀를 아내로 맞지는 않을 생각이었다.

"여자 친구 있니?" 어느 날 케에가 펭에게 물었다.

"아니, 이 라오스 소녀 중에서는 아무도 나에게 관심이 없을 거야. 그리고 우리 마을에는 아직도 기독교인 소녀가 없어. 그래서 나는 곧 결혼할 것 같지는 않아." 펭이 설명해 주었다.

케에는 놀란 듯 보였다. "하지만 네 또래 친구들은 이미 결혼했지 않아? 나는 그렇게 특별하지 않아. 나는 나를 좋아하는 예쁜 소녀를 원해. 그녀가 예수님을 믿으면 좋겠지만."

"헤르만 선교사님이 불신자와 결혼하는 것이 위험하다고 가르쳐 주었던 것을 기억해." 펭이 케에에게 경고했다. 그들은 방금 그 주제에 대해 성경공부를 했는데 케에는 주의를 많이 기울인 것 같지 않았다.

펭은 여자에 대한 쓴 뿌리가 기독교인이 된 후 곧 사라졌지만 여전히 결혼에는 그다지 관심이 없었다. 변덕이 심한 소녀들과 관계를 갖지 않아도 인생은 충분히 복잡한 것같았다. 그리고 보통 라오스 소녀들은 부족 남자와는 결혼하지 않기 때문에, 같은 부족 내에 더 많은 기독교인이 생길 때까지 기다리지 않으면 안 되었다.

펭은 한동안 아무 책임이 없는 것이 좋았다. 다시 소년이 되는 것이 그저 즐거웠던 것이다. 처음 며칠 동안 다른 사람들이 노는 것을 지켜보다가 피구 팀에 들어가 재미있게 놀았다. 어린 소년 이후로 그렇게 많이 웃어본 적이 없었다. 선교사들이 배구를 하는 것을 가끔 지켜보았지만, 이 게임은 배우고 싶지 않았다. 케에와 일부 다른 라오스 소년들은 배구를 했지만 소녀들에게는 너무 거친 게임이었다.

하루는 보니 로즈마리와 안나가 배구를 하고 있었다. 남자처럼 잘하지는 못했지만 네트 너머로 여러 번 공을 때렸다. 마침내 안나가 게임을 그만두고 빠져 나와 흐르는 땀을 식혔다. "펭, 즐거운 시간을 보내고 있어요?" 안나가 풀 밭 위 펭 옆에 앉으며 물었다.

"예. 게임은 잘 못하지만 성경공부가 재미있고 새 친구를 많이 사귀었어요."

날씨가 무척 더웠고 오후에 공놀이를 한 후라 모두들 강에서 물놀이를 하고 싶어 했다. 소녀들은 저녁 준비를 도와야 했기 때문에 보통 강으로 먼저 갔고, 소년들은 좀 더 공을 가지고 놀다가 수영하러 가곤 했다. 펭은 여러 번 물지게를 지고 물을 강에서 캠프장으로 날랐다. 어떤 소년들은 집에서는 물 긷는 일을 소녀들이 하기 때문에 식수와 세면용 물을 나를 차례가 되면 불평했지만 소녀들도 차례가 되면 물을 강에서 캠프장으로 나르고 있었다.

저녁 먹기 직전 선교사들은 옥외에 모인 사람들 앞에서 성경이야기를 무언극으로 보여주었다. 그러면서 그것이 어떤 이야기인지 알아맞혀보라고 했다. 아르만드 선교사가 선교사 두 명이 탄 소달구지를 끌고 왔는데 안에 탄 사람 중 한 명은 성경을 읽고 있었고, 다른 한 명은 우산을 펼쳐 들고 있었다. 또 다른 선교사가 달려와서 그 달구지를 세우더니 그 위에 올라갔다. 마침내 어떤 사람이 그 이야기가 사도행전 8장에 나오는 빌립 이야기임을 맞추었다. 나중에는 참가자들도 몇 개의 이야기를 연극으로 만들어 공연했다. 펭은 면밀하게 그 장면들을 지켜보면서 밤에 자기 성경으로 그 이야기들을 읽어 보았다. 펭은 새로운 것을 많이 발견하고 있었고, 빨리 집에 가서 마을 친구들에게 이야기해주고 싶었다. 하나님의 말씀에 나오는 사람들이 펭에게는 아주 실감 있게 느껴졌다.

청년 몇 명이 그 주에 회심했다. 기독교 가정 출신도 있었지만 그 전에 개인적으로 예수님을 구세주로 영접한 적이 없었다고 인정했다.

일요일 저녁 폐회 예배가 건물 사이의 풀밭에서 개최되었다. 청년들이 원으로 둘러앉았다. 헤르만 선교사가 한 가운데 서서 그 주에 하나님께서 자신의 삶에 행하신 일을 말하라고 사람들을 독려했다. 처음에는 아무런 반응이 없었지만 곧 펭의 친구 캐시가 예수님이 자신에게 어떤 분이 되셨는지 말하기 시작했고, 그 후 안나가 어떻게 스위스에서 기독교인이 되었는가를 말했다.

15

논에서의 체험

청년 캠프 후 몇 주가 지나고 펭이 논집에서 축음기에 기독교 음악을 틀어 놓고 있는데, 바깥에서 뛰어오는 발걸음 소리와 흥분된 목소리가 들려 왔다. 벌떡 일어나 현관으로 나가니 2명의 백인이 저멀리서 달려오고 있었다.

"존! 당신이 돌아왔군요! 하나님을 찬양합니다!" 펭이 흥분해서 소리쳤다. 존도 똑같이 흥분했다. "다시 만나서 정말 반가워요. 펭! 론에게 당신 마을로 가는 길을 보여주려고 왔어요. 나는 산 위에 있는 마을에서 사역하도록 되었고, 이제 론이 몽에서 살 거예요. 선교 지도부가 그렇게 결정했답니다."

"놀라운 소식입니다! 잠시 안으로 들어와 쉬세요." 펭이 두 사람을 안으로 안내했다. 펭은 청년 캠프에서 캐시의 약혼자인 론과 친해졌지만 존과 도로시가 가까이에 살지 않게 된 것은 유감스러운 일이었다.

"사모님은 어떠세요? 건강하세요?" 펭이 걱정스럽게 물었다.

"예, 좋아요. 아들도 낳았어요!" 존의 얼굴이 빛났다. "미국에 가서 가족과 친구들을 만나 좋았지만 우리는 항상 당신을 생각하고 있었고 늘 만나는 사람에게 매일 당신을 위해 기도해달라고 부탁했지요."

펭은 자기가 한 번도 만난 적이 없는 많은 사람들이 자기를 위하여 기도하고 있다는 생각에 감격했다. "가끔은 매우 외롭고 어려웠어요. 그런데 정말로 하나님이 저를 도우셨습니다. 이제는 데에와 누엔도 예수님을 따르고 있습니다."

한참 동안 함께 이야기하면서 존은 펭이 여자 선교사들과 청년 캠프를 통해서 많은 것을 배운 것을 알 수 있었다. 펭은 성경에 대해서 놀랄 만큼 깊이 이해하고 있었다. 라오스 성경을 읽을 수 있었을 뿐만 아니라 예수를 통한 구원의 길을 아주 분명히 설명할 수 있었다.

그러나 펭은 자신이 가끔 하나님을 실망시켰다고 했다. 펭은 존에게 자신이 아버지의 곳간에서 공격하는 악령을 내쫓지 못한 것이 특히 고통스러웠다고 했다. 마을 술사들이 최근 마을에 닥친 질병의 원인이 그 정령이라고 점술로 알아냈음에도 불구하고 술사들도 그 정령을 달래거나 제거할 수 없었다.

"저를 위해 당신이 그 악령을 내쫓아 줄 수 있습니까?" 펭이 존에게 물었다. 이 유별난 요청에 어찌할 바를 모르고 있던 존은 잠시 후 침을 꿀꺽 삼키고 나서 대답했다. "예, 할 수 있을 거라 생각합니다."

그는 한 번도 악령을 어떻게 다루는지 배우지 못했기 때문에 악령과의 대면에 약간 두려움을 느꼈다. 셋은 함께 논으로 나가 곳간 주위를 걸으며 그동안 있었던 일을 들었다. 그런 후 존은 펭과 론과 함께 단순히 머리를 숙이고 곳간 앞에서 예수의 이름으로 악령이 그 곳을 떠날 것과 더 이상 문제를 일으키지 말 것을 명령하는 기도를 했다. 존은 펭이 나중에 그 특정한 악령의 소리를 다시는 듣지 못했다는 말을 했을 때에야 그 단순한 믿음의 기도가 얼마나 강력했는지 알았다. 마을 사람들은 이 일에 대해 감사했지만 그 후 정령 술사들은 그 악령을 접촉할 수 없게 되자, 또 그것을 빌미삼아 기독교인들을 핍박하였다.

펭은 곳간에서 돌아와 존과 론에게 몇 가지 질문도 하고 상담도 하였다. 가장 큰 관심은 부모님에 대한 것이었다.

"왜 그 분들은 아직 예수님을 받아들이지 않는 걸까요? 부모님은 하나님의 능력이 나를 악령의 분노에서 안전하게 지키고 계신 것을 계속 보고 있습니다. 부모님이 예수님을 믿기까지 얼마나 걸릴까요?"

존과 론은 펭을 격려하려고 최선을 다했다. 사탄이 자기 영토에 더 이상의 진입로가 만들어지게 하지 않으려고 열심히 싸울 것이라고 생각한 그들은 하나님께서 능력으로 사맛과 숙을 이끌어 주시도록 함께 간절히 기도했다.

어느 날 *사맛*이 경작을 시작하기 전에 전통적인 피의 제물을 바쳐서 논의 정령을 달랠 때가 되었다고 광고했다. 펭은 이것에 대해 많이 생각하고 확고하게 말했다. "저는 금년에 농사를 도울 수 없어요, 아버지. 아버지는 모든 공로를 악령에게 돌리지만 제가 알기로는 예수님이 작년에 우리에게 풍작을 주셨습니다."

*사맛*은 이마를 찌푸리며 어찌할 바를 몰랐다. 이렇게 완고하게 된 아들을 어떻게 다루어야 한다는 말인가? 가족은 마음을 합하는 것이 마땅하다. 만약 각자가 다 자기 생각을 따르면 *타웨이*의 삶의 방식은 분명 산산조각 나 버릴 것이다. 자신의 조상과 조상의 가르침을 잊은 사람은 누구나 곧 자신의 정체성을 잃어버리고 단지 육체적 만족만을 위해 사는 불안한 대중에 함몰되어 버릴 것이 틀림 없었다. 분명 자기

아들은 그렇게까지 멀리 가지는 않을 것이다. 비록 펭이 이상하게 생각하는 점이 많고 외국인의 종교를 믿고 있음에도 불구하고 알 수 없는 평온과 기쁨이 그에게서 발산되어 나왔다. 펭이 자신들의 방식을 거부했는데도 정령들이 그를 해칠 수 없었다는 것이 놀라웠다. 예수는 정말 숲의 정령들보다 능력이 많은 것인가? *사맛*은 그 답을 찾아낼 방법이 있다고 생각했다. 이제 펭은 25살이다. 아직 결혼은 안 했지만 보다 많은 책임을 떠맡을 나이인 것이다.

마침내 *사맛*이 입을 열었다. "좋다, 아들아, 너에게 논 5마지기를 네 방식대로 경작하도록 내어 주마. 나는 네가 논의 정령들에게 적당한 예물을 드리지 않는다면 너의 벼가 잘 자라리라고 생각하지 않는다."

그 말은 들은 펭의 눈은 기쁨으로 활짝 열렸다. "아버지 감사합니다! 예수님이 제게 풍작을 주실 거예요. 모든 생명은 그분에게서 오니까요." 펭은 크게 흥분하며 다음날 자신의 논을 조사했다. 이제 그는 아무도 무시할 수 없는 가시적인 방법으로 하나님의 능력을 보여줄 수 있었다! 그는 론이 다녀간 다음 주 수로를 수리하느라 바빴다. 펭은 그에게 기쁜 소식을 말했다. "저는 이 논을 예수님께 바치고 싶습니다. 그분이 제가 여기서 경작하는 벼에게 복을 주시도록 요청하는 의식을 거행할 수 있을까요?"

론은 재빨리 한 가지를 생각해 내었다. "이 논의 가장자리를 돌면서 하나님을 찬양하고 주님의 돌보심에 맡기는 기도를 합시다."

이웃 사람들은 그날 오후 펭과 키가 큰 금발 남자가 논에서 찬양을 하고 있는 것을 들으며 어리둥절했다. 이웃 사람들은 그들이 펭의 논을 하나씩 돌다가 멈추어 머리를 숙이고 창조주 하나님께 기도하는 것을 지켜보았다. 펭의 친구들은 그가 악령들에게 피의 제물을 바치지 않는 것을 보자 재앙을 당할 것이라고 확신했다.

　그 주 후반 정령 술사들은 볍씨를 뿌리기에 가장 상서로운 때를 정하기 위한 자신들의 의식을 거행했다. 3일 동안 *칼라암 반*('금지된 마을'이라는 뜻으로 악령들을 화나게 하지 않도록 모든 외부인의 출입을 금지하는 때)이 거행되었다. 정령들에게 문의하는 동안에는 아무도 마을에 출입할 수 없었고, 큰 소리와 음주가 밤낮으로 이어졌다.

　펭은 부모와 잉이 *칼라암 반*에 올라간 동안 논집에 머물렀다. 14살 난 *데*가 함께 머물렀지만, *사안*은 다시 아내와 친척들의 압력에 굴복했다. *사안*은 여전히 예수님을 믿는다고 주장했지만, 의식과 축제에 동참했다. 심지어 누엔도 축제에 갔는데 후에 펭에게 잘못했다고 말했다. 그로서는 옛 관습들을 끊어버리는 것이 어려웠던 것이다. *칼라암 반*이 끝나자 사람들은 논으로 내려왔다. 이웃들이 벼를 수호하기 위해 땅에 닭의 피를 뿌리며 대나무와 닭털을 묶는 것을 펭과 *데*에는 작은 논집 문에서 지켜보고 있었다. 펭은 *타웨이* 사람이 모두 악령에 예속되어 사는 것이 마음 아팠다. 그가 이웃들에게 구원은 오직 예수 그리스도의 피를 통해서만 온다고 여러 번 말했지만 듣기를 거부했다. 그는 그날 밤 어두움의 장막이 곧 그들 마음에서 벗겨지기를 기도하며 깨어 있었다.

　수차례 폭우가 내려 땅을 흠뻑 적시자 펭은 호미를 날카롭게 하여 땅을 갈았다. 아버지의 물소를 한 마리 사용할 수 있었지만 펭은 요청하지 않기로 했다. 그는 호미질에 능숙했고 일하는 동안 시간이 빨리 지나갔다. 그 주 후반 다시 비가 논에 가득차자 수로에서 마개를 제거해서 물이 밖으로 흐르게 했다. 통 속에서 물을 먹은 볍씨를 꺼내서 논에 뿌렸다. 며칠 후 싹이 나왔을 때 수로를 다시 막고 빗물을 논에 채웠다. 펭은 모가 약 20cm 정도 되었을 때 뽑아 진흙과 오물을 털어 버리기 위해 자신의 맨발에 젖은 뿌리들을 내리쳤다. 이것들을 단으로 모아서 뿌리 주위에 끈을 단단히 둘러싼 후 어깨에 메는 막대기 양쪽 끝에 달았다. 그는 단들을 다른 논으로 옮겨 모가 자랄 수 있는 공간이 있도록 약 25cm 간격으로 하나씩 깊은 진흙 속에 조심스럽게 심었다. 진흙 논에서 일하는 동안 펭은 흑백 격자무늬 치마를 허리에 두르고, 두 다리 사이에 끼어 등으로 접어 올린 치마를 입고 있었기 때문에 마치 반바지를 입고 있는 것 같았다. 이 옷은 행동하기가 자유로웠고 세탁하고 말리는 것이 긴 바지보다 쉬웠다. 논의 더위와 고된 일은 펭에게 큰 문제가 아니었다. 그는 어릴 때부터 그 일을 했기 때문에 오히려 힘든 육체노동이 좋았다. 가끔 순한 비가 내려 공기를 시원하게 했지만 태양이 다시 나오면 날씨는 그 전보다 더 후덥지근했다. 모내기를 신속히 해야 했기 때문에 폭우가 올 때도 아무도 일을 중단하지 않았다.

펭이 등을 펴기 위해 잠시 쉬는 사이 어머니와 누이가 가까운 논에서 아버지를 돕는 것을 볼 수 있었다. 그들은 땀이 눈에 들어가는 것을 막으려고 머리에 헌 수건을 쓰고 있었다. 아버지는 자기처럼 터번을 머리에 쓰고 있었다. 보이는 논마다 여자와 아이들이 남자들 옆에서 일하고 있었다. 펭은 어머니와 누이가 왜 자신을 돕지 않는지 알고 있었다. 정령들이 보호하지 않는 논에서 일하는 것이 두려웠기 때문이었다. 그러나 펭은 자기 논을 혼자 돌보는 것에 만족했다. 그는 마을 사람들이 결코 발뺌하지 못하도록 예수님의 능력을 보여주려는 마음이었다. 숙과 잉은 *사맛*의 모내기를 도우면서 펭이 이상해졌다고 서로 이야기했다. "펭은 곧 후회할 거다. 논의 정령이 벼가 자라도록 해주지 않을 거야." 숙은 단정적으로 이야기했다. "저는 정령들이 너무 화가 나서 오빠를 해치지 않았으면 좋겠어요." 잉은 오빠가 걱정이 되었다. 그녀는 오빠가 매우 위험한 일을 하고 있다고 생각했다.

그러나 펭의 벼는 다른 사람들의 벼처럼 잘 자랐다. 그는 게와 다른 동물이 들어오지 못하도록 논을 조심스럽게 지켰다. 본격적인 우기가 닥쳤을 때, 매일 시간을 많이 들여서 물에 잠긴 수로들을 점검하고 강화했다. 그러던 중, 몇 주 동안 비가 오지 않자 벼 줄기는 해 아래서 타들어 가기 시작했다. 사람들은 비의 징조를 애타게 바라며 하늘을 쳐다보았다. 그들은 강에서 논으로 물을 돌렸지만 이것은 일시적인 해결책일 뿐이라는 것을 알고 있었다. 만약 가뭄이 계속되면 강의 수위가 낮아질 것이고 마침내 너무 낮아져서 별로 도움이 되지 않을 날이 올 것이다.

펭은 하나님께서 자신이 돌보고 있는 논들을 잊지 아니하실 것이라고 확신하며 평정을 유지했다. 그는 물통으로 논에 물을 나르며 계속적으로 하나님의 보호하심을 주장했다. 이상하게도 다른 논들의 벼는 갈색으로 변하기 시작하는데 펭의 벼는 그대로 녹색이었다.

많은 집에서 불평이 터져 나왔고, 헹은 이웃 사람들을 선동하고 다녔다. "정령들은 펭이 외국의 신을 섬기도록 허용했다고 우리에게 벌을 주고 있어요. 정령의 화를 달래기 위해 억지로라도 펭이 예물을 바치게 하지 않으면 안 됩니다." *사맛*은 초청하지 않은 채, 마을 사람들은 이장 및 다른 정령 술사들과 그 상황을 논의한 결과, 다음날 오전에 펭을 만나기로 결정했다. 그러나 그 날 밤 비가 내렸다. 그것도 엄청난 폭우가 내리는 바람에 많은 수로와 벼가 비에 떠내려가고 말았다. 사람들은 그 다음 날 피해를 입은 곳을 수리했는데, 펭의 논은 피해를 당한 곳이 전혀 없었다. 왜 악령들은 펭 대신 자기들을 처벌했을까? 아니면 진짜로 펭의 하나님이 이 재앙을 보내셨단 말인가? 그들은 펭에게 아무 말도 하지 않고 다만 면밀히 지켜보기로 했다. 어쩌면 펭이 자기들의 논에 저주했을 수도 있었다.

우기가 절정에 달하자 도로는 가끔 통행불능이 되었다. 아무튼 펭은 논 일이 바빠 몽에 정기적으로 가는 것이 어려웠다. 그래서 펭은 론에게 자기와 몇 주간을 함께 있어달라고 초청했다. 론은 기꺼이 그 초청을 수락했고, *타웨이* 관습을 관찰할 수도 있고 그들의 언어를 배울 수도 있는 논집 생활을 매우 흥미 있어 했다. 론은 논에서 펭을 돕는 것도 즐거웠고, 펭과 서로 아주 가까운 친구가 되어 때로는 함께 일하는 동안 노래도 불렀다. 론은 반석과 종려나무 사이에 흩어져 있는 높은 목조 주택과 산자락이 있는 마을에 매료되었다. 그는 신선한 샘물을 아래로 운반해 주는 *타웨이* 대나무 관로(管路) 체계에 감탄했다. 그러나 사람들이 자기에게 거의 말을 걸지 않았기 때문에 반 *다오*로 자주 가지는 않았다. 그러나 논에서 사람들을 만나면 대개 자유롭게 말하며 비록 복음에 관심을 가진 사람은 별로 없었지만 가끔은 자기들의 논집으로 초대하기도 했다.

펭은 가끔 누엔과 반이 살고 있는 토기장이 마을로 론을 데리고 갔다. *타웨이* 가정에서 사용되는 토기를 만드는 사람들은 강 가까운 곳에 있는 별도의 마을에서 살게 되어 있었다. 자녀를 출산한 산모는 3개월 동안 마을을 떠나지 못했지만 토기장이 마을에서는 그렇지 않았기 때문에 가끔 여인들은 자녀를 낳으려고 토기장이 마을로 가는 경우도 있었다. 펭의 삼촌 *반*은 불구임에도 불구하고 원하는 대로 출입하도록 허락을 받았기 때문에 거기 사는 것을 좋아했다.

토기장이의 도요(陶窯)는 땅 속 깊이 지어졌고, 정상적으로는 거기서 일하지 않는 사람들에게는 금기로 되어 있었지만 누엔은 기독교인이 된 후로는 이것이 문제되지 않는다고 생각했다. 그래서 어느 날 론이 도요 안으로 깊이 내려가 둘러보는 것을 허락했다.

어느 저녁 *사맛*이 저녁거리로 코브라를 잡아왔다. 숲 속에서 코브라를 발견했지만 마침 총이나 활을 갖고 있지 않았던 *사맛*은 큰 막대로 코브라를 잡았던 것이다. 펭이 맛있을 거라고 하자 론은 용감하게 숙이 요리한 코브라 고기를 맛보았다. 론은 닭이나 생선이 더 맛있긴 하지만 그다지 나쁘지는 않다고 생각했다. *사맛* 자신은 뱀 고기를 먹지 않았다. 정령 술사로 섬기겠다는 서원 때문에 *사맛*은 돼지고기도 먹지 못했다. 가끔 고기 대신에 삶거나 후라이한 계란을 밥과 함께 먹었다. 가끔 펭은 낮에 활을 쏘아 닭을 잡았지만 보통은 저녁에 닭이 집 밑에 홰를 치러 오면 다음 날 잡아 요리하려고 통 속에 넣어 두곤 했다. 그러면 어머니는 닭고기를 작게 썰어 양파와 채소를 넣고 찜을 만들었다. 어떤 날은 원숭이 고기, 달팽이, 우기 동안 연못에서 잡은 게, 생선을 먹었다. 무슨 생선이든지 호박, 죽순, 레몬을 넣으면 맛과 향기를 더해 주었다. 아침으로는 통상 단순히 밥, 소금, 구운 고추를 먹거나 간혹 삶은 계란을 먹었다.

펭은 자주 시간을 내어 론과 함께 이웃 마을에 설교하러 갔다. 어느 날 그들은 론의 50cc 오토바이를 타고 남쪽 반 테에로 간 적이 있었다. 전쟁으로 다리들이 많이 파괴되었기 때문에 그들은 도보로 강을 건너서 가파른 강둑으로 오토바이를 끌어 올려야 했다. 그들은 논 가장자리 가까운 숲 속에 오토바이를 두고 마을로 가는 마지막 구간은 걸어갔다. 사람들은 다소 우호적이지는 않았으나 결국은 몇 사람이 모여서 그들이 가져 간 천연색 포스터를 사용해서 복음을 설명하는 것을 들었다.

대형 기관총이 인근 숲 속의 반군 은신처들을 공격하자 갑자기 박격포가 작렬하기 시작했다. 포탄이 오토바이를 두었던 쪽으로 떨어지고 있었다. 그 마을에서 밤에 갇히는 위험을 감수하고 싶지 않았기 때문에 그들은 즉시 그 자리를 떠났다. 포화(砲火)에 노출된 채 논을 가로질러 뛰어 돌아오는데 갑자기 폭우가 쏟아지기 시작했다. 비 때문에 그들은 전방 30m도 제대로 볼 수가 없었다.

"은혜로우신 하나님께서 우리가 꼭 필요할 때 눈에 띄지 않도록 비로 가려주셨네요." 론이 가쁜 숨을 몰아쉬며 말했다. 숲 속으로 들어가 그들은 마침내 안전해 질 수 있었다. 물에 젖은 머리에서 물이 방울방울 떨어져 눈으로 들어갔다. 가져갔던 포스터들은 못쓰게 되었지만 살아 있는 것이 기뻤다. 펭은 론 뒤에 올라타며 정부군이 무슨 생각을 하는지를 추측하기 시작했다. "정부군은 반군 일부가 가까운 마을에 은신하고 있다고 생각하는 것이 틀림없어요." "아마도 정부군의 생각이 맞을 겁니다. *마치 파텟 라오정당은 1958년 정부에 진출하고 있었지만 계속해서 라오스를 침공한 북 베트남 군대와 관계를 맺고 일*

했어요. 이 '숲의 사람들'은 마을을 공격할 수 있는 비밀 은신처에 살고 있는데 제가 몇 사람을 보았습니다." 그들은 쉽게 반군에게 잡혀갈 수도 있었다. 론은 그 생각을 하자 등에 소름이 끼쳤다. 심지어 라오스 정부군이 자신들을 반군으로 오해하고 총을 쏠 수도 있는 것이다. 비가 여전히 많이 내리고 있어 길은 진흙탕이고 여행은 힘들었지만 그래도 감사했다. 약 5km를 달렸는데 비가 갑자기 멈췄고 몇 분 후 강에 도착했다. "주님을 찬양합시다! 강이 범람하지 않았네요." 론이 소리쳤다. 집으로 돌아오는 내내 강과 계곡을 쉽게 건널 수 있었고 마침내 안전하게 *반 다오*에 도착했다.

그 여행이 그 지역에 대한 마지막 방문이 되었다. 호치민(베트남을 통일한 지도자) 루트가 *반 테*에 남쪽에서 불과 몇 km 옆으로 통과했기 때문에 당국이 그 지역에 대한 여행을 금했기 때문이었다. 전투 지역은 대개 *반 다오*에서는 멀리 떨어져 있어서 펭은 전투에 대해 생각하지 않으려고 했다. *타웨이* 사람들은 대부분 라오스 정부에 충성하고 있었기 때문에 나라를 분열시키는 전쟁을 좋아하지 않았다. 그러나 어떤 부족이든 적은 무리는 평화적으로 살 수 있도록 해주기만 하면 네 편 내 편 없이 어느 쪽과도 기꺼이 연합하였다.

론은 몽으로 돌아갔다가 얼마 후 3명의 이방인을 데리고 *반 다오*로 돌아왔다. 그 사람들은 그리 검지 않은 피부에 눈꼬리가 쳐져 있었다. 많은 *타웨이* 사람들이 방문객들을 보려고 모여들었다. 누군가가 이들과 같은 황색 피부의 외국인들이 2차 세계대전 기간 동안 라오스를 점령했다고 중얼거렸다. 펭 자신도 어렸을 때에 그런 군인들을 본 기억이 희미하게 있었다.

"이 사람들은 일본에서 왔습니다. 이들은 우리와 함께 하나님의 말씀을 들어본 적이 없는 사람들에게 전도하려고 라오스에 1년간 있을 겁니다." 한 사람씩 이름을 소개하며 론이 말했다.

타웨이 사람들은 일본 기독교인을 본 적이 없었고 평화적 사명을 띠고 온 일본 사람을 만난 적이 없었다. 그래도 많은 라오스 사람이 일본군이 점령한 기간 동안 고통을 당한 것을 알고 있었다. 그러나 이 사람들은 예수님에 대한 믿음 때문에 군인들과는 달랐다. 일본 기독교인들은 라오스에 온 지 얼마 되지 않아 아직 말을 잘 하지 못했다. 그들이 영어로 사람들에게 인사하며 간증하면 론이 라오스말로 통역했다. 펭은 호기심을 가지고 이상하게 생긴 외국인들을 보려고 모인 이웃을 위하여 *타웨이* 말로 통역을 했다. 몇 주간 론은 일본사람들과 함께 여행하며 그 지역의 마을들로 그들을 안내해 주었다. 펭도 통역을 위해 몇 번 동행했다. 많은 부족 마을 사람들이 그들을 공손하게 영접하였지만 새로운 회심자는 없었다. 몇 사람이 예수의 길을 따르고자 하는 욕구를 표현하기는 했지만 이장과 다른 사람들이 믿을 때까지 기다리기를 원했다. "우리는 모든 것을 함께 합니다. 한 사람은 부족의 나머지 사람과 다를 수는 없어요. 우리에게는 '독불장군은 없다'라는 오랜 속담이 있지요." 한 노인이 자기 입장을 설명했다.

펭은 *타웨이* 마을에서 몇 달째 혼자 믿었고 이제는 그를 따라 믿는 사람들이 있다는 말을 들은 그 노인은 매우 감명을 받았지만 여전히 펭의 본을 따르려고 하지는 않았다. 펭이 몇 주 후에 몽에 가보니 일본 기독교인들은 다른 지방으로 가고 없었다.

"그들은 라오스에 있는 동안 그들이 갈 수 있는 모든 마을에서 예수의 복음을 선포하기를 원합니다. 그들은 한 곳에 체류하면서 신자들을 가르치는 소명을 느끼지는 않고 대신 하나님의 말씀을 많은 심령에 뿌리고 그것이 일본 사람들의 삶도 변화시킬 수 있다는 것을 보여주기 원합니다." 론이 설명했다.

아직 논에 할 일이 많았지만 펭은 어디든지 가능한 마을마다 론과 함께 다니며 전도했다. 사람들은 악령의 권세에서 구원받고 싶어는 했지만 아무도 기꺼이 첫걸음을 내디디려고 하지 않았다.

"우리 모두는 서로에게 의존합니다. 배는 물이 필요하고, 호랑이는 숲에서 은신처를 발견합니다. 아무도 혼자서는 생존할 수 없습니다."

이것이 그 사람들이 내세우는 논리였다.

집으로 돌아오면서 론은 펭에게 이 모든 일의 원인을 설명해 주었다.

"사탄이 이 사람들의 눈을 멀게 만든 것입니다. 그들의 마음은 돌밭과 같지만 언젠가는 열매를 맺도록 우리는 하나님의 말씀의 씨를 뿌리지 않으면 안 됩니다."

펭과 론이 근처 다른 마을에 전도 여행을 갔다가 돌아온 날 오후, 사람들이 멀리서 소리치고 팔을 미친 듯 흔들며 논을 가로질러 달려오고 있었다. "돼지들이 논에서 날뛰고 있습니다! 와서 돼지 잡는 것을 도와주세요!"

그 중 한 사람이 다급하게 부탁했다. 론과 펭은 돼지 잡는 일에 동참했고 마침내 돼지를 모두 다시 우리로 몰아 넣을 수 있었다. 귀중한 벼들이 많이 짓밟혔지만 펭의 논은 해를 입지 않았다. 어떤 사람들은 펭을 보호하고 있는 것 같은 초자연적인 힘에 감명을 받았지만 다른 사람들은 적대적이 되었다.

"펭은 자신이 우리보다 낫다고 생각하지만 우리는 언젠가 그가 우리 조상의 길을 떠난 것을 후회하게 만들 것입니다." 헹은 공공연하게 이웃사람들에게 이런 말을 하고 다녔다. 헹의 아내 란지는 이 말을 들으며 알 수 없는 공포감을 느꼈다. 무서운 일이 펭에게 생길 것이 분명했다. 그녀는 펭과 결혼하지 않은 것을 잘 한 일이라고 생각했다.

16
지연된 소망

펭은 11월에 벼를 추수하며 마음이 찬양으로 가득했다. 하나님이 풍작을 주셨기 때문이었다. "이제 예수님을 따르는 것이 안전하다는 것을 아셨지요? 하나님은 제 벼를 가뭄과 홍수에서 지켜 주셨어요. 심지어 돼지에게서도 보호하셨다구요." 펭은 부모님께 자랑스레 말했다.

*사맛*은 예수가 악령보다 능력이 더 많은 것 같다고 인정했다. 작은 5마지기 논에서 그렇게 풍성한 소출이 나는 것을 결코 본 적이 없었기 때문이다. 그러나 여전히 예수 종교에 입문하는 것은 거부했다. "나는 노인이다. 새로운 방식을 배우기에 너무 늦은 나이다."

펭은 부모님이 왜 예수님을 믿지 않는지 이해할 수 없었다. 펭은 하나님께서 자기 논을 보호하시는 것을 보고 기도에 능력이 있다는 것을 확신했다. 그런데 왜 하나님은 부모님을 구원해 달라는 기도에는 응답하지 않으시는가?

작년에 *데이빗 헨릭슨*이 만들기 시작한 새 *타웨이어* 레코드판이 완성되어 펭은 지난 몇 달간 논집에서 사람들에게 그 레코드판을 들려주었다. 반응은 좋아 심지어 부모님도 그 레코드판을 들으면서 즐거워 하셨다. 펭도 예수님의 부활과 폭풍을 잠잠케 하신 이야기를 들으며 많은 위안을 얻었다. 또 펭은 사람들이 지옥으로 가는 넓은 길과 노아 홍수에 관한 이야기를 듣고 예수님을 거부하는 것이 얼마나 위험한 일인지를 깨달았으면 하고 바랐지만 더 이상의 회심은 없었다. 오히려 사태는 악화되어 갔다. 벡, 람, 팍은 더 이상 우호적이지 않았고 청년들은 더 이상 레코드를 들으려고 오지 않았다. 한번은 펭이 예수님에 대하여 말하려고 헹의 집에 갔지만 헹과 란지 모두 펭의 말을 들으려고 하기는커녕 들어오라는 말조차 하지 않았다.

그 즈음 누엔이 매우 아팠다. 그는 죽음을 두려워하여 정령 술사에게 찾아가 귀신들을 달래는 제물을 드렸지만 차도가 없었다. 펭은 누엔에게 예수님의 도움을 구하라고 설득했지만 그는 거부했다. 누엔은 10일 후에 죽었다. 펭은 론과 상의하고 싶었지만 론은 간염이 심해져서 9월 말경에 몽을 떠났다. 얼마 후에 론은 회복되었지만 캐시와 결혼하기 위해 미국으로 돌아간다는 편지를 보내왔다. 그들은 1월까지는 몽으로 돌아오지 않을 것이었다.

그동안 펭은 매우 외로웠다. *사얀*은 여전히 예전대로였다. 그는 이제 작은 아들이 하나 있어 아들의 안전을 걱정했다. "내 아들이 충분히 장성해서 예수님을 믿을 수 있는 나이가 되면 우리 가족 모두 함께 예수의 길을 따를 것이다." *사얀*의 말이었다. 예수님이 가족을 보호해 주실 거라고 펭이 재차 권면했지만 *사얀*은 들으려고 하지 않았다.

건기가 되어 추워지자 펭은 기독교인들이 그리스도가 세상에 오신 것을 기념하기 위해 12월의 어느 날 축제를 벌인다는 말이 생각났다.

작년에는 몽에서 여자 선교사들과 함께 이 날을 축하하려고 *사안*을 데리고 갔지만 이제 그곳에는 아무도 없었고 성탄절의 정확한 날짜조차 모르고 있었다. 펭은 아주 낙담이 되었다. 근 2년이나 예수님을 신실하게 따랐음에도 여전히 혼자였던 것이다. 그래서 펭은 기도를 더 많이 하게 되었는데 기도를 하니 부정적인 생각들이 사라지는 것을 느낄 수 있었다.

'선교사들은 언제나 여기에서 나와 함께 지낼 수 없어. 따라서 나는 하나님께 의지하는 법을 더 배우지 않으면 안 돼. 예수님은 무슨 일이 생기든지 나를 떠나거나 버리지 않는다고 약속하셨어. 이것이 정말 중요한 거야.' 펭은 이렇게 생각하면서 하나님을 더욱 의지했다.

마침내 론과 캐시가 몽에 다시 돌아오면서 외로운 시절은 끝났다.

추수가 끝나자 펭은 론과 캐시를 자주 방문해서는 성경을 펼치고 앉아 몇 시간이고 그들의 말을 들었다. 그래도 펭의 영적 갈급함은 여전했다. 가끔 *데에*도 펭과 함께 도시로 갔지만 *데에*는 그다지 열심히 배우려고 하지 않았다.

어느 일요일 론과 캐시가 펭을 만나기 위해 자전거를 타고 밭에 있는 반 삼촌의 집을 방문했다. 그들이 그곳에서 모이기로 한 것은 반 삼촌도 모임에 참석할 수 있게 하기 위해서였다. 반은 아직 신자는 아니었지만 언제나 예수님에 관하여 듣고 싶어 했다. 반은 다시 혼자였다. "지난주에 마을 회의에서 우리가 부족 관습을 위반하면 벌금을 부과하겠다고 위협했어. 그래서 *데에*는 굴복하고 정령에게 예물을 바쳤고." 캐시는 슬픈 얼굴로 머리를 저었다. "내 생각에 *데에*는 마을 전체에 대항하기에는 너무 어려. 겨우 14살이잖아."

"그래요, 고아여서 더 어려울 거예요. 그래도 우리가 굳게 서면 그들이 우리에게 어찌할 수 없는 거지요."

모임이 시작되기 전 *데에*가 나타나서 자신의 신약성경을 론에게 건네주었다. "저는 이것을 가지고 있을 수 없어요. 저는 이제 조상의 정령을 따라야만 해요. 우리 가족 중에는 아무도 예수를 믿을 사람이 없어요." 과거에 *데에*의 모친이 정령술사였기 때문에 *데에*의 숙모와 숙부는 그가 가족의 전통을 계승하기를 원했다. 론이 무슨 말을 해도 *데에*의 마음을 바꾸지 못했다. 그는 성경공부 참석을 거부하고 바깥마당에서 기다렸다가 모임이 끝나자 그들과 함께 식사를 했다. 그는 괴로운 것이 아니라 단지 슬플 뿐이었다. 다른 사람들이 복음 레코드를 들으며 이야기를 하는 동안 *데에*는 그 집에서 조금 떨어진 곳에 앉아 있었다.

"가끔 저는 이렇게 혼자는 계속할 수 없다고 생각합니다." 펭은 론을 보며 자기 말을 이해했는지 확인하려고 했다. "그러나 지난 밤 하나님이 이 말씀으로 저를 위로하셨습니다." 그는 성경을 펼쳐 시편 86편의 몇 구절을 읽었다. "나의 환난 날에 내가 주의 이름을 부르리니 주께서 내게 응답하시리이다. 신들 가운데 주와 같은 자가 없나이다. 여호와여 주의 행사와 같은 행사도 없나이다. 당신이 만든 모든 열방이 나아와 당신 앞에 경배하며 당신의 이름에 영광을 돌릴 것입니다. 오, 여호와여." 펭은 밝게 미소지었다. "이것은 언젠가 *타웨이* 사람들까지 주님을 예배한다는 말이 아닙니까? 그 날이 빨리 왔으면 좋겠어요. 기다리다 지칠 것 같네요."

"*사반나케트*에 있는 성경 학교에 가면 어떨까요? 잘 준비해 두었다가 마을 사람들이 예수님을 믿게 되면 가르칠 수 있을 겁니다. 몇 주 안에 봄 학기가 시작됩니다." 펭의 말을 듣고 있던 론이 제안했다.

펭은 생각에 잠겼다. "어쩌면 그렇게 해야 할지 모르겠습니다. 쌀을 팔아서 교통비와 다른 비용을 지불할 수 있겠지요." 그런데 생각해 보니 제대로 읽을 수 있을지 모르겠다는 생각이 들었다. 자신이 다른 학생들과 보조를 맞추지 못하면 당혹스러울 것 같았다.

펭은 자기가 계속해서 부모님에게 전도하면 부모님도 곧 예수님을 믿게 되리라고 확신하고 있었기 때문에 좌우간 이번 봄에는 성경학교에 가지 않기로 했다. 가능한 모든 면에서 가족을 도우며 착한 아들이 되기로 마음먹었다. 펭은 호미를 가지고 집 주위에 언제나 자라고 있는 잡초들을 제거했다. 불필요한 나무들이 마을로 침범하지 못하게 계속해서 정글과 싸웠다. 펭은 5마지기 논에서 수확한 쌀을 대부분 부모님께 드렸다. 곳간이 넘쳐났기 때문에 그들은 남는 쌀로 필요한 다른 물건들을 살 수 있었다. 숙은 몇몇 이웃 사람이 매트리스를 사용하는 것을 보고 식구들을 위해서 몇 개를 마련하기로 하고 친구에게 발재봉틀을 빌려서 매트리스 겉 커버를 만들었다. 다른 현대적 물건들은 금지되어 있었지만 정령들을 달래는 특별한 예물을 바치기만 하면 심지어 마을에서도 재봉틀은 사용할 수 있었다. 사람들이 언제나 새로운 반바지, 셔츠, 블라우스가 필요했기 때문에 재봉틀 한 대로 많은 돈을 벌 수 있었다. 이제는 *반 다오*에 두 가정이 재봉틀을 가지고 있었고 재봉틀을 사용하며 수리하는 법까지 배웠다. *타웨이* 베틀은 폭이 너무 좁아서 여자용 치마와 남자용 허리옷을 제외하고는 어떤 것도 짤 수 없었기 때문에 재봉틀로 작업할 때 사용할 옷감은 라오스 사람이나 *후아이* 사람에게서 구입했다.

어느 오후 숙이 매트리스 겉 커버를 집으로 가져오자 펭은 그 안에 판야나무 솜을 채워 넣는 것을 도왔다. 자기가 마을에 판야나무(동남아에서 자라는 나무로 그 씨앗에 붙어 있는 솜을 주로 베개, 이불, 구명대에 넣음)를 심어 가꾸고 있었기 때문에 커버 안에 넣을 재료는 많이 있었다. 판야나무에서 깍지를 따서 햇볕에 말리면 깍지가 터지면서 작고 검은 씨들이 들어 있는 연한 솜 같은 물질이 삐져나왔다. 펭과 잉은 숙이 이 씨를 제거하는 지루한 작업을 도왔다. 판야나무는 부드럽고 질겨서 판야나무 솜으로 좋은 매트리스와 베개를 만들 수 있었다. 펭은 그일을 할 때마다 이런 유용한 나무를 창조하신 하나님의 지혜와 사랑에 경탄했다. 펭과 숙이 매트리스의 속을 채우고 나면 잉은 자기가 만든 면실(綿絲)로 양끝을 꿰맸다. 라오스 사람들처럼 *타웨이* 사람들도 면화를 재배했기 때문에 잉도 어릴 때 실을 감으며 옷감을 염색하는 법을 배워 알고 있었다. 그러나 전쟁이 베트남에서 라오스로 확산된 이후로는 더 이상 실을 감고 채색 치마를 짤 시간이 없었다. 왜냐하면 남편과 아들이 정부군에 합세하여 전장으로 나가면 그들을 대신하여 논에서 일을 해야 했기 때문이었다.

펭은 자기 논에서 난 쌀로 부모님께 위안을 드리게 되어 기뻤다. 그들의 논집은 상당히 작아서 파종과 추수 시기 동안만 사용할 수 있었다. 그래서 *사맛*은 논 가장자리에 좀 더 큰 집을 짓기 시작했다. *사맛*은 매트리스와 최근에 구입한 헌 자전거를 여기에 보관할 계획이었다. 선교사들이 방문하면 그분들과 가끔 모여드는 사람들을 위해 더 넓은 공간이 필요했다.

펭은 아버지가 과거처럼 엄격하게 전통을 고집하지 않는 것 같아 기뻤다. '아마 곧 아버지도 예수님을 믿게 될 것이다.'

그러나 현재로서는 *사맛*은 복음을 듣는 것보다는 재산을 모으는 일에 더 관심이 있어 보였다. 그는 건기가 끝나기 전에 새 집을 완성하려고 서둘렀다. 펭은 아버지와 함께 마루와 벽으로 사용될 큰 대나무를 구하러 숲으로 들어가서 매일 저녁 늦게까지 함께 일했고 숙과 잉은 지붕용 긴 풀을 모아 단정하게 묶었다.

펭은 한 주간 동안 집에서 매일 성경을 읽는 중에 언제나 새로운 질문이 생겼기 때문에 론과 *캐시*와 함께 성경을 공부하는 일요일을 학수고대했다. 가끔 그는 선교사들과 1박을 했는데 그러면 월요일에는 밖에 나가 전도를 했다. 실제로 그는 영적으로는 자기 가족보다 이 외국인들에게 더 친밀함을 느꼈다.

하루는 론에게서 슬픈 소식을 들었다. 금주에 살로네 선교사들에게서 편지를 받았는데 3명의 일본 기독교인이 반군에 붙잡혔고 그들의 생사를 아무도 모른다는 것이었다. 갑자기 론과 *캐시*, 그리고 펭은 라오스에서 복음을 전파하는 일이 아주 위험해졌다는 것이 피부로 느껴졌다. 펭은 자신들의 생명도 언제든지 위험에 처할 수 있음을 알면서도 론과 *캐시*가 기꺼이 몽에 잔류하려는 것에 놀랐다.

"나는 시골로 나갈 때는 더 조심할 것이고 마을에서는 자지 않을 거예요. 당국은 여기가 너무 위험해지면 우리더러 떠나라고 할 것이지만 주님은 아직 우리가 몽을 떠나는 것을 원하지 않으시는 것 같습니다."

론이 확신에 찬 어조로 말했다.

우기가 되어 펭은 다시 경작을 시작했다. 여전히 아버지에게 예수님을 믿도록 촉구하고 있었지만 *사맛*은 외국 종교에 관심이 없다고 말했다. "나는 평생 동안 정령들을 섬기기로 약속했다. 그들을 달래지 않으면 그들이 나를 죽일 거야."

*펭*은 매우 실망했다. *타웨이* 말로 된 복음 레코드는 구원의 길을 아주 명백하게 설명하고 있었기 때문에 아무도 오해할 수가 없었다. 아버지도 작년에 예수님이 자신의 벼를 어떻게 보호하셨는지 보지 않았는가? 왜 아버지는 정령들에게서 자유로워지려고 하지 않는가? *펭*은 아버지에 대해 생각할 때마다 참을성이 없어지면서 화가 났다. *펭*은 그럴 때마다 기도하기가 힘들었고 기쁨도 없어 마침내 론의 조언을 받으러 갔다.

"사탄이 아버지의 눈을 가리고 있는 것입니다. 계속해서 아버지를 사랑하고 위하여 기도해야 합니다. 그러나 당신은 부모님보다 예수님을 더 사랑하지 않으면 안 됩니다." 론은 이렇게 말하며 *펭*에게 마태복음 10장의 몇 구절을 보여주었다. "사람의 원수가 자기 집안 식구리라. 아비나 어미를 나보다 더 사랑하는 자는 내게 합당치 아니하고 또 자기 십자가를 지고 나를 좇지 않는 자도 내게 합당치 아니하니라."

*펭*은 자신이 계속 예수님과 동행하든지 자기 부모를 기쁘게 하기 위해 다시 옛날로 돌아가든지 둘 중에 결정해야만 한다는 것을 깨달았다. 선택은 분명했다. 자기는 예수님과 계속 동행할 것이었다. 예수님은 자신에게 마음의 평화를 주시고 죽음의 공포에서 자유하게 해 주셨지만 옛 삶은 자기에게 준 것이 아무것도 없었다.

"주님, 저는 부모를 떠나 고아와 같이 된다고 할지라도 언제나 주님을 따를 것입니다."

184

하나님께서는 펭이 아버지에게 더 인내할 수 있도록 도우셨지만 여전히 *사맛*의 태도는 변하지 않았다.

마침내 펭은 성경학교에 가기로 결정했다. 그는 사람들을 예수님께 이끌기 위해 더 많은 훈련이 필요하다는 것을 깨달았다. 펭은 하나님께 순종하고 부모는 하나님의 손에 맡기기로 했다. 론에게 알리려고 가니 론은 혼자 있었다. 캐시는 첫 아이를 출산하려 태국의 선교병원에 앞서 갔던 것이다.

"성경 학교는 1주일 전에 시작했어요. 하지만 지금이라도 늦지는 않을 겁니다. 이번 주말 내가 *살로네*로 갈 때 나와 함께 가요." 론이 말했다. 론은 펭이 여행허가서를 얻는 것을 도왔고 며칠 후 둘은 군용 비행기로 몽을 떠났다. 그들은 *살로네*에서 헤어졌는데 론은 아기가 태어나기 전에 병원에 도착하고 싶어서 국경을 건너 태국으로 가고 펭은 버스를 타고 *사반나케트*로 갔다. 펭은 자신을 기다리고 있는 새로운 경험이 약간 두렵기도 했지만 자기 부족을 예수님께 인도하는 법을 배우기로 결심했다.

성경 학교

펭이 *사반나케트*에 있는 선교부에 도착했을 때, 키가 큰 스위스 선교사 아르만드가 대문 가까운 그늘에 서있는 붉은색 픽업 트럭 위에서 일을 하고 있었다. *아르만드*는 단정한 흰색 셔츠에 검은 바지를 입고 있는 펭을 재빨리 알아보았다. "펭, 삼바이 바우! 사반나케트에는 무슨 일로 왔어요?" "성경 학교에 입학하려고 왔습니다."

"수업은 2주 전에 시작되었지만 받아줄 겁니다. 진도를 곧 따라갈 거예요." 아르만드는 작년 청년 캠프에 참석했던 펭을 잘 기억하고 있어서 비록 늦게 도착했고 받은 교육이 부족했지만, 펭에게는 이를 만회할만한 강한 목적이 있다는 것을 알고 있었다.

그는 도구들을 치우고 나서 펭을 데리고 라오스 예배당 뒤에 있는 남자 기숙사로 갔다. 어떤 방에서 한 야윈 청년이 마루에 앉아 공부를 하다가, 펭이 들어오는 것을 보더니 놀란 표정으로 벌떡 일어났다.

"삼바이 바우, 펭! 너 여기서 뭘 하고 있는거야?" "나 성경 학교에 왔어." 펭은 청년 캠프에서 만났던 *단네*를 알아보며 대답했다. 펭은 더 이상 초조해 하지 않고 웃을 수 있었다. *코네* 교회 수석 장로의 아

186

들 *단네*는 펭처럼 조용하고 수줍었지만 함께 있으면 외롭지 않을 것이었다.

"두 사람은 이미 친구인 것 같군요. *단네* 옆에서 자면 되겠네요. 그럼 나는 트럭 일을 하러 다시 갑니다." *아르만드*는 가고 펭이 담요에 싼 작은 옷 뭉치를 내려놓고 주위를 살펴보니, *단네*가 앉아 있던 장소 옆에 빈 공간이 있었고 마루에는 3개의 돗자리가 놓여 있었다. "*케에*도 이 방이야. 걔도 널 다시 보면 기뻐할 거야. *케에*와 다른 애들은 강가에서 멱을 감고 있어. 우리도 가자!"

이번 학기에는 9명의 여학생과 자신 외에 7명의 남학생이 성경 학교에 다니고 있었다. 보통 때 학생들은 남녀가 따로 식사를 했지만 그날 저녁은 모두 함께 *아르만드*의 집 베란다 2층에서 식사를 했다. 펭과 *케에*는 대나무 돗자리를 마루에 까는 것을 도왔는데 한 줄은 남학생용이고 다른 한 줄은 여학생용이었다.

선교사 몇 명이 학생들과 함께 먹으려고 왔다. 펭이 보니 몽에 살았던 *로즈마리*가 켕을 담은 대접과 생선 소스를 발라 말린 고추 접시를 나르고 있었다. *로즈마리*는 펭을 보자 흥분하여 음식을 쏟을 뻔 했다.

"펭! 어쩐 일이에요?" 그녀가 미소를 지으며 소리쳤다. 펭은 *로즈마리*를 다시 보니 행복하여 마음이 따뜻해졌다. 그녀는 흥분을 가라앉히고 접시를 조심스럽게 돗자리 위에 놓고 나서 라오스 식으로 두 손바닥을 마주하여 턱에 댄 채 머리를 숙이며 공손히 인사했다.

"삼바이 바우! 공부하러 온 거죠?" 그녀가 물었다. 펭은 그녀에게 밝은 미소를 보내며 머리 숙여 답례했다.

"삼바이 데에. **낭**(미혼 여자에 대한 존칭) **풋**(로즈마리의 라오스 이름)." 펭은 *로즈마리*의 라오스 이름으로 인사하며 덧붙였다. "네, 마침내 성경 학교에 왔습니다."

다음 날 아침 예배 후 *펭*은 *단네*, *케에*와 함께 첫 수업인 신약개론을 들었다. *로즈마리*가 누가복음을 읽자 *펭*은 자기 성경을 갖고 천천히 따라 읽었다. 그 구절들은 친숙하지 않아 이해하기 힘들었다. 본문을 토론한 후 *로즈마리*는 칠판에 5가지 질문을 적었다.

"오늘 숙제는 이 질문에 답을 적어 오는 것입니다." *로즈마리*는 공립학교에서와는 달리 모든 것을 암기하게 하지 않고 학생들이 스스로 성경을 분석하고 깊이 생각해 보도록 가르치고 있었다.

학생들은 재빨리 질문을 노트에 옮겨 적었고 수업이 끝났음을 알리는 종이 울릴 무렵에는 벌써 답을 적기 시작한 사람도 있었다. *로즈마리*가 그들을 해산시키자 다음 수업에 가기 위해 청년들이 서둘러 책을 챙기고 신을 신는 소리로 부산해졌다. 하지만 *펭*은 여전히 힘들게 질문을 적고 있었다. "나중에 *단네*의 노트를 보고 쓰세요. 얼마 안 있으면 *펭*도 다른 학생들처럼 재빨리 쓸 수 있을 거예요. *펭*이 와서 정말 기뻐요." *로즈마리*가 친절하게 말했다.

첫 주말이 되니 *펭*은 바쁜 일정에 익숙해졌다. 비록 매 시간이 끝나고 다른 교사의 과목을 들으러 급히 다른 교실로 가야하는 것이 이상하게 생각되었지만 수업은 흥미로웠다. 구약개론이 제일 재미있었다. 아브라함, 요셉, 모세를 매우 존경했고 그들의 본을 따르기로 목표를 정했다. 자기는 자기 부족이 살아계신 하나님을 믿도록 설득하는데 처참하게 실패했다고 생각했다. 그래서 자기는 지도자가 될 가능성은 없는 것 같았다. 일주일에 한 번 1학년생 5명은 *로즈마리*가 가르치는 교회 역사를 공부하기 위해 나머지 학생들과 만났는데 이 과목은 상당히 어려웠다. 펭은 수백 년 전에 많은 신자들이 신앙 때문에 고난과 심지어 죽음을 당하기도 했다는 것을 배웠다. 그들의 이름은 이상하고 기억하기 힘들었으며, 교사가 큰 지도를 보고 그 나라들이 어디에 있었는지 가르쳐 주었음에도 불구하고 그들이 살았던 곳이 어디인지 정확하게 알 수 없었다. 그러나 많은 사람이 예수님에 대한 믿음 때문에 고난을 받았다는 것을 알게 된 펭은 그 대가가 무엇이든 자신도 믿음에 확고히 서리라고 결심했다.

그는 곧 *미케이*라고 하는 2학년생과 가까운 친구가 되었다. 그들은 가끔 교회 역사 공부를 함께 하면서 라오스 정부가 기독교인을 박해하면 자신들은 어떻게 해야 할지를 논의했다. 펭은 심지어 자신의 생명을 값으로 치른다 해도 그리스도에게 진실할 수 있는 힘을 가질 수 있기를 소원했다.

성경학교의 학생은 모두 자기 옷을 자기가 빨아야 했다. 여학생들은 기숙사 밖 나무 그늘 아래에서 물통이나 큰 세수 대야에다 빨래를 담고 노란 비누로 빨래를 했다. 선교사들이 그들을 위해 시장에서 사 온 비누였다. 다른 남학생들처럼 펭은 대개 수영하고 목욕하러 강에 내려갈 때 옷을 빨았다가 나중에 선교부 건물 뒤쪽에 있는 빨랫줄이나 울타리에 셔츠와 바지를 널어 말렸다. 언제나 오후에 강에서 수영하는 것이 즐거웠다. 여학생들은 가끔 강에 가서 수영을 하기도 했지만 대개 선교사 집 뒤에 있는 샤워실에서 목욕을 했다. 펭은 물을 펌프로 우물에서 작은 건물의 지붕으로 운반해 꼭지만 틀면 위에 있는 파이프를 통해서 나오게 해 놓았다는 말을 들었다. 남학생들은 샤워를 하지 않았지만 기숙사 뒤 작은 방에 자신들만이 쓰는 화장실이 있었다. 시골집에서는 그저 숲으로 가서 용변을 보았지만 도시에서는 그렇게 하지 않았다. 선교사들은 학생들에게 편안한 삶을 제공하려고 노력하면서도 청년들이 다시 마을로 돌아가서 쉽게 생활에 적응할 수 있도록 단순한 삶을 유지하게 했다.

기숙사에는 탁자나 의자가 없었지만 펭은 공부하기 위해 돗자리에 앉는 것을 개의치 않았다. 그러나 매일 저녁 교실에서 하는 공부 시간이 있었기 때문에 학생들은 선교사 중 한 명의 감독을 받으며 탁자에 앉아서 숙제를 할 수 있었다. 펭은 스위치를 올리면 전구에 불이 들어오는 것이 신기했다. 그렇지만 가끔은 약한 전력 때문에 전구가 밝지 않아 아무 소용이 없을 때도 있었다. 그 때는 선교사들이 압력등(燈)을 가져와서 환하게 밝혀 주었는데 소음과 열이 난다는 문제가 있었다.

기숙사의 돗자리 위에는 전부 모기장이 쳐져 있었다. 말라리아와 뎅기열(熱)이 모기에 의해 전달된다는 것을 배우고 놀란 펭은 밤에 자기 전 돗자리 밑으로 모기장을 잘 밀어 넣었다. 그는 자신이 매우 사치스럽게 살고 있다고 느꼈고 때로는 자기 마을의 단순한 방식을 동경했다.

남학생들을 포함해 모든 사람이 시장 보는 일과 요리를 번갈아 했다. 여학생들은 가끔 누가 가장 요리를 잘하는지를 거론하며 남학생들을 놀렸지만 그들은 그것을 농담으로 받아들였다. 여학생이 시장을 볼 때는 무거운 장바구니를 운반하기 위해 반드시 남학생이 동행했고 어떻게 좋은 물건을 흥정하여 싼 가격으로 사는지 보고 배웠다.

마침내 펭과 단네가 장을 봐야하는 차례가 되었다. 가장 좋은 식품이 매진되기 전에 시시장에 갔다가 아침 식사 준비가 늦지 않게 제시간에 학교에 도착하려니 둘은 매우 일찍 일어나야만 했다. 펭은 어둔 하늘이 붉게 밝아오는 새벽에 밖에 있는 것이 좋았다. 거리는 팔 물건을 가지고 시골에서 오는 사람들로 붐볐다. 떠오르는 태양이 모든 것을 특별한 생동감과 새 생명으로 색칠하는 것을 보며 펭은 자기도 행복감과 에너지가 충만해짐을 느꼈다.

북적이는 시장은 유쾌하고 다채로운 장소였다. 여자들은 밝은 꽃무늬 치마를 입었고 많은 이들이 뜨거운 햇빛을 막으려고 중국산 파라솔을 들고 있었다. 사람들은 물건 값을 떠들며 흥정했고 대나무 우리 안에 갇혀 있는 살아있는 닭들의 울음소리가 크게 들렸다. 온갖 종류의 과일과 야채가 땅바닥에 긴 줄을 이루며 일부는 노천(露天)에, 일부는 그 해에 미국의 원조로 지은 대형 지붕 밑에 놓여 있었다. 많은 이들이 자기 물품을 밝은 적색이나 녹색 플라스틱의 넓은 판 위에 가지런히 정렬해 놓았고 어떤 이들은 시멘트나 대형 바나나 잎 위에 펼쳐 놓았다.

최근 라오스 화폐는 다시 평가절하 되었다. 펭은 그것이 전쟁 때문인지 아니면 라오스에 너무 많은 외국인이 입국하면서 생긴 인플레이션 때문인지 알지 못했다. 라오스 정부를 돕기 위해 온 미국인들은 도시의 가장 좋은 집을 임대하며 돈을 무한정 사용하는 것 같았다. 물가는 계속 오르고 있었다. 얼마 전에는 미화 1달러에 100킵이었지만 지금은 400킵이었다. 육류는 사려고 하는 외국인이 너무 많았기 때문에 특히 비쌌고 구하기도 힘들었다. 정육점을 지나며 펭은 성난 군중이 서로 소리 지르며 밀치는 것을 보았는데 자신이 줄을 서지 않아도 되는 것이 기뻤다. 성경학교 학생들은 형편이 좋지 않아 이웃 마을 기독교인이 가축을 잡아서 고기를 나눠 주지 않는 한 소고기나 돼지고기를 먹을 수가 없었다. *단네와 펭*은 붉은 고추와 푸른 고추 약간, 바나나 두 다발과 생닭 한 마리를 샀다. 그들은 매 물건마다 가장 저렴한 가격으로 사기 위해 흥정을 했는데 파는 사람도 이것을 예상하고 있었기 때문에 물건 값을 흥정하는 일은 승패가 나눠지는 게임을 하는 것 같았다. *단네*는 큰 파파야 한 개를 겨우 20킵에 사기도 했다.

여학생들은 그들에게 푸른 양파와 양념용 레몬도 사달라고 부탁했다. *펭*이 *단네*를 따라 군중 사이를 천천히 돌아다니며 그 물건들을 찾고 있는데 *펭*이 알기로는 더운 저지대보다는 날씨가 서늘한 산지에서 자라는 감자, 당근, 상추, 콩, 양배추가 눈에 띄었다. 그는 이 이상한 식품들이 미국인, 베트남인, 중국인에게 인기가 있다고 들었지만 이곳 학생들은 그런 식품에 익숙하지 않았다. 갑자기 *펭*이 *단네*의 등을 주먹 툭툭 치더니 턱으로 오른쪽을 가리키며 물었다. "저게 뭐야?"

"저 크고 둥근 과일은 수박이야. 내 생각에 저 작으면서 빨간 것은 딸기일 거야. *코네*에 있는 선교사가 정원에서 기르곤 했어. 내가 한번 먹어 봤는데 특별한 것은 없었어." *단네*가 아무렇지도 않게 대답해 주었다. 양파와 레몬은 비쌌기 때문에 둘은 대신 토마토를 샀다. 여학생들은 토마토를 마늘과 함께 양념으로 사용할 수 있었다.

집으로 돌아오며 그들은 베트남 사람이 프랑스빵을 만들어 파는 제과점을 지났다. 막 구운 빵에서 맛있는 냄새가 났지만 맛은 너무 밍밍해서 *펭*은 밥이 더 낫다고 생각했다. 모든 학생은 학교에 올 때 약간의 돈과 쌀 한 자루를 가져왔는데 학기인 10주 동안 균등하게 나누어

사용해야 했다. 선교사들과 라오스 교회도 약간의 돈과 식품을 기부
했다.

펭은 자기 마을 가까운 연못에서 잡히는 새우와 작은 생선을 가끔
그리워했지만 실제로는 집에서 먹는 것보다 잘 먹고 있었다.

높은 담으로 둘러싸인 흰색 중국인 저택을 지나는데 라디오 소리가
크게 들렸다. 그 집에 살고 있는 사람들은 매우 부유한 것이 틀림없었
다. 펭을 비롯한 학생들은 라디오가 없었지만 요사이 많은 사람이 라
디오를 사고 있었다. 종종 학생들은 저녁에 선교사의 라디오로 라오
스말로 하는 기독교 방송을 들었다. 매주 라오스 기독교인들이 선교
사들과 함께 이 프로그램을 녹음해 필리핀으로 보내면 그곳 라디오 방
송국에서 틀어 주는 방식이었다. 그 덕분에 내지에 있는 마을이라도
라디오가 있으면 복음을 들을 수 있었다.

가끔 펭은 새벽에 일찍 일어나 다른 학생들을 방해하지 않는 곳에
가서 기도를 했다. 매일 부모와 누이, 동생 *카프*와 자신에게 복음을
전해 준 선교사의 이름을 일일이 부르며 기도했고 또한 반군에게 잡혀
간 일본 기독교인들도 잊지 않았다. 아직 석방되지 않았기 때문에 펭
은 그들의 생명을 보전해 주시도록 기도했다.

매주 학생들은 오후마다 자주 전도하러 나가서 가까운 마을에서 야
외 모임을 개최했고 때로는 도시의 중국인 지역이나 베트남인 지역에
서 전도지를 나누어 주었다. 그들은 어떤 때는 선교사와 또 어떤 때는
라오스 교사인 소우반과 함께 나갔는데 소우반은 라오스 군대의 대위
로 모든 사람에게서 매우 존경을 받았다. 그는 거의 모든 사람이 불교
신자인 국가에서 자신의 유망한 위치에도 불구하고 담대하고 겁 없이

전도했고 가끔 일요일 오전에 라오스 예배당에서 설교도 했다. 소우반 대위의 열정과 영혼을 향한 사랑을 보며 펭은 그와 같이 되고 싶다고 생각했다.

매일 오전 학생들과 교사들은 수업 시작 전에 채플에서 예배를 드렸다. 라오스 관습을 따라서 남학생들과 여학생들은 작은 방의 맞은편에 따로 앉았다. 학생들은 전날에 행한 전도 결과를 보고하고 어떤 때는 상급생 중 한 명이 짧게 경건 메시지를 전했다. 어떤 때는 *아르만드*가 성경 메시지를 말하거나 학생이 어떻게 그리스도를 구세주로 만났는지 간증을 하기도 했다. 많은 청년들이 기독교인 가정에서 성장했지만 그 해 초 막 복음이 전해진 마을에서 온 여학생도 있었다.

*아르만드 하이니거*가 어느 날 예배 시간에 마침내 일본 선교사들이 무사히 석방되어 고국으로 돌아갔다고 광고했다. 이어진 기도와 찬양 시간 동안 펭의 마음은 기도에 대한 응답으로 기쁨이 넘쳐났다. 분명 하나님은 자기 부모도 구원하실 수 있다고 생각했다. 부모님께 자주 편지했는데 집에서는 답장이 없었다. *사맛*과 숙은 읽지 못했고 자기 편지를 읽어주고 답장을 써 줄 사람을 찾기가 어렵다는 것을 알았기 때문에 펭은 애써 인내했다. 어느 날 아침 펭은 채플 전에 부모님을 위한 기도를 요청하는 쪽지를 적어 강단 위에 올려놓았다. 가족을 위한 펭의 관심에 감명을 받은 학생들과 선교사들은 그 후로 종종 기도 중에 *사맛*과 숙을 언급했다.

펭은 어둡기 전에 피구와 릴레이 경주를 하는 것이 즐거웠다. 종종 선교사들이 배구를 하러 선교부 운동장으로 왔고, 일부 학생은 배구를 함께 했지만 펭은 앉아 구경하는 것이 더 좋았다. 이때는 함께 게임을 구경하는 여학생들과 이야기를 나누기가 좋은 시간이었다.

펭은 말레라고 하는 키가 크고 매력적인 라오스 소녀와 좋은 친구가 되었다. 말레는 청년 캠프에서 간증을 했는데 아주 감명 깊었다. 말레의 가족은 그 마을에서 유일하게 기독교를 믿는 사람들이었다. 집에서 예배를 드렸고 부모님이 이웃들에게 성실하게 전도했음에도 불구하고 믿는 사람은 아무도 없었다. 동생들은 모두 학교에 다녔지만 장녀가 다 그렇듯 말레는 항상 집에서 어린 동생들을 돌보며 요리와 다른 일들을 도와야 했다. 17살이 된 작년에 말레는 청년 캠프에서 혼자서라도 글자를 배우기로 결심했다고 한다. 성경학교에 참여하기 위해서였다. 그 후부터 말레는 일과를 마치면 저녁에 동생들의 교과서로 공부하기 시작했다. 동생들도 힘껏 도와주었기 때문에 드디어 작년에 성경학교에 입학할 수 있었다. 말레는 2학년이었는데도 여전히 읽기와 쓰기가 어려웠다. 그녀의 사촌은 3학년이지만 매우 영리해서 펭이 배우는 과목 중 구약개요와 그리스도의 삶을 가르칠 정도였다.

펭은 말레와 일부 다른 성경 학교 여학생들을 좋아했지만 기독교인이라고 해도 부족민과 결혼한 라오스 사람은 거의 없음을 알기 때문에 그들 중 누구와도 감정적으로 관련되지 않도록 노력했다. 그는 밤에 가끔 잠에서 깨어나 아내와 자녀를 갖는 꿈을 포기하느라고 갈등했다. 하나님의 일을 우선하고 싶었지만 외로움을 느낄 때는 그것이 힘들었다.

그는 대개 다른 학생들보다 5살 정도 나이가 많았고 자기 반의 셒이라는 부족 소년 말고는 거의 모두 라오스 사람이었다. 셒은 학생 중 가장 나이가 어렸지만 아주 머리가 좋아 수업을 빨리 이해했다. 펭은 때로 너무 느려 당혹스러웠지만 말레는 펭이 꾸준히 할 수 있도록 격려했다. "난 네가 어떻게 느끼는지 알아. 나도 반에서 소네를 따라가기가 힘들어." 말레는 다 이해한다는 듯이 펭을 위로했다. 소네는 부족 소녀로 중국 혼혈이었는데 말레보다는 약간 어렸다. 펭은 학생들이 배경의 차이와 상이한 교육 수준에도 불구하고 이렇게 서로 잘 지내는 것에 놀라고 있었다. 펭은 성적은 좋지 않지만 중간고사에 통과할 수는 있었다. 하지만 케에는 몇 과목에서 낙제하고는 그저 웃을 뿐이었다. "난 공부보다 더 잘 할 수 있는 것이 있어." 케에는 학교를 그만 두고 군에 입대했다.

어느 날 오후 강에서 수영하다 돌아오니 놀랍게도 동생 카프가 기숙사 밖에서 자기를 기다리고 있었다. 카프를 본 펭은 너무 기쁜 나머지 선교사들이 하는 것처럼 카프를 껴안았다. 카프는 놀란 듯 했지만 자기도 형을 껴안아 주었다. "데에가 나를 보러 솔라네에 왔어." 카프는 울타리 옆에 수줍어하며 서 있는 소년을 몸짓으로 가리키며 말했다.

"데에가 형을 보고 싶어 하더라고. 내가 금주에 이곳에서 트럭을 운전하게 되어서 이리로 데리고 왔어." 카프는 여전히 미국 국제 개발처를 위해 일하고 있었다. 데에는 펭에게 주 예수님에게서 돌아선 것에 대해 미안하게 생각한다고 말했다. 데에가 성경학교에 등록할 수 있는지 묻자 아르만드가 상담한 후 학기가 거의 절반이 지났지만 받아들이기로 결정했다. 분명 그 소년은 진정한 가정이 없었고 기독교인들과의 교제와 성경에 뿌리내리는 것이 필요했다.

펭과 장시간 이야기를 한 후 마침내 카프는 예수의 길을 따르기로 결정했다. "나는 내가 죄인인 것을 알아. 난 새 마음이 필요해. 돈과 친구들과 모험은 진정으로 만족을 주지 못해."

펭은 동생이 기도하며 자기 죄를 고백하고 예수님을 마음에 영접하자 기뻐서 눈물을 흘렸다. *카프*는 하룻밤을 펭과 자고 난 다음 펭과 함께 교회에 갔다. 천성적으로 사교적인 그는 라오스 기독교인들이 예배당에 모이자 그들과의 만남을 즐거워했다. 설교 후 *카프*는 예배당 앞으로 나아가 자신은 모든 정령 숭배로부터 돌아섰다고 선언하며 열광적으로 간증했다. *데에*도 좀 유약하기는 했지만 몇 마디 말을 했다. 그 둘은 그날 오후 *메콩강*에서 세례(침례)를 받았다. 그런 뒤 *카프*는 *살로네*의 직장으로 돌아갔지만 펭에게 자주 편지를 썼다. 성경을 읽고 있으며 교회에 출석했고 영적으로 자라고 있는 것이 확실했다.

10월 중순 론과 *캐시*가 어린 아들 스티브를 데리고 태국에서 돌아왔다. 존과 도로시와 다른 선교사 가족도 같은 기차로 신생아들을 데리고 돌아왔다. 펭과 다른 학생들은 의무감에서 세 아기들을 칭찬하긴 했지만 마음속으로는 아기들이 너무 창백하고 거의 대머리라 이상하게 보인다고 생각했다. 라오스와 부족 영아들은 거의 언제나 태어날 때부터 머리카락은 굵고 검었다.

어느 수업에서 *로즈마리*가 1학년 학생들에게 사도행전을 가르치며 오순절 성령 강림에 대해 언급했다. "성령으로 충만하게 되는 것이 무슨 뜻입니까?" 잠시 학급이 조용해졌고 학생들은 서로 모르겠다는 듯이 쳐다보았다. "여러분은 혹 성령으로 충만한 사람을 알고 있습니까?" *로즈마리*가 재차 물었다. 그러자 *단네*가 고개를 끄덕였다.

"네, 펭은 성령으로 충만합니다. 저는 펭처럼 하나님의 사랑과 능력이 저를 통해 흐르기를 소원합니다."

펭은 당혹스러웠다. *단네*의 아버지는 교회 장로였다. 하지만 그도 그럴 것이 거의 모든 학생은 기독교 가정에서 자라나 펭보다 하나님에 대하여 훨씬 많이 알고 있긴 하지만 그것을 경홀히 여기며 종종 하나님의 약속들을 개인적으로 적용하고 있지 않았다.

마침내 학기가 끝났고 펭은 성적이 좋지는 않지만 모든 시험을 통과할 수 있었다. 몇 주 전 선교사들은 학기 후에 학생 몇 명을 데리고 내지의 산지 부족을 전도하러 갈 것이라고 광고했는데 펭은 선교사들과 동행하기로 했다.

펭은 조롱과 의심과 외로움이 기다리는 자기 마을로 돌아가는 것이 두려웠다. 자기 마을로 돌아가느니 차라리 사람들이 복음을 듣기를 원하는 곳으로 가는 것이 낫다고 생각했다. 그는 매일 부모님을 위해 기도했지만 여전히 그들에 대해 화를 내고 있었다. 그분들은 예수의 진리를 거부했기 때문에 그들을 보러 집으로 가는 것이 유익할 것 같지 않았다. 여기는 하나님을 섬길 기회가 있었다. 펭은 앞으로 나아가야지 뒤를 돌아보아서는 안 된다고 생각했다.

*데에*도 혼자 집으로 가기를 원하지 않았기 때문에 전도 여행에 함께 가겠다고 했다. *데에*는 펭과 예수님을 믿는 다른 신자들과 함께 있을 때에는 기독교인이 되는 것이 어렵지 않았다. 겨우 15세여서 아직 수줍고 조용했지만 요청을 받으면 유쾌하게 간증했다.

*아르만드*는 선교부 차량을 타고 선교여행을 떠날 2명의 선교사와 5명의 학생에 대해 여행 허가를 얻었다. 도로는 비포장 상태였고 전쟁 때문에 검문소도 많아서 여정은 느릴 수밖에 없었다. 그래서 그들은 가는 길에 기독교 마을에서 일박을 했다. 검문소에서 군인들이 통행

허가증을 점검하면 거의 한 시간을 기다려야만 했다. 많은 경우 군인들은 어린 소년들로 글도 몰랐지만 총을 휴대하고 수류탄을 혁대에 차고 있었기 때문에 아무도 그들의 권위에 대항하지 못했다.

선교사들은 학생들을 *사반나케트*보다 훨씬 작은 시골 마을인 *반 돈*으로 데리고 갔다. 펭은 복잡한 도시의 소음에서 떠나 있는 것이 좋았다. 그곳은 달구지, 지프, 버스가 가끔 다닐 뿐이었다. 그들은 마을에 있는 신자들의 소그룹을 격려하기 위해 모임을 개최했고 시골에 있는 산지 부족을 자주 찾아갔다. 어떤 때는 강을 이용하는 것이 제일 빠른 길이어서 *펭*과 일행은 머리까지 드리우는 큰 나무들과 우거진 정글 사이로 나무속을 파낸 카누를 타고 강을 거슬러 올라가기도 했다. 자연은 평화로웠지만 인간들의 전쟁이 끝나는 것은 아직 요원한 일인 것 같았다.

반 돈 주위의 부족민들은 펭이 성경을 가르치는 걸 좋아했다. 펭은 그들의 언어를 빨리 이해했고 질문에 답을 해 줄 때는 그들의 말을 곧 사용했다. 펭은 선교사들이나 다른 학생들이 라오스말로 가르치는 것보다 더 분명하게 성경을 설명했다.

*반 돈*에 머문 지 한 달 쯤 되었을 때 *사반나케트* 교회는 펭이 거기 살면서 설교하기를 원하면 그를 전도자로서 지원하겠다고 제안했다.(라오스 목사들은 모두 사례를 받지 않는 평신도였기 때문에 이것은 예외적인 제안이었다.) 펭은 공부보다는 설교를 더 좋아했다. 그래서 그는 재빨리 성경학교로 돌아가지 않고 많은 마을이 아직 예수님의 이름을 들어보지 못한 *반 돈* 지역에 정착하겠다고 결정했다. 그런 일이 있은 후 얼마 안 되어 존의 편지를 받았다.

"*반 다오*에 가서 당신의 부모님을 방문하고 싶습니다. 아마도 지금은 복음을 받아들이지 않을까요? *콩*으로 와서 나와 함께 가지 않겠어요?" *펭*은 그날 하루 종일 갈등했다. 그는 *반 돈*에서 사역하는 것이 즐거웠다. 집에는 문제만 있을 뿐이다. 부모가 기독교인이 되면 놀라운 일이지만 만약 진리를 다시 거절한다면 어떻게 되는가? 그는 밤 동안 몇 시간을 하나님과 씨름하다가 결국 수락했다. 그가 다음 날 결정을 공표했을 때 *아르만드*가 승인했고 언제나 따를 준비가 된 사촌 *데에도* 펭과 함께 고향으로 가기로 했다. 그들은 다음 날 아침 버스를 타고 *살로네*로 출발했지만 콩에 도착하는 데는 3일이 걸렸다.

그 주 후반 그들은 존 데이비스와 신임 선교사 데이빗 퓨스터와 함께 산을 가로지르는 하이킹을 시작했다. 고지대임에도 덥고 습기가 많았다. 울창한 숲을 지나 높이 자란 풀이 더운 바람에 부드럽게 흔들리는 넓은 초원으로 나왔다. 때로 그 풀은 사람 키보다 더 높이 자라서 앞 길 밖에 보이지 않았다. 나무가 점점 희소해지고 거의 그늘도 없었다. 그들 위의 푸른 하늘이 불 덮개 같은 역할을 해주어 오후에 크고 흰 구름으로 타는 태양의 불길을 막아주는 것이 감사했다.

길을 따라가다가 여러 번 가던 길을 멈추고 전도를 하는 바람에 하루 밤을 어느 마을에서 지내고 난 뒤에야 겨우 산기슭에 도착할 수 있었다. 동쪽 능선을 따라 내려오는데 갑자기 비가 내려 급히 큰 나무 아래로 들어갔지만 옷이 흠뻑 젖고 말았다. 성경과 찬송가는 존의 방수(防水) 등짐에 들어있어서 그나마 다행이었다. 잠시 후 갑자기 비가 그치고 해가 나왔다. 잎마다 영롱한 물방울이 맺혀 반짝거렸다. 대기(大氣)에서는 신선하고 깨끗한 냄새가 났지만 앞에 놓인 좁은 길은 진흙탕이었다. 미끄러지고 넘어지며 경사진 길을 천천히 내려가다 보니 모두 진흙으로 범벅이 되었다. 존이 나무뿌리에 걸려 얼굴을 땅에 대고 넘어지자 펭이 웃었다. 외국인이 얼굴에 진흙을 묻힌 모습은 너무나 우스꽝스러웠다. 그러나 곧 펭도 균형을 잃고 큰 웅덩이에 주저앉았다. 모두 서로를 바라보며 웃음보를 터뜨렸다. 어린 데에가 다른 사람보다 뒤처지고 있었다. 그의 여린 팔과 두 다리는 떨고 있었고 전혀 웃지도 않았다. 데이빗이 그것을 보고 가까이 다가가 데에가 어려운 길에서 균형을 유지하도록 계속 도왔다.

가파른 길의 끝에 이르니 마침내 밑에 있는 나무 사이로 고향 마을이 희미하게 보였다. 다른 사람들이 진흙투성이가 된 자신을 알아볼 수 있을까? 그러나 보다 더 중요한 것은 부모님이 하나님의 진리를 이번에는 받아들이실까하는 것이었다.

18

반 다오에서의 승리

오후 늦게 그들은 진흙을 뚝뚝 떨어뜨리면서 *반 다오*에 들어서며 웃고 서로 놀렸다. 아이들 몇이 *펭*을 알아보고는 *펭*의 부모에게 알리려고 달려갔다. 그러나 *펭*은 친구들을 강으로 안내해서 먼저 목욕을 하도록 했다.

*숙*과 *시맛*은 논 가장자리에 지은 새 집에서 살고 있었다. 그들은 *펭*을 기쁘게 영접하며 선교사들에게 자고 가라고 권했다. 그들은 장거리 여행에 지쳐 있었기 때문에 *숙*이 새 돗자리에서 자라고 권할 때 사양하지 않았다. 저녁을 먹은 후 비록 긴 다리가 짧은 듯 자리 밖으로 나왔지만 감사한 마음으로 누워 밤새 곤히 잤다.

다음날 아침 *펭*의 부모는 *존*이 자신의 아들 예수를 이 땅에 보내신 하나님의 사랑에 대해 말하자 공손하게 들었다. "예수님은 죽으실 때 당신의 죄를 그 몸에 짊어지셨고, 하나님은 예수의 흘린 피를 당신의 죄에 대한 대가(代價)로 받으셨습니다. 사흘 만에 예수님은 무덤에서 부활하셔서 당신을 마귀와 악령들에게서 구원할 권세를 지금 가지고 계십니다. 당신은 이제 자유하기를 원하지 않습니까?"

*사맛*이 마루를 응시하는 동안 긴 침묵이 이어졌다. 그 후 *사맛*의 눈이 존의 눈과 마주쳤다. "예수의 길은 선합니다. 나는 내 가족을 위하여 기꺼이 예수를 따르고자 합니다만 *타웨이* 전통을 계속하지 않으면 안 됩니다."

존은 펭의 어머니를 보며 물었다. "숙, 당신은 어떻습니까?" 숙은 간절한 눈빛으로 남편을 바라보더니 이내 부드러운 목소리로 대답했다. "나는 예수의 길을 따르고 싶습니다." 펭의 누이 잉도 구석에서 들으며 불안하게 흔들렸다. "저도 기독교인이 되기를 원해요."

*사맛*은 이 반응에 놀란 듯 보였지만 아무 말도 하지 않았다. 모친과 누이가 예수님에게 자신들의 죄를 깨끗하게 하시고 구원하여 줄 것을 요청하는 기도를 했을 때 펭의 눈에는 기쁨의 눈물이 가득했다. 하나님이 자신의 기도에 응답하셨던 것이다. 분명 아버지도 곧 믿게 되리라.

존과 *데이빗*은 몽에 있는 친구들을 며칠간 방문한 후 펭과 *데에*를 *반 다오*에 남겨 놓고 비행기로 콩으로 돌아갔다. 일주일 후 추수가 시작되었기에 펭은 아버지에 대한 사랑을 실제적으로 표현하고 싶어서 아버지 논에서 열심히 일했다. 그는 가족들이 불빛을 밝히는데 사용하는 송진이 떨어져 가고 있었기 때문에 송진 통나무를 구하기 위해 산에 가기도 했다.

잉은 펭이 성경학교를 다니고 있는 동안 결혼을 했다. 잉이 아이 아버지라고 밝힌 청년 *젠*은 처음에는 결혼을 거부했다. 신부 지참금을 지불하고 싶지 않았든지 아니면 아직 가족을 부양할 준비가 되지 않았다고 느꼈기 때문이었다. *사맛*과 마을 어른들이 여러 번 그와 장시간

이야기했다. 만약 잉과 결혼하지 않으면 *타웨이* 관습대로 벌금을 많이 납부해야 했다. 어느 경우든 약간의 돈을 지불해야 하기 때문에 그는 마침내 잉을 아내로 맞이하기로 결정했다. 결혼 전에는 지참금의 일부만 필요했고 나중에 이혼을 하거나 계약을 파기하면 잔액을 지불해야 했다. *젠*은 잉이 예수의 길을 따르기로 한 결정을 좋아하지 않았지만 곧 이 새 종교에 호기심을 가지고 잉과 함께 모임에 참석하기 시작했다. 땔감은 대개 여자들이 자기들 힘으로 모았지만 *펭*은 여러 번 어머니와 함께 숲으로 가서 나무를 운반하는 것을 도와 드렸다. 숲길을 걷는 동안 *펭*은 어머니에게 성경을 가르쳤고 어머니의 질문에도 대답해 드렸다.

어느 날 이끼 꽃이 *펭*의 집 가까운 바위에서 피기 시작하는 것을 보고 마을 전체가 큰 흥분에 휩싸였다. 정령 술사들이 위대한 영을 시험하고 그 영과 접촉하려고 특별한 축제를 개최했지만 허사였다.

*펭*은 그들에게 반복해서 예수님이 구원을 가져오시는 약속된 분이라고 말했지만 그들은 이 말을 믿지 않았다. *사맛*은 반쯤 믿었지만 여전히 옛 방식과의 단절은 주저했다.

벼 추수가 다 끝나서 *펭*은 몽에 있는 론과 *캐시*를 다시 자주 찾아갔다. 어느 날 *펭*이 옛 수도(首都) 북쪽에서 멀지 않은 곳에 위치한 잘랏 마을을 언급하자 론은 거기에 한 번도 가지 않은 것을 깨닫고 *펭*에게 함께 가달라고 부탁했다. *잘랏* 부족은 *타웨이* 부족과 혈연관계가 있었고 언어가 비슷했다. *펭*은 오래전 우연한 기회에 아버지와 한번 가본 적이 있었다. 몇 시간 내에 다시 돌아올 것이라고 생각하고 두 사람은 바나나 몇 개와 물 한 통만 가지고 길을 떠났고 *케시*는 아기와 함께 집에 남았다. 그들은 작은 배를 타고 *사이*강을 건너서 트럭을 타고 그 주(州)의 옛 수도 칼라오로 갔다. 론은 거기서 전에 설교를 한 적이 있었기 때문에 그 도시를 서둘러 빠져나와 곧 마른 논을 지나는 길로 들어섰다. 주위의 말라있는 갈색 땅에서 열기가 올라왔다. 엷은 먼지 층이 나무와 관목을 덮고 있었다. 건기에는 여행이 쉬웠지만 *펭*은 반짝이는 물에서 자라나는 새 벼로 논들이 녹색이 되는 우기를 학수고대 했다. 길은 끝없이 계속되는 것 같았다. 몇 시간이 지났는데도 여전히 마을을 발견하지 못했고 어떻게 해야 그곳으로 갈 수 있는지 알 수도 없었다. 해가 지자 논에 빈 집을 한 채 발견하고 거기서 밤을 지내기로 했다. "불을 피우지 않는 것이 나을 것 같아요. '숲의 사람들'이 가끔 이 지역에 나타난다고 들었거든요." 펭이 심각한 표정으로 론에게 말했다. 펭은 라오스에 있는 사람들처럼 가끔 공산주의 군인을 지칭하기 위해 중립적인 용어를 사용했다. 누가 엿듣고 있을지 아무도 몰랐다. "아무튼 여기는 먹을 것이 아무 것도 없어요." 론이 웃으며 말했다. 바나나는 이미 먹어버렸고 둘 다 물이 마시고 싶었지만 론이 가져온 물통은 비어 있었기 때문에 더는 생각하지 않기로 했다. 펭은 물 없이 여행하는데 익숙했지만 이번에는 론이 물통을 가져가자고 고집한 것이 기뻤다. 내일은 강물로 물통을 채울 수 있을 것이다.

펭은 자기가 그렇게 안내를 잘 하지 못하는 것이 당황스러웠다. 오래전 아버지와 함께 이곳에 왔을 때는 아주 어렸고 길은 그렇게 길어보이지 않았다. 그들은 주님의 돌보심에 맡기고 좀 쉬자고 했다. 오두막의 거친 대나무 마루는 울퉁불퉁 해서 잠이 드는 데 시간이 많이 걸렸다. 한밤중에 론은 밖에서 들어오는 담배 냄새에 깜짝 놀라 잠이 깨어 숨을 들이 쉬었다. 누군가가 오두막 밑에서 담배를 피우고 있었던 것이다! 밖에 군인들이 있었단 말인가?

"움직이지 말아요! 만약 소리가 나면 우리가 여기 있다는 것을 알게 될 거예요." 론이 펭에게 속삭였다. 둘 다 모두 상당히 놀랐다.

'숲의 사람들'이 아니고는 밤에 논에 나와 있지 않을 것이다. 만약 발견된다면 잡히거나 심지어 살해당할지도 몰랐다. 펭은 조용히 하나님의 보호하심을 기원했고 론도 같은 일을 하고 있다는 사실을 알 수 있었다.

마침내 담배 연기 냄새가 사라졌고 오두막 밑에서는 아무 소리도 나지 않았다. 사람들이 떠났을까? 론과 펭은 감히 움직이지 못하고 온몸을 긴장시킨 채 조용히 누워 있었다. 둘 다 그 이후로는 밤에 한 숨도 자지 못했다.

다음 날 아침 일찍 다시 출발할 때는 방향을 바꾸어 얕은 개울을 건너갔다. 물에는 분명 모기 알이 있겠지만 아무튼 론은 물통을 가득 채우고 물을 정화하는 약을 넣었다. 30분 후 그들은 나무 그늘에서 멈추고 물을 마셨다. 알약이 모기 알을 죽이지 못한 것을 알았지만 물맛은 좋았다.

그들이 마침내 잘랏 마을에 도착하니 마을 사람들은 론과 펭을 대대적으로 환영해 주었다. 외국인이 그 먼 곳까지 자기들을 보러 왔다는 것에 놀라고 고마워서 많은 이들이 이장의 큰 집에 모여 자기들 말로 녹음된 복음 레코드를 들었고 론과 펭은 온종일 마을 사람들에게 복음을 전했다. 그 사람들은 대접을 아주 잘하는 사람들이어서 밥과 닭찜을 가져와서 먹으라고 권하기도 했고 자고 가라고 강권하기도 했다.

론과 펭은 마을 사람들 중 몇 명이 참 하나님께 돌아올지도 모른다고 생각하고 하루 자고 가기로 했다. 어두워진 후에 사람들은 복음 레코드를 더 들으려고 이장의 집으로 몰려 왔다.

펭이 사람들에게 구원의 도를 다시 설명하고 있는데 갑자기 근처 집에서 통곡 소리가 들려 왔다. 마을 사람들은 서로의 얼굴을 쳐다보더니 펭과 론을 남겨두고 이장과 함께 모두 사다리를 타고 내려가서는 사라져버렸다. "내 형의 아들이 며칠간 아팠었는데 방금 죽은 것 같군요. 나는 지금 가보지 않으면 안 되지만 당신들은 오늘 밤 우리 마을에서 자도 괜찮습니다." 그렇게 말하고 이장이 떠나자 론은 근심하며 펭을 보았다. "죽은 소년 이야기를 일찍 해주었으면 우리가 그를 위해 기도할 수 있었을 텐데. 그들이 마을에 금기를 선포하고 우리가 내일 떠날 수 없다고 말한다면 어떻게 해야 할까요?"

"그 부분은 저도 잘 모르겠지만 지금은 어두워서 출발할 수도 없어요." 펭이 담담히 대답했다. 펭과 론은 하나님의 인도를 구하는 기도를 드리며 곡(哭)소리가 계속된 저녁 내내 이장의 집에 우두커니 앉아 있었다. 한 여자가 그들에게 먹을 밥과 닭 스튜를 갖다 주었지만 레코드를 들으려고 머물지는 않았다. 펭과 론은 유가족을 위로하러 가기를 원했지만 이장이 떨어져 있어야 한다고 말리는 바람에 뜻을 이루지 못했다.

"우리가 그 아이의 죽음을 초래했다는 비난을 받지 않도록 기도하는 편이 나을 것 같군요." 펭이 심각한 얼굴로 말했다. "사탄은 우리들이 이 사람들에게 예수님에 대하여 말하지 못하도록 최선을 다하고 있습니다." 펭과 론은 그날 밤 자기 전에 슬퍼하는 마을 사람들을 위해 긴 시간을 기도하면서 그들이 곧 사탄의 권세에서 구원받기를 바랐다.

다음 날 아침 6명이 닭과 밥을 가져오자 론과 펭은 놀랄 수밖에 없었다. 먹을 수 있는 만큼만 먹고 나머지는 공손히 거절하려고 하였으나 이장은 그 모두를 받아야 한다고 고집했다. "오늘 밤 집에 돌아가려면 오랜 시간 걸어야 하고 가는 길에 음식이 필요할 겁니다."

이장의 아내가 찬밥과 바나나 잎에 싸서 들고 가기 쉽게 끈으로 묶은 구운 닭고기 조각을 함께 주었다. 라오스에서는 닭이 작고 별 것 아닌 것이지만 그렇게 많이 주는 것은 마을 사람들에게 큰 희생이었다. 그러나 그 음식을 거절할 수는 없었다. 그래서 론은 음식을 공손히 받았다.

더 이상 모험을 하지 않고 걸음을 재촉해 오후 늦게 몽에 도착하니 캐시는 그제야 안심을 했다. 그들의 당초 계획은 반나절이었지만 실제로는 이틀이나 걸렸으니 론과 펭에게 무슨 일이 생긴 건 아닌지 걱정하고 있었던 것이다. 펭은 이런 전도 여행이 즐거웠고 가끔은 한 번에 며칠씩 반 다오에서 떠나 있기도 했다.

오월 어느 날 아침, 펭이 론과 함께 논집에 돌아오니 숙이 슬픈 기색으로 현관에 앉아 있었다. 그녀는 펭과 론이 사다리를 오를 때까지 아무 말도 하지 않았다. 그들이 집에 오르자 숙은 두려움과 근심이 가득한 얼굴로 펭에게 그 동안 있었던 일을 털어 놓았다.

"네 아버지가 어제 밤에 거의 죽을 뻔 했단다."

펭이 보니 *사맛*은 방 한 구석에 있는 돗자리에 누워서 불안하게 잠을 자고 있었는데 몸에 열이 있었다. 론과 펭은 *사맛*이 깨어날 때까지 조용히 그를 위해 기도했다. *사맛*은 깨어나 펭이 무사히 집에 온 것을 보고 살며시 미소 지으며 안도했다. "내가 몇 가지 금기사항을 위반했기 때문에 악령들이 화가 난거야. 내가 오늘 죽으면 나는 지옥에 갈 것이고 악령들의 손아귀에서 결코 빠져나올 수 없다는 걸 알고 있단다. 나는 예수님을 따르기 원해. 그분은 바위 꽃이 피면 오시기로 약속된 위대한 영이시지."

아버지의 손을 붙잡고 웃고 있는 펭의 갈색 뺨에는 눈물이 흘러내렸다. 펭은 마음이 너무 벅차서 말을 할 수 없을 지경이었다. 사맛의 말이 이어졌다. "산(山)집으로 가서 내 마술 도구들을 꺼내 불태워라. 나는 너무 약해서 내 힘으로 그것을 할 수가 없구나. 반드시 곳간에 있는 것들과 논에 묻혀 있는 마술석(魔術石)도 함께 없애도록 하려무나."

사맛이 정령 술사로서 사용했던 마술 도구들과 다른 물건들은 더러운 천으로 된 가방에 들어 있었고 그 가방은 산집 서까래에 매달려 있었다. 론은 펭을 뒤따라 곳간으로 들어가서 토기에 넣어 논에 묻어 놓은 마술석을 파내는 것을 지켜보았다. 그 토기는 논의 수로 옆에 묻혀 있었다. 펭은 타는 것과 타지 않는 것을 분리해 숲 가장자리에 화덕을 만들고 그 안에서 태웠다. 마술석과 불에 타지 않는 것들은 아무도 발견할 수 없도록 숲 속 관목 사이에 던져 버렸다. 마술 도구가 들어 있던 어깨에 메는 가방은 증조부의 것이었고 마술용이 아니었기 때문에 펭은 옛 생활에서 구원 받은 것을 기념하는 물건으로 보관했다.

숙은 정령 숭배와는 아무 관련이 없고 예수님을 화나게 하지 않을 거라면서 자신의 축제용 화장품이었던 수제(手製) 입술연지도 보관해 달라고 부탁했다. 마술 도구들이 불타는 동안 펭은 성경 구절을 크게 읽으며 악령들에게 명령했다. "우리에게서 멀리 떠나고 다시는 돌아오지 말지어다! *사맛*은 이제 참 하나님이신 예수님을 믿고 있다. 예수님의 피가 그를 보호하고 있기 때문에 너는 더 이상 그에 대해 어떠한 힘도 없다.”

그때부터 *사맛*의 건강 상태가 호전되기 시작했는데 펭이 다음 날 *사맛*의 동생 *반*을 방문해서 이 소식을 전하자 *반*은 몹시 기뻐했다.

“나도 예수님을 따를 것이다. 나는 악령들에게서 자유롭기를 원한다.”

*반*은 펭의 변화를 보았고 그런 변화를 자신도 경험하기 원했다. 몇 주 후 *반*의 여동생과 그녀의 남편도 그리스도를 믿게 되었다.

펭에게 참 하나님을 따르라고 첫 번째로 도전했던 *사맛*의 형 *룽*은 새 신자들을 면밀히 지켜보았다. 1년 전 그는 조카 누엔이 정령으로 되돌아가기 위해 예수의 길을 떠난 후 죽었을 때 매우 놀랐지만, 지금은 동생들의 삶의 변화에 감명을 받고 있었다. *반*과 *사맛*은 모두 행복하고 자신감 있는 것처럼 보였고, 그들의 눈 속에는 두려움 대신 평안이 깃들어 있었다. *룽*과 그 아내는 마침내 예수의 길을 따르는 것이 안전하다고 결정했다. 다섯 자녀들과 함께 그들은 예수님을 구주와 주님으로 영접하는 기도를 했고 즉각적으로 조상의 위패(位牌)와 정령 숭배와 관련된 모든 것을 불태웠다.

마을 어른들은 그렇게 많은 *타웨이* 사람이 기독교인이 되는 것을 보고 놀라 신자들을 낙담시키기를 바라며 위협하기 시작했다. 이 일에 헹이 앞장서고 있었다. “그들을 마을에서 쫓아냅시다! 마을에 재앙이 올지도 모른다구요.”

그러나 그럼에도 불구하고 더 많은 사람이 그리스도에게로 돌아왔다. 그러던 어느날 젊은 부인이 쌍둥이를 낳았다. *타웨이* 관습으로는 그런 출생은 자연스럽지 않기 때문에 두 아이 중 하나는 정령에 대한 제물로 죽어야 했다. 그 아이들의 아버지는 그날 밤 *사맛*에게 조언을 구하러 찾아왔다. "우리가 예수의 도에 입문하면 아이 둘 모두를 살릴 수 있습니까?"

"그렇습니다만 당신은 악령들에게서 돌아서고 진실로 당신의 죄를 회개하지 않으면 안 됩니다. 예수님은 당신이 전심으로 그분을 믿지 않으면 당신을 도울 수 없습니다." *사맛*이 자세히 설명해 주었다.

*펭*과 *사맛*은 그 부부와 상담했고 마침내 그들은 위패와 부적을 불태우고 자신과 아이들을 주님께 맡겼다.

*펭*은 집에 머물면서 새로운 기독교인들을 가르치는 것이 더 중요하다고 느끼고 봄에 성경학교로 돌아가지 않았다. *사맛*은 하루 종일 논에서 일한 후 저녁엔 피곤했지만 가끔 *펭*에게 성경을 읽어달라고 했고 *펭*의 도움과 격려로 곧 스스로 읽는 법도 배웠다. 정령 술사였던 *사맛*은 인간 안에 있는 심령에 대해 이야기해 주는 구절에 특별히 관심이 있었다. 인간에게는 몸과 혼만 있으며, 질병과 문제가 생기는 것은 사람들이 주위에 있는 영과 관계를 맺는 것이 어렵기 때문이라고 잘못 알고 있었다. 그런데 인간의 몸에 혼뿐만 아니라 영도 있다는 사실에 매료되었고 사람들의 문제는 죄 때문에 그들의 영이 죽어 창조주 하나님과 의사소통을 못하게 된 결과일 뿐이라는 사실에 매우 흥분했다.

이 문제에 대해 깊이 숙고한 *사맛*은 *반 다오*에서 다음에 있을 '노래로 하는 토론'에 자신의 견해를 내놓기로 결정했다. 이 원탁 토론은 편히 쉬며 교제하는 저녁 시간에 개최되었다. *사맛*은 토론 전문가였고 언제나 마을 사람들이 모두 *사맛*을 좋아했다.

토론회에 펭이 같이 갔다. 이장의 큰 나무 집 가득히 진흙 담뱃대로 담배를 피우는 남자들과 소수의 십대와 여자들이 문간에 앉아 있었다. 펭과 *사맛*이 들어가자 일부 남자들은 중얼거리며 인사했지만 다른 사람들은 *사맛*을 보더니 고개를 돌려서 자신들의 전통을 반대한 사람을 거부했다. 펭이 뒷자리에 앉아 있는 동안 *사맛*은 자신감을 갖고 곰팡내 나고 연기가 가득 찬 방 중앙에 다른 노래하는 사람들과 함께 자기 자리를 차지했다. 유일한 조명은 작은 수제(手製) 목조 스탠드 위에 놓여 있는 카봉 횃불이었다. 카봉은 소나무 장작과 막대기와 송진을 길고 좁은 횃불로 만들어 큰 잎사귀들로 싸고 유연한 대나무 줄기로 단단히 고정시켜 만들었다. 이 횃불은 천천히 탔기 때문에 종종 회의나 축제 때 사용되었다. 이것은 소나무 장작보다 밝은 빛을 내었고 불타고 있는 끝부분의 재를 떨어뜨리려고 가끔씩 손질하는 것 외에는 별로 신경 쓸 것이 없었다. *사맛*은 자기 차례가 왔을 때 흔들리는 곡조로 단조롭게 노래를 불렀다.

"우리 몸은 창조주 하나님의 손이 땅의 진흙으로 만드셨네.
그는 생명이 우리 뼈를 움직이도록
우리 속에 생각하는 혼을 불어 넣으셨네.
하나님은 우리와 이야기할 수 있도록 우리 각자에게 영도 주셨네.
그러나 어두움의 왕은 사람을 유혹해 악령을 따르게 했고,
그래서 우리가 죄의 길을 선택했을 때, 우리 안에 있는 영은 죽었네.
우리 영이 어두움에 사로잡혀 있는 동안
두려움과 문제가 언제나 우리와 함께 하네.

예수님만이 죽음을 극복하고 우리에게 영의 생명을 주실 수 있네."

마을 위쪽 끝에서 온 정령 술사 *바틱*이 *사맛*을 노려보았다. 속으로는
순간 관심이 생겼지만 그 사실을 겉으로 드러내려 하지는 않았다. '만
약 이 새로운 교리가 진실이라면?' 그는 그 생각을 즉시 억압했다. 만
약 자신이 자기들의 전통이 잘못된 것이라고 인정하거나 이 새로운 교
훈에 조금이라도 관심을 보인다면, 자신은 마을에서 권위를 잃게 될
것이다. 이렇게 재빨리 생각한 그는 반박하는 가사를 지어 확고하게
노래를 불렀다.

"우리 몸에는 32개의 부분이 있고 그 각각에는 혼이 있네.
우리가 잠잘 때는 혼들은 방황하기 좋아하고,
그들이 돌아오지 않으면 우리 몸은 죽네.
우리 혼들이 죽으면 신비한 어둠의 영들은 자기 소유라고 주장하네.
우리는 그들에게 합류하여 사람들에 대한 권세를 갖네.
도와주기도 하고 해치기도 하는 권세를.
나무와 바위와 산의 정령들은 우리의 경배와 존경을 요구하네.
네 자신을 어둠의 영들에게 주어라.
그리하면 다른 사람들이 너를 두려워하고 잘 섬기리라."

몇몇 다른 이들이 *바틱*과 뜻을 같이 하는 노래를 부르자 *사맛*은 하
나님의 진리를 아주 쉽게 표현하고자 노력하며 그들에게 대응하는 담
대한 노래를 불렀다.

"내 영은 어둠 속에 죽은 채로 있어 빛을 발견할 수 없었네.
그 때 예수께서 자신의 생명을 내 안에 넣으셨고,
나는 이제 하나님과 이야기하네.
그분의 영이 인생의 신비를 이해하도록 하시네.
내 친구들이여, 우리의 창조주는 우리 모두를 사랑하시며
우리를 죽음에서 구하실 수 있네.
오, 지금 어둠에서 돌아서서 너희 죄를 하나님께 고백하라.
예수 안에서 너희들은 평안과 기쁨을 발견할 것이며,
그분은 너희를 두려움에서 해방하실 것일세."

계속해서 다른 노래하는 자들은 *사맛*을 반박하며 그가 틀렸다고 증명하려고 노력했다. *사맛*이 자기 부족사람을 오랫동안 괴롭혀 왔던 생의 수수께끼들을 설명하려고 하자 하나님의 말씀에서 새롭게 배운 진리들이 그의 마음에 가득 찼다. 아무도 그의 논리에서 허점을 발견하지 못했는데, 이것이 오히려 다른 이들을 더 화나게 했다. 그들은 자신들의 오류를 인정하거나 전래의 신념 체계를 바꾸는 것을 원하지 않았다. *반 다오* 마을에서 그와 같이 뜨거운 토론을 한 적은 없었다.

그 모임이 밤늦게 끝났을 때, 몇 사람은 비밀리에 *사맛*이 옛 방식으로 돌아오지 않는다면 언젠가는 그를 죽이기로 결심했다. '그의 생각은 너무나 위험해, 곧 온 마을 사람들이 이 예수라는 자를 따르게 될 거야.' 이것이 그들의 생각이었다.

펭은 그 해 가을 성경 학교에서 한 학기를 더 보내게 되었는데 여전히 배우는 것이 느린 학생임에도 불구하고 학생회장으로 선출되었다.

그는 추수 때에는 일손을 돕기 위해 집으로 돌아왔다.

타웨이 기독교인들은 수많은 시련에도 불구하고 강건했다. 한 가지 문제는 물 부족이었다. 건기가 예년보다 빨리 시작되었던 것이다. 12월 중순에 이미 연못이 말랐고 강의 수위는 매우 낮았다. 산 중턱의 샘에서 공급되는 물은 아주 소량이어서 마을을 위해서 충분하지 않았다. 여인들은 식수를 포함해서 필요한 물을 길으러 12km나 되는 강까지 하루 종일 걸려 다녀와야 했다. 그래서 집안일이나 추수를 도울 수가 없었다. 남자들은 매일 논에서 일을 하면 뜨겁고 목이 말라 시원하게 목욕하기를 원했지만 목욕은 고사하고 마실 물도 충분하지 않았다. 불신자들은 불평하며 자신들의 문제로 기독교인들을 비난했다. 이런 어려움에도 불구하고 그 해 성탄절은 펭에게 행복한 시간이었다.

마침내 자기 마을에 교회가 생긴 것이었다. 성탄절 오후 반이 참석할 수 있도록 론과 캐시가 정원 집에서 특별 예배를 드리려고 왔다. 그의 작은 집에 모든 신자가 다 들어갈 수가 없어 그들은 춥고 바람이 부는 날임에도 바깥에서 모였다. 론은 성탄절 이야기를 하고 나서 새 신자들에게 추가적인 격려가 필요하다고 생각되어 빌립보서 4장을 읽었다. 펭이 *타웨이* 말로 통역했다.

"나의 사랑하고 사모하는 형제들, 나의 기쁨이요 면류관인 사랑하는 자들아, 이와 같이 주 안에 서라." 론이 바울과 함께 복음을 위하여 수고했던 여자들에 대한 말을 하자 숙이 미소 지었다. 그녀는 이웃 사람들에게 전도하고 있었고 자신이 예수님을 위하여 중요한 무엇인가를 하고 있는 것 같아 기뻤다.

"주 안에서 항상 기뻐하라." 론은 계속했다. 그는 그들에게 어떤 시련이 온다고 하더라도 하나님은 항상 목적이 있으시며 모든 일을 그분이 통제하고 계시다는 사실을 상기시켰다. "아무 것도 염려하지 말고, 오직 모든 일에 기도와 간구로 너희 구할 것을 감사함으로 하나님께 아뢰라. 그리하면 모든 지각에 뛰어난 하나님의 평강이 그리스도 예수 안에서 너희 마음과 생각을 지키시리라. 나의 하나님이 영광 가운데 그 풍성한 대로 너희 모든 쓸 것을 채우시리라."

"하나님은 심지어 여러분들이 필요한 물까지도 공급해 주실 겁니다." 론이 덧붙여 말했다.

펭은 하나님의 말씀을 사람들에게 가르치는 것이 얼마나 중요한지 알았다. 하나님의 말씀을 양식으로 삼은 사람만이 자기 앞에 어떤 환란이 기다린다고 하여도 굳게 설 힘을 얻게 되는 것이다.

19

그리스도를 위한 교난

사맛은 어떻게 하든지 물을 찾아야 한다고 생각했다. 사람들은 모두 논에서 벼를 벤 후에 덥고 갈증이 났지만 마실 물이 충분히 없었다. 매일 물을 강에서 길어 올 시간도, 사람도 없었다. 그가 다른 신자들에게 자기 생각을 말하자 그들은 하나님께 우물 파는 것을 도와달라고 요청하기로 했다. *타웨이* 전통에 따르면 우물이 없는 곳에 구멍을 파는 것은 금기였지만 기독교인들은 그것은 단지 미신에 불과하다는 것을 이제 알고 있었다. 그들은 다음 날 아침 매우 일찍 기도회를 열고 우물 팔 곳을 정하기 위해 밖으로 나갔다. 땅은 어디나 마르고 갈라져 있었고 심지어 연못도 말라버려 금년에는 생선도 얼마 잡지 못했다. *사맛*은 마침내 자기 논 한 구석을 파보자고 제안했다. 거기에 우물을 파게 되면 자신의 논집에서도 가깝고 다른 사람들을 위해서도 편리했다. 모든 사람, 심지어 룽의 자녀들도 구멍 파는 것을 도왔다.

마을의 다른 사람들은 기독교인들이 감히 금기사항을 위반하는 것을 충격과 놀람 속에서 지켜보았다. 고기를 잡기 위해 논에 있는 기존의 깊은 구멍을 청소하는 것은 *타웨이* 사람에게 허용되었지만, 땅에 새로운 구멍을 파는 것은 분명 악령들을 화나게 하는 것이었다. 한번은 미국 국제 개발처 사람들이 *타웨이* 마을을 위해 우물을 파주려고 우물 파는 기계를 가져오자 마을 사람들이 돌을 던지며 내쫓은 적도 있었다.

"당신들은 정령들을 화나게 하고 있고, 결코 거기서 물을 발견하지 못할 거요." 불신자들이 멀리서 기독교인들을 바라보며 두려운 듯이 말했다. 그러나 *사팟*과 다른 신자들은 다른 일들을 제쳐 두고 온종일 뜨거운 태양 아래에서 땅파기를 계속했다. 여자들과 아이들도 남자들처럼 열심히 일했고 호미로 흙을 헤치며 통이나 맨손으로 더러운 것들을 구멍 밖으로 내던졌다. 기독교인들은 하나님이 자신들의 필요를 공급해 주실 것을 믿으며 노동을 하는 동안 찬양하고 기도했다.

땅을 거의 어깨 깊이까지 파자 바닥에 물이 고이기 시작했다. 숙은 급히 집으로 갔다. 이웃 사람들은 그녀가 물통 2개를 집어 어깨막대기에 메고 현관에서 사다리로 내려가 다시 논으로 가는 것을 보고 비웃으며 놀려댔다. "그 물은 더러워서 못 마실걸?" 그들은 조롱하며 외쳤다. 그러나 신자들이 기뻐서 웃으며 소리치고 있는 동안에도 구멍은 물로 차고 있었다. 신자들이 재빨리 물통에 물을 채웠지만 여전히 바닥에서 물이 올라오고 있었다. 이웃 사람들은 숙이 물을 가지고 집으로 돌아오자 조롱을 멈추었다. 물이 나오다니! 그들은 자신들의 눈을 믿을 수 없었다.

소문은 재빨리 퍼져나갔고 사람들이 몰려들기 시작했다. 많은 사람들이 *사팟*의 논에 모여들더니 물을 달라고 부탁도 하지 않고 신자들을 밀쳐내고 스스로 물을 길러갔다. 그런 나쁜 태도에 충격을 받은 신자

218

들은 뒤로 물러나 지켜보았다. 그러나 그들은 기꺼이 물을 나눠가지려고 했다. 그들이 바랐던 것은 자신들의 관용이 이웃 사람들을 그리스도에게로 인도하는데 도움이 되는 것이었다.

마침 그 때 존이 예정에 없이 방문했다. 소동을 듣고 사람들이 물통을 가지고 새로운 우물 주위에 둘러서 있는 것을 본 그는 우물물을 검사해 보기로 했다. 맑고 신선한 물의 수위가 건조하고 불에 타는 듯한 논의 표면에서 2미터 아래였기 때문에 올바른 위치에 판 것이었다.

다음 날 아침 존은 펭과 함께 집에서 얘기를 나누고 있었다. 그때 사맛이 물소에게 풀을 먹이고 나서 아침을 먹으러 들어왔다. 그는 아무에게도 말을 걸지 않고 구석에 앉아 큰 라오스 성경을 펼치더니 상당히 오랜 시간 성경을 읽었다. 숙이 다시 논으로 일하러 갈 때라며 밥을 먹으라고 이야기하고 나서야 *사맛*은 성경 읽기를 멈추었다. "난 성경을 읽었더니 배가 불러서 밥을 안 먹어도 될 것 같아요." 이렇게 말하고 *사맛*은 성경을 내려놓고 급히 밖으로 나갔다. 존은 *사맛*이 고령에도 불구하고 벌써 라오스 글자를 배웠다는 것과 하나님과의 교통에 굶주려 있어 성경에 전적으로 몰입하는 것을 보고 놀랐다. "당신 아버지는 언제 읽기를 배웠습니까?" 존이 물었다. "신자가 되고 나서 몇 달 걸렸습니다. 제가 약간 돕기는 했지만 실제로는 독학을 하셨죠. 아버지는 하나님의 말씀을 읽는 것을 사랑합니다. 마치 하나님이 자신에게 말씀하시는 것 같다고 하시네요." 펭이 자랑스럽게 대답했다.

존이 떠난 후 오전 늦게 마을 어른들이 우물의 소유권을 주장하기 위해 펭의 집으로 찾아 왔다. 그들은 우물이 논의 가장자리에 있고 그곳은 마을 전체에 속하는 숲의 일부분이기 때문에 우리 모두는 그 물을 사용할.권리를 갖고 있다고 말했다. *사맛*은 그 우물은 분명 자신의 사유지에 있다고 항의했다. 그러나 자신은 우물을 모든 사람과 공유할 용의가 있다고 말했다. 그러나 그 우물물은 그렇게 많은 사람들이 사용하기에는 충분하지 않았다. 물을 길어 가려고 기다리는 사람들이 우물을 온종일 에워싸고 있어 신자들은 다시 종종 강으로 물을 길으러 가야했다. 펭은 가까운 논에서 추수를 하는 동안 이번은 자신이 우물에서 물을 기를 차례라며 사람들이 소리치며 다투는 것을 종종 들을 수 있었다.

불신자들은 감사의 표시를 하는 대신 계속해서 *사맛*과 그의 가족을 조롱했다. "왜 당신은 우리에게 다른 우물을 파주지 않는 거예요? 그러면 우리 마을은 물이 부족하지 않을 텐데요!" 그들은 펭이 벼를 타작하는 것을 보면서 물었다. 다른 사람들은 이렇게 소리쳤다. "이 물은 예수 것이 아니에요. 보세요, 나는 그의 제자가 아닌데도 물이 그치지 않고 계속 흐르잖아요? 나는 원하는 만큼 물을 길을 수 있어요." "당신이 우물 파기를 좋아한다면 내 논에 와서 파세요. 나는 당신이 원하는 대로 우물을 파도록 허락합니다!" 이 같은 조롱을 온유하게 받아들이는 것은 어려웠다. *사맛*은 여러 번 화를 내었고, 심지어 온유한 펭도 화가 났지만 날카롭게 대꾸할 때마다 부끄러움을 느꼈다. 그는 예수님이 인간들의 감사치 않음과 불신에도 불구하고 그들을 사랑하신다는 것을 알았기에 인내하며 친절하고자 노력했다.

기독교인들은 계속되는 물 부족 때문에 *사맛*에게 불평했다. *사맛*은 창세기에서 이삭이 우물을 빼앗기는 장면을 찾아내어 사람들에게 읽어주며 최선을 다해 그들을 격려했다. "하나님께서 우리를 돌보실 것입니다." 자신이 그렇게 말하긴 했지만 *사맛*도 가끔 낙담이 되었다. 또 하나의 우물을 팔 시간은 누구에게도 없었다.

마침내 추수가 끝나고 벼는 곳간에 안전하게 저장되었다. 2월에 펭은 아버지를 *사반나케트*에서 개최되는 수련회에 모시고 갔다. 펭은 기독교인들과의 교제에 굶주려 있었고 아버지도 예수님을 따르는 사람들이 자신들만이 아니라는 것을 알게 해드리고 싶었다. 특별히 펭은 아버지가 교회 지도자들을 만나기를 원했다.

사람들은 처음에 *사맛*을 어떻게 대해야 할지 몰랐다. 일부 라오스 사람들은 부족민을 종종 열등한 사람으로 간주했다. 교회 장로들은 약간 더 배웠다는 것 외에는 동일한 시골 사람임에도 불구하고 부러진 치아가 *베텔* 때문에 검게 물들었고 머리는 헝클어진 키가 큰 이방인을 경멸하려는 유혹을 받았다. 그러나 *사맛*은 빛나는 미소와 진지한 우정으로 모든 사람들의 인정을 받았다. 그의 라오스 어휘는 제한적이었지만 펭이 언제나 옆에서 통역했다. 기독교인들은 *사맛*이 어떤 모임에서 간증했을 때 크게 감동했다. 정령 술사가 그리스도에게로 회심했다는 이야기를 들은 사람은 별로 없었다. 성경에 대한 그의 지식도 그들을 놀라게 했다. 곧 모든 사람은 그리스도에 의하여 완전히 삶이 변한 이 아버지와 아들을 깊이 존경했다.

수련회 후 펭은 아버지와 산을 여러 개 넘어서 집으로 돌아왔다. 아버지와 다른 신자들이 여전히 자신을 필요로 하고 있었기 때문에 펭은 그 해 가을에 학기가 다시 시작될 때까지 성경학교로 돌아가지 않았다. 론과 캐시 부부는 이제는 몽에서 남쪽으로 좀 떨어진 *반 타이*에 살고 있었다. 그들이 강 가까이에 임차한 집은 앞에 베란다가 있고 지지대 위에 지은 전형적인 라오스 집이었다. 널판지로 만든 벽과 마루에 난 틈으로 빛과 공기가 통하여 무더운 여름에는 시원했다. 추운 건기에는 불편하기도 했지만, 그 지역은 라오스에서 아주 추운 지역은 아니었다. 집 밑의 그늘진 공간은 모임을 갖기에 적합했고 아들 스티브가 성장하는 동안 편리하고 안전한 놀이터였다. 스티브는 두 살밖에 안 되었지만 캐시가 가까이에 앉아 라오스 엄마들과 얘기하는 동안 그 자녀들이 그와 놀려고 왔다. 펭이 성경 학교에 가지 않고 집에 있는 동안은 언제나 일요일에 새로운 신자 몇 명을 데리고 와서 론과 캐시와 함께 성경공부를 했다. 론과 캐시네 집의 거실이 넓어 그들은 종종 자고 가기도 했다.

그 해에 더 많은 복음 레코드판이 *타웨이어*로 만들어졌기 때문에 기독교인들은 새로운 교훈과 전도 도구를 갖게 되었다. 론과 캐시가 *타웨이어*를 연구하고 분석하는 시도를 하고 있었지만 아직 문자화되지 않아서 성경의 어떤 부분도 아직 타웨이 말로 번역되지는 않았다.

*반 다오*에서는 *사맛*이 계속해서 담대하게 전도했고 그 결과 장녀 노이가 마침내 기독교에 입문하기로 결정했지만 불신 남편 때문에 모임에는 거의 참석하지 못하고 있었다. 잉의 남편인 *젠*도 팍, 링, 다른 10대 소년과 함께 이 때 기독교인이 되었다. 그러나 *데에*와 *사얀*은 마을 어른들의 압력에 굴복해서 한 번도 모임에 오지 않았다. *사맛*의 형 *룽*은 자신의 새로운 신앙에 대해 매우 열정적이었다. 그는 강하고 외향적인 성격이라 펭이 성경학교에 있을 때는 종종 론과 함께 전도하러 나가곤 했다. 한 번은 그들이 존의 작은 일제(日製) 오토바이를 타고 숲을 지나가는데 앞에 통나무가 놓여 있었다. 론은 통나무를 뛰어

넘을 수 있다고 생각했지만 통나무가 앞에서 튕기는 바람에 두 사람은 오토바이에서 떨어지고 말았다. 둘은 모두 바지가 찢어졌고 무릎을 심하게 긁혔다. 고통이 심해 한 달가량 절뚝거렸지만 룽은 그저 웃을 뿐 논에서 일을 안 해도 될 때는 언제나 론과 함께 전도하러 나갔다. 가끔 론과 *캐시*는 *반*을 방문하기 위해 배를 타고 강을 거슬러 올라가 그 집에서 일요예배를 드렸다. *반*은 다리를 절었기 때문에 멀리 다닐 수는 없었지만 가까운 토기장이 마을 사람들을 전도해 종종 그들 중 일부가 예배에 참석하러 왔다.

펭이 성경학교를 졸업할 무렵에는 약 20명의 *타웨이* 사람이 예수님을 믿었고 몇 명이 복음에 관심을 보이고 있었다. 마을의 어른들은 그렇게 많은 사람이 기독교인이 된 것을 보며 놀라움을 감추지 못했다. 그들은 지도자가 없다면 기독교를 믿은 사람들이 다시 옛날 방식으로 돌아오리라 믿고 펭의 생명을 위협해 겁을 주려고 했다. 펭은 누군가가 자신을 죽이려 한다는 소문을 들었지만 두려워하지 않았다. 그는 계속해서 논에서 일을 하고 여유 시간에는 신자들을 가르치며 하나님이 모든 신자를 보호하실 것을 확신했다.

어느 날 밤 펭이 논집에서 자고 있는데, 무언가가 자기 발을 때리는 느낌에 잠에서 깨어났다. 놀라 자리에 일어나 앉아 주위를 둘러보니 지붕에서 돌들이 떨어지고 있었다. "어서 네 돗자리 밑으로 들어가!" 집 뒤쪽 방에서 아버지가 고함을 쳤다. 더 많은 돌이 떨어져 펭은 서둘러 자신의 돗자리를 잡아 머리 위로 끌어당겼다. 돗자리는 그리 크지 않아 몸을 겨우 가릴 정도였지만 그나마 보호해 주어 감사했다. 밖에서는 사람들이 펭을 저주하며 풀 지붕으로 큰 돌을 계속해서 던지고 있었다. 한참 후, 마침내 투석(投石)은 멈추었지만 언제 공격이 재개될 지 몰라 펭은 오랫동안 그곳에 그대로 앉아 있었다. 다음 날 아침에 보니 다른 기독교인들도 투석을 당했다. 다행히도 크게 다친 사람은 없었지만 모두 놀란 상태였다. *펭*과 *사맛*이 집에 던져진 주먹만 한 돌을 세어 보았더니 153개나 되었다. 다른 가족들에게 떨어진 돌도 많았다. 만약 누군가가 머리에 맞았더라면 중상을 입었을 것이었다. 자기 집에서 머물기가 두렵고 마음이 흔들린 신자들은 일어나 선교사의 집으로 갔다. 펭은 론과 캐시에게 보여주기 위해 돌을 몇 개 가져갔다.

"우리가 어떻게 해야 합니까?" 펭이 불안한 듯 물었다. 그들은 경찰서에 가서 공격당했던 일을 신고했다. 라오스 관리들은 기독교인들을 신중하게 조사한 뒤, 마을 지도자들과 이야기를 하기 위해 대표자를 파견했다. 이장 투앗은 투석 자체는 부인하지 않았으나 투석한 사람들이 누구인지는 알 수 없다고 대답했다. "우리 마을에는 기독교인들 때문에 환자들이 많습니다. 그들은 정령들을 화나게 했고 심지어 정령 중 하나가 사라지게도 했습니다. 펭이 4년 전에 곳간에서 내쫓은 정령은 그 이후로 추적할 수가 없습니다. 그것은 기독교 신자들의 잘못이고 우리는 그들이 더 이상 우리 가운데 사는 것을 원하지 않습니다."

라오스 관리들은 불교신자였기 때문에 관용이 중요한 미덕이라고 믿고 있었다. "이 나라에는 종교의 자유가 있습니다. 당신은 이 사람들을 이 땅에서 강제로 내쫓을 수 없습니다." 관리들이 물러서지 않자 투앗은 화난 얼굴로 여러 가지로 변론한 후 마침내 조금 양보했다. "그들은 논의 반대편에서 숲 속으로 500미터 정도 들어가 새로운 마을을 세울 수 있을 겁니다."

새로운 집을 지으려면 먼저 숲을 제거해야 했기 때문에 기독교인들은 수 주 동안 벌목에 매달려야 했다. 그들은 비가 내려도 좀처럼 쉬지 않았고 그런 중에 논에 씨도 뿌렸다. 반도 다른 사람들 가까이 살기 위해 정원에서 위쪽으로 이동하기로 결정하고 다리에 장애가 있음에도 불구하고 도움을 거의 받지 않고 스스로 새 집을 지었다.

아이들은 밤에 두려워했고 부모들은 불안했지만 새 집을 짓는 동안은 논집에 살 수밖에 없었다. 다행히도 더 이상의 투석은 없었고 마침내 새로운 마을이 완성되자 모두 안도했다. 다음 날 이른 아침 그들은 돗자리와 집기들을 새로운 집으로 날랐다. 오후에 론과 캐시가 준공 예배를 드리기 위해 와서 새로운 마을을 하나님의 돌보심에 맡겼다. *타웨이* 신자들은 찬송가를 부르며 성경 말씀을 듣는 동안 새로운 용기를 얻었고 그 대가가 무엇이든지 예수님께 신실할 것을 다짐했다.

그 날 저녁 펭은 다른 마을에 있는 친척을 방문하러 갔다. 생명에 대한 위협이 증가했기 때문에 펭은 매일 밤 다른 장소에서 잠을 자기 시작했는데, 자신이 다른 신자들과 함께 있지 않음으로써 다른 신자들을 보호할 수 있을 것이라고 생각했다. 펭이 다음 날 아침 일찍 집으로 돌아오니 어머니가 새 집의 현관에 웅크리고 앉아 흐느끼고 있었고 다른 신자들도 두려운 얼굴로 어머니 옆에 조용히 서 있었다.

"무슨 일입니까? 왜 어머니께서 울고 계시는 거죠?" 펭이 놀라서 물었다. 그러자 룽이 근심스러운 얼굴로 펭을 집에서 조금 떨어진 개울가로 데리고 갔다. 그곳에 아버지가 피를 흘리면서 누워있었다. *사맛*은 총탄 네 발을 맞아 두개골이 파열되어 있었다. 룽은 펭에게 밤중에 네 사람이 와서 *사맛*을 집에서 끌어내어 때리고 총을 쏘며 신자들이 악령들에게로 다시 돌아오지 않으면 그들 모두에게 똑같이 하겠다고 위협했다고 말했다. '만약 내가 집에 있었더라면 아마도 그들은 나를 죽이고 아버지는 살려두었을 텐데' 하며 펭은 괴로워했다.

그러나 그는 불신자들이 자신뿐만 아니라 아버지도 죽이기를 원했다는 것을 알았다. *사맛*이 일생동안 실행했던 마술을 완전히 버린 것은 *타웨이* 사람을 다스리는 정령 술사들의 권위에 대한 위협이었고, 그들은 특히 최근에 온 마을을 휩쓴 이질에 대해 *사맛*에게 책임이 있다고 간주했다. 펭은 너무나 상심해서 울 수도 없었다. 룽은 펭이 사맛의 시신을 집으로 옮겨 장례를 위해 목욕시키는 것을 도왔다. 그 후 자기 집에 머무는 것이 두려워진 기독교인들은 선교사들의 도움을 얻기 위해 도시로 내려갔다.

론과 캐시는 베란다에서 아침을 먹다가 *타웨이* 신자들이 떼를 지어 걸어오는 것을 보았다. "무언가 일이 생겼어." 론은 그들을 맞으러 사다리를 내려가며 캐시에게 말했다. "그들이 제 아버지를 죽였어요." 펭이 울먹이며 말했다. 그의 눈은 눈물로 가득했지만 얼굴은 분노로 경직되어 있었다. 아직도 아버지의 죽음을 믿을 수가 없었다.

론은 다른 선교사들과 펭의 동생 카프에게 이 소식을 알리기 위해 즉시 꽉세에게 전보를 보냈다. 그 후 론은 기독교인들을 데리고 가 경찰관들에게 살인을 신고했고 경찰관들은 장부에 사건을 기록했다. 숙은 살인자 중 3명은 모르는 사람들로 불신자들에게 고용된 청부 살인자들 같았지만 한 명은 헹인 것 같다고 증언했다. 룽도 동의했다.

론은 그 날 오후 펭과 함께 마을로 돌아가 시신을 두 장의 오랜 양털 담요에 싸서 목관에 넣은 후 간단한 기도와 성경 읽기로 예배를 드리고 부족민 묘지와 가까운 새 집의 위쪽 숲에 묻었다. 펭은 여전히 정신을 차리지 못하고 있었다. 그를 지탱할 수 있게 해 준 것은 더 이상 죄와 고통이 없는 천국에서 어느 날 예수님이 임재하신 가운데 아버지와 다시 만날 것이라는 지식이었다.

*카프*는 다음 날 OMF 선교사 로빈 이스트와 데이빗 퓨스터 및 라오스 장로 몇 명과 함께 마을에 도착했다. 그들은 함께 묘지로 가서 그리스도를 위하여 자신의 모든 것을 드린 회심한 정령 술사를 추모하며 기념 예배를 드렸다. *사반나케트* 교회의 장로들은 기독교인들을 만나 주 안에서 굳게 서도록 격려했다. 이 일 후 그들의 영은 다소 소생했으나 여전히 충격 상태에 있어 집으로 돌아가기를 두려워했다. 경찰이 이 사건을 수사하기 위하여 사람을 보내긴 했지만 더 이상의 조치는 취하지 않았다. *펭*과 *카프*도 이 사건을 주님께 맡기고 어떠한 고소도 하지 않기로 최종적으로 결정했다. 그들은 결국 정의가 이루어질 것을 확신했다.

마을 지도자들은 산기슭에 있는 본(本) 마을인 북(北)*반 다오*는 1년 동안 기독교인들에게 금지된 장소로서 그곳에 들어가는 자는 죽일 것이라고 선언했다. *타웨이* 사람들은 아무도 기독교인을 마을 안으로 데려오는 것을 원하지 않았는데 이것은 기독교인들이 친구와 친척들에게서 완전히 고립되어 숲 속에서 자기들끼리 살아야 한다는 것을 의미했다. *타웨이*에서는 사람들이 상호의존적이었고 아무도 어떤 것이든 혼자 하지 않았기 때문에 이것은 무서운 선언이었다.

라오스 관리들은 *타웨이* 부족의 두 파벌 간의 갈등을 해결하는데 지쳐 신자들이 다른 지역으로 이동할 것을 권고했지만 그런 장소를 찾는데 구체적인 도움을 주지는 않았다. 그래서 기독교인들은 *사맛*이 살해된 새로운 마을로 돌아가는 것이 무섭고 불편했지만 다른 방법이 없었다. 달리 갈 장소가 없었던 것이다. 그들은 논을 돌봐야했고 또 무한정 선교사들과 함께 있을 수도 없었다. 아무튼 그들은 자신들이 반대에 부딪혔다는 이유만으로 도망하는 것은 원하지 않았다. 자신들이 더 굳게 선다면 더 많은 *타웨이* 사람들이 예수님을 믿지 않겠는가? 그들은 다소 두려웠지만 숲 속의 작은 새 마을로 돌아갔다. 예수님을 좇는 것은 큰 대가를 치르는 것이었지만 그들은 *사맛*의 죽음이 헛되지 않도록 그가 보여준 용기의 모본을 따르기로 결심했다.

폭풍이 지나 간 어느 날 아침 펭은 논을 돌아다니며 높은 곳에서 흘러내린 물 때문에 약해진 수로의 양쪽 측면을 호미로 흙을 쌓아 보강하고 있었다. 펭이 한 쪽 논에서 일을 다 마치고 어깨에 호미를 메고 걷기 시작했는데 펑하는 소리가 들리더니 호미의 금속 부분에 무언가가 세게 부딪쳤다. 내려다보니 탄환 하나가 발밑에 박혀 있었다. 놀라서 주위를 돌아보았지만 아무도 없었다. 공격자가 논에서 멀리 떨어진 숲에 숨어있는 것을 눈치 챈 펭은 탄환을 주머니에 넣고 급히 집으로 돌아오며 하나님께서 자신의 생명을 살려주신 것을 찬양했다.

펭에게 일어난 일을 듣고 다른 신자들은 매우 두려워했다. 다음 날 모두 도시로 가서 그 일에 대하여 론에게 말하고 조언을 구하기 위해 도시로 갔다. 펭은 론에게 탄환을 주고 보관해 달라고 부탁했다. "이런 일은 경찰에 신고해야 합니다." 론이 말했다. "그래봐야 아무 소용이 없을 겁니다. 그들은 범인이 누구인지 알면서도 아직 제 부친의 살해자도 체포하지 않았습니다. 어쩌면 저를 쏜 사람은 하나님이 나를 보호하신 것을 보았기에 예수님께 돌아올지 모릅니다." "하지만 당신이 죽을 수도 있었다구요! 만약 호미가 아니었다면 탄환이 어디에 박혔을까요?" 펭은 자신의 심장을 가리켰다. 그러나 그의 네모진 턱은 결심으로 견고했다. "그 탄환이 내 근처에 도달했을 때는 거의 힘이 없었기 때문에 저에게 총을 쏜 사람은 멀리 있었음에 틀림없습니다. 하나님께서 저를 보호하실 것입니다."

그러나 기독교인들은 자신들이 살 다른 장소를 찾아야 한다는데 뜻을 같이 했다. 그들은 며칠 동안 론과 캐시와 함께 머무르고 난 뒤에야 다시 자신들의 집으로 돌아갈 용기를 낼 수 있었다. 생명의 두려움을 느낀 그들은 펭에게 정착할 안전한 장소를 찾아보라고 간청했다.

며칠 후 펭과 어머니 숙은 자신들을 받아 줄 마을을 찾으러 솔라네로 날아갔다. 그는 산맥 서쪽으로 난 산악도로들을 따라 수많은 난민촌이 있다는 것을 들었다. 솔라네에서 몇 킬로 떨어진 반캇에서 일단의 후아이 기독교 난민들이 놀라움과 동정심을 보이며 펭의 이야기를 들었다. 그들은 타웨이 신자들이 자신들과 함께 사는 것을 환영하며 집을 짓고 논을 만드는 것을 도울 것이라고 약속했다.

펭이 이 소식을 가지고 돌아왔을 때 대부분의 신자들은 이 초청을 받아들이기로 했지만 쌍둥이 가족은 신앙을 버리는 것을 의미함에도 불구하고 가지 않기로 결정했다. 펭은 그들이 예수께로 돌아온 것은 단지 자신들의 아이가 죽지 않게 하려는 것임을 깨달았다. 이제는 외견상 그 쌍둥이에게는 별로 위험이 없었다. 사안은 결코 강한 기독교인이 아니었는데 수개월 전 군에 입대했다. 람은 여전히 신자가 아니었고 이전보다 예수님을 믿는 것을 더 두려워하는 것 같았다. 데에는 여전히 마술을 행하면서 구원받지 못한 삼촌 가족과 함께 살고 있었기 때문에 펭은 그를 오랫동안 보지 못했다. 펭의 누이 노이는 자신은 여전히 예수님을 믿는다고 주장하지만 남편이 자신과 함께 예수님을 믿고 마을을 나오기 전까지는 *반 다오*에 머물기로 결정했고 세 명의 십대 소년도 마을에 머물기로 결정했다.

펭은 그들이 친척 가까이 머물기를 원하는 것을 비난하지 않았지만, 그들이 정령들을 달래기 위해 예물을 바치게 될 것임을 알 수 있었다. 그는 가슴에 통증을 느끼며 아무튼 자신이 그들을 제대로 양육하지 못한 것이라고 생각했다. 펭은 벡과 랑이 그리스도에게 돌아올 것을 기대하며 찾아가 보았지만 그들은 계속해서 마음이 강퍅했다.

숙이 펭에게 *사맛*을 살해한 사람 중 한 명이 헹이었다고 말해주었지만 펭은 용기를 내어 헹에게도 찾아갔다. 헹은 펭을 집으로 들이지 않고 밖에 세워둔 채 이야기를 했는데, 헹의 얼굴은 잿빛이었고 표정은 어두웠다. 헹이 *사맛*의 살해에 동참한 것을 알면서도 고소하거나 질책하지 않은 것에 대한 놀람의 표정이 헹의 얼굴에 어렸다. 표정은 다소 부드러워졌지만 헹은 퉁명스럽게 말했다. "나는 아무 것도 예수와 함께 하고 싶지 않아. 그는 지금 너를 도울 수 없어. 나에게 말하는 것은 네 시간을 낭비하는 거야!"

"예수님은 너를 사랑하셔. 그러나 네가 그분을 거절하면, 그분은 너를 판단하고 네 죄를 심판하실 거야." 펭이 대답했다.

"나는 네가 말하는 예수가 두렵지 않아!" 마음 깊이 자신이 한 짓에 대한 충격과 부끄러움이 있었지만, 헹은 그런 감정을 사나운 표정으로 가리고 "내 앞에서 사라져! 다시는 나를 괴롭히지 마." 라고 소리치며 펭을 밀어내려 했다.

헹이 돌아서서 사다리로 집에 올라가는 동안 *란지*는 혹 둘이서 싸우는지 보려고 문으로 나왔다. 그녀는 집 안에서 두 사람의 대화를 듣고 있었고, 남편이 펭을 해칠까봐 두려웠다. 그녀는 더 이상 펭에게 관심 없었지만 헹이 그를 해치는 것을 원하지는 않다. 남편이 *사맛*의 죽음에 어떻게든 연루가 되었다는 소문을 들은 이후 그녀는 헹이 무엇을 할지 몰랐지만 그가 펭과 모든 기독교인을 미워하고 폭력을 사용할 수 있다는 것은 알고 있었다. 그녀는 펭이 고개를 숙이고 천천히 떠나는 것을 보고 안도감을 느꼈다. 그러나 어떤 이유인지 그녀는 마치 어떤 기회가 자신의 손에서 빠져 나가는 것처럼 슬펐다. 만약 예수에 관한 펭의 말이 진실이라면? 그러나 그녀는 펭의 말이 진실일 수가 없다고 생각하며 자신의 불안한 마음을 무시하고 남편을 따라 어두운 집안으로 들어갔다.

론이 떠나는 기독교인들을 위한 교통수단을 찾는데 약 1주일가량 걸렸다. 마침내 미국 국제개발처 관리가 자신들의 비행기 한 대를 수배해 주었다. 펭은 모친과 함께 네 가족이 떠났다, 즉 동생 잉과 남편 *젠*, 두 아들을 가진 과부, *반*과 여동생 부부, *룽* 삼촌 가족. 자녀들까지 계산하니 모두 19명의 *타웨이* 신자들이 떠나는 것이었다. 그들은 운반할 수 있는 모든 소지품은 챙겼으나 쌀은 한 가족 당 한 가마만 허용되었다. 분명 *반 다오*의 불신자들은 신자들의 곳간에 남아있는 쌀은 물론 논에 막 심어놓은 것도 가져갈 것이다.

비행기가 몽의 비행장에서 이륙하자 펭은 멀리 연녹색의 논이 마치 에메랄드 목걸이처럼 산기슭을 감싸고 있는 것을 보았다. 그리고 비행기가 북쪽으로 방향을 돌려 산기슭을 지나가자 *타웨이* 마을이 울창한 우림(雨林) 사이로 보일 듯 말 듯 멀어져 갔다. 그가 평생 동안 살았던 곳이었기 때문에 떠나는 것은 어려웠다. 먼 조상들이 후아이 부족 가까운 산의 고지대에서 살고 있을 때도, 타웨이 사람들은 아래 평지에서 벼를 경작했다. 그들은 산지 부족과는 달리 매 3년마다 새로운 논을 만들기 위해 이동하는 법이 없었다. *사맛*의 논은 여러 세대에 걸쳐 세습되어 왔는데 이제는 다른 사람에게 속하게 되는 것이다. 그가 정성들여 경작했던 벼를 다른 누군가가 추수할 것이다.

펭은 떠나는 것이 바른 일이 아니라는 느낌이 들었다. 왜 불신자들 때문에 자기 집과 논에서 쫓겨 가야 하는가? 론과 *캐시*처럼 계속해서 머물면서 전도를 해야 하는 것 아닐까? 그러나 몽 근처에는 기독교 신자들이 정착할 장소가 없었다. 라오스 관리들과 심지어 선교사들도 떠나는 것이 좋겠다고 충고했다.

펭은 상황을 변화시킬 수 없어 무력감을 느꼈다. 자신은 머물기를 원했지만 가족과 친구들은 떠나기로 결심했다. 아버지가 잔인하게 살해된 후 2개월 동안 그들은 죽음의 위협 속에서 살았다. 펭의 마음은 혼란스러웠고 마음은 고통스러웠으나 저 아래에서 재빨리 지나가는 정글을 내려다보며 언젠가는 반드시 *반 다오*로 돌아와 자기 부족을 참하나님께로 인도할 것이라고 생각했다.

20
열댓

타웨이 기독교인들은 곧 *반캇*에 정착했는데, 산 측면을 돌아가는 포장도로에서 약간 떨어진 곳이었다. *후아이* 신자들은 이들을 열렬히 환영했다. *후아이* 신자들은 자신들이 전쟁으로 조상의 고향을 떠나지 않으면 안 되었기에 난민이 되는 것이 어떤 것인지 알고 있었다. 그들은 이미 상당히 번영을 누리고 있었다. 그들은 수년 전에 두리안 나무를 심었는데, 이제는 나무가 자라서 10Km 밖에 떨어지지 않은 *살로네* 시장에 좋은 가격으로 팔고 있었다. 두리안은 쪼개서 속을 드러내면 썩은 계란이나 강한 양파와 같은 지독한 냄새가 났지만 라오스 사람이나 서양 사람들은 두리안을 좋아했다. 두리안을 먹을 때 코만 막으면 아주 맛있었다.

후아이 기독교인들은 상냥하고 관대했으며 언어는 *타웨이* 언어와 비슷했지만 펭은 그들의 관습 중 어떤 것은 적응하기가 어려웠다. 특히 *후아이* 사람들이 산사태로 생긴 땅을 태운 후 벼를 기르는 방법이 그러했다. 펭은 볍씨를 심을 논을 준비하려고 했지만 나무를 베어낸 후 3개월 동안 말려야 했다. 관목을 태우고 볍씨를 뿌릴 수 있는 논을 만드는데 몇 달이 걸렸다. 이 일은 농사를 지으며 매년 해야만 했다. 새로운 논을 더 만들어야 했기 때문이다. 그렇게 일 년 내내 논에서 바쁘게 일을 하다 보니 펭은 그 지역 난민촌에서 전도를 하거나 성경학교로 돌아갈 시간이 생기지 않았다. 그는 개울 옆에 작은 수전(水田)을 만들까도 생각해 보았지만 딱딱한 처녀지(處女地)를 갈아엎을 만큼 충분히 강한 쟁기를 만들 수 없었다. 삼촌 반이 날카로운 강철 날을 만들어 주긴 했지만 다른 부분이 목재여서 묻혀 있는 바위나 나무뿌리에 부딪히면 곧 부러졌다. 여러 세대 동안 농사를 지었던 반 *다오* 주위의 논에서 일하던 것과는 상황이 전혀 달랐다.

펭은 어느 날 *솔라네*에서 존을 만나 이 문제를 의논했다. "저는 성경학교에도 참석하고 마을에서 전도할 수 있는 시간도 낼 수 있게 논을 만들고 싶지만 땅을 갈아 엎을 수 있을 만큼 강한 쟁기가 없습니다."

"시간을 좀 주세요. 어쩌면 내가 당신을 도울 수 있을지도 모르겠네요." 존이 밝은 표정으로 대답했다. 존은 방콕에 가는 길에 물소가 쉽게 끌 수 있는 작은 강철 쟁기 한 개를 펭에게 사다주었다.

펭은 그 강철 쟁기로 개울 옆에 조그만 논을 만들 수 있었다. 일단 논이 만들어지고 수로도 만들어지자 펭은 쟁기질과 파종을 위한 가래질을 하기 전 비가 올 때까지 기다리며 시간을 벌 수 있었다. 이리하여 그는 건기에는 성경학교에서 공부하며 전도하러 나갈 수 있는 시간을 낼 수 있게 되었다. 건기 초기에 논에서 일을 시작해야만 했던 후*아이* 사람들은 수전 농법의 이점(利點)을 발견하고 몇 사람이 자신들에게는 낯선 이 농사 방법을 가르쳐 달라고 펭에게 요청했다. 그러나 산의 측면에 있는 좁은 땅은 수전을 하기에는 적당하지 않았다.

룽은 솔라네 근처에 논을 만들 수 있는 좋은 땅을 샀는데 그 땅은 상당히 평평했다. *반*은 그 가까운 곳에 정착했고 후에 *반 다오*에서 두 아들을 데리고 나온 기독교인 과부와 결혼했다. *반*은 여전히 고무 타이어 조각을 붙이고 무릎으로 걸었지만 스스로 집도 지을 수 있었고 철물가게를 열어 번창하는 사업으로 발전시켰다.

곤궁한 기독교인들이 자립할 수 있도록 도와주는데 사용되는 라오스 교회 기금의 지원을 받아 펭은 길 건너 서쪽 *반*의 땅 가까이에 논을 살 수 있었는데 아름답고 상당히 평평한 땅이었다. 후에 또 한 번 지원을 받아 물소 한 마리를 살 수 있었다. 더 이상 물소를 빌릴 필요가 없게 된 것이다. 어린 물소는 아직 훈련이 안 되어 물이 찬 논에서 진흙 사이로 쟁기를 끄는 것에 익숙하지 않았지만 펭은 열심히 일했고 마침내 볍씨를 심을 수 있었다.

그러던 어느 날 물소가 어디론가 가버려서 찾을 수가 없었다. 펭은 사방을 찾아보았지만 결국 찾지 못했다. 선교사들은 그 소식을 듣고 다른 신자들과 함께 펭의 소를 찾아달라고 기도했다.

마침내 존은 누군가 물소를 훔쳐가 도살해서 고기를 솔라네 시장에 팔아버린 것 같기 때문에 찾을 가망이 없다고 말했다.

"아닙니다. 존. 하나님은 제 물소가 어디 있는지 아시며 때가 되면 어디에서 찾아야 할지 보여주실 겁니다." 펭이 반박했다.

"만약 사람들이 이미 먹어버렸다면 소를 찾는 우리 수고는 소용이 없을 거예요!" 존은 이렇게 말하면서도 펭의 믿음에 놀라며 그 물소를 찾기를 바랐다. 며칠 후 존과 도로시는 각진 베트남 모자를 쓰고 물소를 끌고 가는 한 농부 옆을 차를 타고 지나쳐 갔다. 잠시 후 존은 그

농부의 미소가 낯익어 누군지 알아보기 위해 차를 세웠다.

"저 사람 우리가 아는 사람 같아요." 존과 도로시가 터벅터벅 걷고 있는 농부 곁으로 다가가 큰 원추형 모자 아래 갈색 얼굴에 떠오른 미소를 보고 펭인 것을 알아챘다. 펭이 물소를 찾은 것이다!

"하나님이 마침내 제게 어디서 찾아보라고 말씀하셨습니다." 펭은 만족한 미소를 지으며 말했지만 더 이상 자세하게 말해 주지는 않았다.

* * *

론과 캐시는 이제 솔라네에 살고 있었다. *타웨이* 기독교인들이 이동한 지 수개월 만에 몽 지역의 군사적 상황이 매우 악화되어 그곳을 떠나야 했다. 그들은 1주일에 한번 오토바이를 타고 *타웨이* 신자들을 방문하여 격려했는데 한 주는 *반*의 집에서 그 다음 주는 룽의 집에서 모였다.

*반*의 누이도 가까이에 살았는데 남편 숀은 가끔 반이 철물가게의 석탄불을 만드는 것을 도왔다. 숀은 *반 다오*의 정령 술사들이 오래 전에 자신의 피부 밑에 넣어 놓은 부적 때문에 문제가 생기기 시작했다. 길이가 약 1인치 정도 되는 이 금바늘들은 위험이 다가오면 움직여서 조심하라고 경고하는 기능을 했다. 그러나 이제는 이 금바늘 부적이 숀의 피부에 문제를 일으켰다. 펭은 숀에게 그런 것들은 믿지 말고 온전히 예수님을 따르라고 권면했다. 숀은 신앙고백은 했으나 한 번도 강한 믿음을 보여준 적은 없었다. 그럼에도 마침내 부적 일부를 제거하는 것에 동의해 론은 숀을 데리고 필리핀 의사들이 있는 팍송 진료소로 가서 먼저 엑스레이로 검사를 한 후 바늘을 제거했다. 그 후 숀의 건강은 좋아졌지만 그의 믿음은 여전히 약했다.

론은 펭과 함께 굽이도는 산길을 걸어 여러 난민촌을 정기적으로 방문하기 시작했다. 최근 치열해진 전투 때문에 여러 큰 부족이 베트남 국경을 따라 넓은 지역에 퍼져 있던 그들의 마을을 버리고 나오는 바람에 많은 새로운 마을이 솔라네 근처 언덕에 생겨나고 있었다. 펭은 어떤 부족의 언어는 전혀 이해할 수 없었지만 어떤 부족의 언어는 부분적으로 이해할 수 있었다. 펭은 이 사람들에게 복음을 전해야 한다는 부담을 느꼈기 때문에 그들의 언어를 조금씩 배우기 시작했다.

그는 타웨이 부족의 위대한 지도자가 되려는 야망을 포기하고 이제 모든 부족을 그리스도에게로 인도할 수만 있다면 그들을 섬기는 것으로 만족하고 있었다. 펭은 때로는 난민촌을 혼자 방문하기도 했다. 그가 난민들을 상담하며 실제적인 방법으로 돕자 그들은 진심으로 도우려는 펭의 마음을 알게 되었다. 그 결과 많은 사람이 예수님에 관한 그의 말을 경청하기 시작했고 마침내 몇 가족이 기독교인이 되었다.

* * *

마침내 펭의 누이 노이가 남편 딩과 두 자녀를 데리고 마을을 찾아와서 타웨이 기독교인들과 재회하며 안도했다. 그녀는 반 다오와 몽의 상황이 매우 위험해졌다고 이야기 해 주었다. 노이와 딩이 다른 신자들 가까이에 정착한 후 딩도 예수님을 믿기로 결심했지만 많은 경우 옛 방식대로 다시 타락했다.

"저는 탕자 이야기를 좋아하는 것 같습니다." 어느 날 딩이 캐시에게 말했다. 몇 달 후 노이는 딩이 자기를 떠나 반 다오로 돌아갔다고 말했다. 옛 삶의 인력(引力)이 그에게는 너무 컸던 것이다.

그 해 벼 추수가 끝난 후 펭은 하나님을 효과적으로 섬기기 위해서는 더 많은 훈련이 필요하다는 것을 깨닫고 *사반나케트*의 성경학교로 돌아갔다. 그러던 어느 날 밤 펭은 하루 종일 공부하고 도시 밖 마을에서 전도하느라 매우 피곤하였음에도 불구하고 잠을 못 이루고 있었다. 날씨는 유달리 무더웠고 혼잡한 기숙사 방에는 공기가 통하지 않았다. 거리를 배회하는 길 잃은 개들이 보름달을 보고 짖는 소리가 가까이서 들려 왔다. 펭은 개들이 사라지자 안도했지만 곧 모기장 안으로 들어오려는 모기들의 윙윙거리는 소리에 신경이 쓰였다.

다른 학생들을 깨우지 않으려고 얇은 돗자리 위에서 몸을 뒤척이며 펭은 콩 가까운 마을 산지에서 홀로 살고 있는 *데이빗 퓨스터*를 생각했다. 그는 존과 캐시가 출타하고 있는 동안 거기서 사역을 진행하고 있었다. 한 때 펭은 거기서 *데이빗*과 함께 단기간 머물렀고 그들은 곧 가까운 친구가 되었다. *데이빗*은 어머니가 그리스도를 영접할 때 함께 했고 *사맛*의 장례식에도 왔었다.

펭은 옆으로 돌아누우며 편한 자세로 눈을 붙일 수 있기를 바랐지만 *데이빗*이 계속해서 생각이 났다. 펭은 그 젊은 선교사가 매우 위험하다는 것을 직감하고 갑자기 일어나 앉았다. 그는 성령이 기도하도록 부르시는 것을 느꼈고 선교사들이 했던 말 즉, 하나님은 가끔 친구들의 기도에 대한 응답으로 자신들에게 특별한 능력과 보호를 베푸셨다는 말을 기억했다. 그는 모기장 아래서 몇 시간을 앉아 머리를 숙이고 하나님께 자기 친구 *데이빗*을 보호해 달라고 기도드렸다.

다음날 아침 그는 다른 학생들도 *데이빗*의 안전을 위한 기도에 동참하여 줄 것을 간청했다. 그는 심지어 성경학교 교사들에게도 긴급한 필요가 있다고 설득했고 그들은 모든 사람이 *데이빗*을 위해 중보기도를 할 수 있도록 일부 수업을 취소했다.

나중에 그들이 당시 있었던 일을 들을 수 있는 기회가 있었다. 갑작스럽게 공산주의자들이 콩 지역을 위협해 현지 군(軍)당국은 콩 인근에 살고 있는 미국 평화봉사단원에게 안전한 장소로 떠나라고 권고한 상태였지만, 그 소식을 아무도 *데이빗*에게는 알려주지 않았던 것이다. 그날 밤 *데이빗*은 멀리서 울리는 총성을 들었지만 가까이에서는 전투가 발생하지 않았다. 데이빗은 그때 펭과 다른 학생들의 기도가 자기를 안전하게 지켜주고 있음을 느꼈다.

* * *

학기가 끝나고 펭은 집으로 돌아오는 길에 솔라네에서 하룻밤을 지냈다. 다음 날 아침 장터를 걷고 있는데 길 반대편에 아버지를 살해한 사람들의 리더였던 헹이 있었다. 펭은 자기 눈을 믿을 수가 없어 헹을 뚫어지게 쳐다보며 서 있었다. 그러자 군중 속에서 누군가를 찾고 있던 헹이 펭을 보고는 징그럽게 미소 지으며 머리를 거만하게 쳐들었다. 적개심과 두려움이 펭에게 몰려왔고 펭은 자신이 떨고 있음을 느꼈다. 재빨리 헹은 몸을 돌리더니 부산하게 떠드는 군중 속으로 사라졌다. 펭은 숨이 멎는 듯했고 심장은 불규칙하게 뛰고 있었다. 진정하려고 애쓰며 천천히 집으로 걸어갔는데 여러 가지 질문이 떠올랐다.

'왜 헹이 솔라네에 왔을까? 란지는 어디 있을까?' 이런 생각을 하면서도 펭은 누가 자신의 뒤를 따르는지 보려고 몇 번이나 어깨 너머를 살펴보지 않을 수 없었다.

논 옆에 지은 작은 집에 도착해서 방금 일어났던 일을 천천히 다시 생각해 보니 몹시 부끄러웠다. 펭은 모든 위험에서 예수님이 자신을 보호하실 것을 알고 있었다. 그런데 왜 아직까지도 형에 대해서 그렇게 두려움과 적개심을 느끼는 것일까?

펭은 형이 아버지를 살해한 것을 용서하려고 했지만 형이 자유롭게 활보하는 것을 보니 화가 났고 놀랐다. 형이 범죄하고도 체포되지 않고 처벌 받지 않는 것이 옳은 것 같지 않았다. 펭은 그 일을 하나님의 손에 맡기려고 노력했지만 죄 있는 자가 자유롭게 돌아다녀서는 안 된다고 생각했다. 그는 살인이 몽 지역에서 발생했기 때문에 솔라네 경찰은 아무런 조치를 하지 않을 것을 알고 몽 관할 라오스 경찰서에 편지를 써서 사법처리를 요청했다.

수주 후 그들은 어쩌면 형이 펭의 아버지를 살해했을 수도 있다는 뜻을 비치며 수사가 종결될 수 있도록 몽에 즉시 올 것을 요청하는 회신을 보냈다. 펭은 그들의 요구에 감춰진 속뜻이 있음을 알았다. 그들은 뇌물을 원하고 있는 것 같았다. 그러나 자신은 뇌물을 주지 않을 것이고 스스로 자신을 잘 변호할 수 있으리라 확신했다. 그는 이 건이 빨리 종결되기를 원했기 때문에 짐을 싸서 공항으로 갔다.

선교사들은 몽 지역에서 치열한 전투가 진행되고 있다고 들었기 때문에 펭이 몽으로 돌아가려는 것에 놀랐다. 그래서 그들은 펭에게 가지 말라고 간청했지만 펭의 결심은 확고했다. 그는 군용기 무료탑승을 바라며 하루 종일 공항에서 기다렸다. 몽으로 가는 일반 비행기는 오랜 전에 중단되었지만 가끔 몽으로 가는 군용 비행기나 헬기에 여유 공간이 있으면 민간인 탑승이 허용되었다. 그날 공항에는 많은 활동이 있었으나 펭에게 관심을 갖는 사람은 아무도 없었다. 결국 관리들은 펭에게 집으로 돌아가고 전투가 끝날 때까지 그 지역으로 돌아가는 것은 잊어버리라고 말했다. 나중에 펭은 그 당시 몽 근처에서 큰 전투가 있었으며 그 지역 전체가 *파텟 라오* 공산당의 수중(手中)에 떨어졌다는 것을 알게 되었다. 심지어 전투가 *타웨이* 마을이 있는 곳에서 벌어져 여러 마을이 포격을 받아 수많은 사상자를 내었다고 했다.

그때 펭은 하나님이 다가올 전투에서 *타웨이* 기독교인들을 구출해 내기 위해 한 해 전에 몽에서 인도해 내셨음을 깨달았다.

펭은 자기 부족 사람들 때문에 마음이 아팠다. 그들은 완강하게 하나님을 거부하지만 하나님은 그들을 사랑하신다. 그는 부족 사람들에게 악령들은 그들을 그들의 고통에서 보호할 수 없다는 것을 확신시키기를 바라고 있었다. 어쩌면 지금은 그들 중 일부라도 살아계신 하나님께 돌아왔을지도 모른다. 그는 전쟁이 끝나면 고향으로 돌아가 사람들을 예수님께 인도할 것이었다.

그리고 자신이 그들을 진정으로 사랑한다면 자기 아버지를 살해한 자들, 심지어 지금 *솔라네* 근처에 살고 있는 형까지도 용서해야 한다고 생각했다. 그는 하나님께 적개심을 없애달라고 요청했지만 고통이 너무 커서 아직 형에게는 전도할 수 없었다. 룽은 란지가 급작스런 병으로 죽었으며 형은 솔라네로 올 때 자녀들을 *반 다오*의 친척에게 맡겼다는 소문을 들었다고 말해 주었다.

* * *

가끔 펭은 외로워서 반려자가 필요하다고 느꼈기 때문에 이제는 결혼을 해야 하는 것이 아닌가 하고 생각했다. 그는 한 때 성경학교에서 한 여학생에게 매력을 느꼈지만 그녀는 펭에게 관심이 없었다. 자신은 천한 부족민으로서 안전을 제공할 돈이나 조그만 땅도 없으니 어떤 아가씨가 관심을 갖겠는가? 자기 가족의 논과 재산은 *반 다오*에서 박해자들을 피해 도망치면서 다 잃어버렸다. 라오스 처녀들은 좀처럼 부족민들과는 결혼하지 않았고 자신은 *솔라네* 근처의 부족민 가운데 서는 적당한 기독교인 처녀를 알지 못했다. 아버지가 사망했고 다른 친척들은 라오스 말을 잘 못했기 때문에 그에게는 관습을 따라 자기의 결혼을 주선해 줄 사람도 없었다. 해결책을 발견할 수 없었기 때문에 펭은 이런 생각들을 마음 한편에 밀어 놓고 성경공부와 하나님을 위한 섬김으로 만족감을 찾으려 했다. 하나님이 어떤 이유로 자신이 독신으로 남기를 원하시면 그는 그것을 받아들일 생각이었다. 그는 자신의 사역이 필요하다면 난민촌에서의 사역이든, 환자를 위한 기도이든, 교회에서의 설교이든, 기독교인 가정에서의 가르침이든 무엇이든지 할 용의가 있었다.

펭은 최근 부족 청년들을 위하여 *반캇*에 선교사들이 설립한 단기 성경 학교에서 학생들을 감독하고 보조 교사를 하고 있었는데 그 일이 즐거웠다. 1년에 한 번 6주 과정이 개최되었는데 그 지역의 여러 부족에서 15명에서 20명의 학생이 참석했다.

부족민들은 논, 강, 산에 살고 있다고 믿는 정령들을 늘 두려워하고 있었다. 펭은 늘 그러한 일을 겪으면서 이 영계(靈界)와의 전투에서 이길 수 있는 특별한 능력을 달라고 기도했다. 몇 번 그는 귀신에 사로잡힌 자들을 해방시킬 수 있었다. 예수님의 이름과 그의 흘린 보혈의 능력으로 사탄을 결박하는 것을 이해한 그는 복음을 선포하며 대적의 기선을 제압했다. 사람들이 자신에게 가져온 문제들을 잘 해결해주지 못했을 때는 실망스러웠다. 그런 때는 론이 자주 읽어주었던 성경구절을 생각하곤 했다. "우리가 이 보배를 질그릇에 가졌으니 이는 심히 큰 능력은 하나님께 있고 우리에게 있지 아니함을 알게 하려 함이라. 우리가 사방으로 우겨쌈을 당하여도 싸이지 아니하며 답답한 일을 당하여도 낙심하지 아니하며 박해를 받아도 버린바 되지 아니하며 거꾸러뜨림을 당하여도 망하지 아니하고(고후 4:7-9)."

펭은 성경학교를 졸업한 후에도 몇 번 다시 와서 새로운 강의를 들었다. 라오스 교회 지도자들은 펭이 설교에 은사가 있고 전임사역자로 부르심을 받은 것을 보고 3명의 다른 학생과 함께 북부 태국에 있는 *파야오* 성경학교로 보내어 연장 훈련을 받도록 해주었다. *파야오*에서는 태국어를 사용했고 모든 교재가 태국어로 되어 있어서 쉽지 않았다. 펭은 태국어를 미리 조금 공부하고 학교에 왔지만 수업이 어려워 정말 열심히 공부해야만 따라갈 수 있었다.

그는 종종 태국에서도 *반 다오*에 있는 아버지의 무덤이 생각났다. 그 일을 생각하면 여전히 마음이 좋지 않았다. 아버지의 죽음은 예방할 수 없었을까? *타웨이* 기독교인들이 몽 근처에서 정착지를 찾아야 하지 않았을까? 그래야 자기 부족민들에게 계속해서 전도할 수 있지 않았겠는가? 펭은 자주 하나님이 자신에게 평강을 주시고 상처와 적개심을 제거해 주시도록 눈물로 기도했다. 그러자 어느 날 밤 주님이 환상 중에 오셔서 그의 마음을 위로해 주셨다. 펭은 이 경험에 대해 많이 말하지 않았지만 사람들은 곧 그가 새로운 평강과 힘을 발견한 것을 알 수 있었다. 태국에서의 6개월은 길게 느껴졌다. 교사들과 다른 학생들은 친절했지만 라오스 학생 네 명은 가끔 향수를 느꼈다. 마침내 학기가 끝나자 펭은 기뻤다. 라오스 전쟁이 더 악화되고 있었기 때문에 빨리 집으로 돌아가고 싶었다. 곧 그는 전보다 더 바빠졌고 반 캇의 신자들을 가르치며 솔라네 동북쪽 산악지방에서 계속해서 유입 되는 난민들에게 전도했다. 고향에서 쫓겨난 부족민들은 새로운 환경 속에서 상실감과 혼돈을 느끼고 있었기 때문에 펭과 선교사들이 오 기만 하면 반가워했다. 난민들은 여러 가지 질병을 포함하여 모든 일 을 그들과 의논했다. 가장 공통된 질병은 말라리아, 이질 및 벌레에 물 리는 것이었다. 가끔 펭은 질병이 심한 경우에는 선교사들에게 도움을 요청하는 쪽지를 현지 버스기사에게 보냈다. 그러면서도 하나님이 치 유하실 수 있다는 것을 자신의 경험을 통해서 알았다. 존도 라오스에 오기 전에 하나님이 천식과 건초열(乾草熱)을 치유해 주셨다고 한 적이 있었다. 그래서 펭은 환자들을 위해 기도했는데 가끔씩 그들은 약이 도착하기 전에 회복되곤 했다.

* * *

그 해 솔라네 교회에서 장로 피택이 있었다. 펭은 1차 투표에서 가장 많은 표를 얻었다. 그 때부터 펭은 무임소(無任所) 사역자로 임명되어 다른 장로들과 함께 교대로 솔라네 교회에서 설교하며 가능할 때마다 부족민 마을에서 사역도 했다.

상당한 기간 동안 후아이 사람들과 반십 가까운 곳에서 주간 성경공 부를 했지만 펭은 일부 여인과 청년들을 특별히 가르쳐야할 필요가 있 다고 느꼈다. 그들은 오랜 동안 믿고 있었지만 잘 읽지 못하는 사람들 이었는데 과거에는 가족을 양육하며 논에서 남자들과 일을 하는 소녀 들에게 교육은 불필요한 사치로 보여 교육을 시키지 않았기 때문에 소 녀들은 읽고 쓰기를 하지 못했다. 그렇지만 이제는 성경을 공부하기 위해서 뿐만 아니라 라오스 사람들과 경쟁하여 물질적인 부를 얻기 위해서라도 라오스어를 읽고 말하는 것이 중요하다고 생각했다.

비록 청년들은 대부분 여자이기는 했어도 펭은 그들을 가르치는 것이 좋았다. 그것은 마치 가족을 돌보는 것 같았다. *세다*라고 하는 처녀가 특별히 총명하고 빨리 배웠다. 그녀는 언제나 재잘거리고 떠들었지만 행동이 어른스럽고 심지어 펭이 학급을 통제하기 힘들 때는 펭을 돕기도 했다. *세다*가 과정을 마쳤을 때 *세다*에게 사람들을 가르치는 은사가 있는 것을 보고 여자 반을 담당하도록 맡겼다.

*헤르만 크리스텐*은 자주 펭을 찾아와서 교회의 다양한 문제에 대해 조언해 주었다. *헤르만*은 언제나 열심히 도와주었다. 한 달에 몇 번씩 펭은 평소 입는 하얀 셔츠와 검은 바지를 말쑥하게 차려 입고 만면에 미소를 띠고 *헤르만*의 집에 나타나서는 함께 전도하러 나가든지 그냥 조용히 기도를 하곤 했다.

어느 날 펭이 집에 돌아왔는데 열이 나고 몸이 좋지 않았다. 말라리아였다. 말라리아는 전에도 한번 앓은 적이 있어 크게 걱정하지 않았지만 이번에는 아주 심하게 아프고 고열이 났다. 얼마나 오래 누워 있었는지 기억이 나지 않을 정도였다. 마침내 선교사들이 약을 가지고 방문했을 때는 펭은 거의 의식이 없는 상태였다. 펭은 말라리아뿐만 아니라 간염도 걸려 있었다. 몇 주 동안 펭이 죽음의 언저리를 맴돌고 있을 때 도처에서 기독교인들이 펭을 위해 간절히 기도했다.

마침내 열은 내렸지만 펭은 매우 약해져 있었고 정신조차 혼미한 상태였다. 고단백 식품과 충분한 휴식이 필요한 상황이었다. 펭의 마을에서는 이런 것들을 제공해 줄 수 없다고 판단한 *네빌*과 *요안 페터슨*

부부는 한 달 동안 *반젝*에서 자신과 같이 지내자며 펭을 초청했다. 메콩강 가장자리의 이 작은 마을에서 서서히 회복되는 동안 펭은 대부분의 시간을 기도와 성경공부로 보냈다. 저녁에 *네빌*과 *요안*은 자녀들이 옆에서 노는 것을 지켜보면서 펭과 베란다에 앉아 이야기를 나누었다. *네빌*은 최근 성경에서 혼과 영이라는 단어가 사용된 구절의 목록을 만들면서 그 둘 사이의 구분에 관해 연구를 했다고 했다.

펭은 아버지가 이 주제에 대해 매우 관심이 있었던 것을 기억하고는 자기도 이 구절들을 연구하기로 결심했다. *네빌*이 만들어 놓은 목록은 영어로 되어 있었지만 펭은 겁내지 않았다. 그는 영어 알파벳을 몰랐지만 *네빌*의 성경 목차와 자신의 라오스 성경 목차를 비교하면서 영어 성경 책이름을 혼자 힘으로 깨우쳤다.

그는 혼과 사람의 영에 대해 언급한 성경의 긴 목록을 조심스럽게 베끼고 나서 라오스 성경에 있는 모든 구절을 철저하게 찾아보았다. 그렇게 해서 배운 것들에 전율을 느꼈다.

이 주제에 대해 분명히 가르치면 틀림없이 미신 중에서도 특히 조상의 영을 숭배하는 라오스 부족민을 구원할 수 있을 것이었다. 그러한 생각을 *네빌*과 나누면서 펭은 자기 아버지가 아직 새신자였는데도 혼과 영 사이의 성경적 구분을 이해했으며 노래로 하는 토론을 통해서 *타웨이* 사람들에게 이것을 전달하려고 시도했다는 이야기를 들려주었다.

마침내 몸과 영이 새롭게 되어 집으로 돌아온 펭은 다시 가르침과 전도에 몰두했다. 잃어버린 자들에 대한 관심 때문에 그는 결코 쉴 수 없었고 단순히 벼농사만 지으면서 살 수 없었다. 그의 누이들과 삼촌 룽은 펭이 기독교 사역자로의 부르심을 받은 것을 이해하고 펭이 없을 때는 언제나 펭의 어머니를 돌봐주었다. 그래서 펭은 언제나 자기를 필요로 하는 곳이면 어디든지 자유롭게 다닐 수 있었다.

21
뽑는 배펄

반칸의 성도들이 보기에 펑은 지나치게 열심히 사역하고 있었다. 벼를 재배하고 추수하면서도 언제나 나가서 설교하고 사람들을 도왔다. 교회 장로들은 그에게 짝을 지어 주어 안정된 가정을 이루도록 해야겠다고 결정했다. 그래야 다시 병에 걸리지 않을 것이었다.

"펑, 식사하러 오세요." 어느 날 주일 예배 후 첸 장로가 펑을 식사에 초대했다. 펑은 이곳저곳을 다니면서 늘 그렇게 해왔기 때문에 기쁘게 그 초대를 받아들였다. 그런데 가보니 촌장과 장로들이 다 참석하는 자리여서 펑은 깜짝 놀랐다. 첸의 아내와 딸이 예배 전에 준비했던 밥과 켕을 들여오자 모두 신나게 먹었다. 여자들이 빈 대접과 밥그릇들을 내어가고 남자들은 어떻게 하면 벼농사가 풍작이 될 수 있을지 이야기를 나누기 시작했다. 잠시 대화가 끊어지자 첸이 펑을 보며 단호한 목소리로 말했다. "펑, 당신은 결혼해야 합니다. 아내가 세 명이나 되는 불신자도 있는데, 당신은 한 명도 없잖아요. 너무 열심히 일을 하기 때문에 당신을 돌보아 줄 사람이 필요해요." 다른 사람들도 모두 그 말에 동의하며 펑을 바라보았다.

펭은 웃으며 머리 숙여 감사했다. "네, 저는 상당히 오랜 동안 이 문제를 생각했습니다. 그렇지만 적당한 아가씨를 찾지 못했고 저를 위해 중매해줄 사람도 없습니다."

"반심의 *세다* 양이 당신에게 좋은 아내가 될 것 같은데요." 촌장이 의외의 제안을 했다. 펭은 놀라서 머리를 들고 주위의 사람들을 둘러보았다. 이들은 믿음의 형제들로서 펭이 행복하기를 진심으로 원하고 있었다. 그는 부끄러운 미소를 지으며 그 제안을 생각해 보기로 했다. *반심*의 후아이 사람들은 불교를 믿었고 그 마을에는 절까지 있었다. 그러나 *세다* 양은 훌륭한 기독교 가정에서 자랐다. 펭보다는 많이 어리지만 유능한 교사의 자질이 있었고 지금은 여자 문해(文解) 학교를 전적으로 책임지고 있었다. '그렇게 매력 있고 재미있는 아가씨가 나에게 관심이 있을까?' 펭은 자신이 없었다. "그런데 세다 양이 나와 결혼하고 싶어 할까요?" 펭이 주저하면서 물었다. 자기에게는 내놓을 만한 것이 별로 없었던 것이다.

"세다는 지난 몇 년간 많은 구혼자를 전부 거절했어요. 우리가 관찰한 바로는 당신에게 매력을 느끼고 있습니다. 아무튼 당신 같은 남자를 남편으로 맞이하는 건 감사한 일이지요." 한 장로의 대답이었다.

대부분의 부족 처녀들은 십대 초반에 결혼했지만 세다는 결혼할 사람에 대해 아주 조건이 까다로웠기 때문에 부모는 걱정하고 있었다.

"기도해보겠습니다." 펭은 짧게 대답했다. "우리는 그 부모를 만나 지참금에 대해 알아보겠습니다." 첸이 덧붙여 말했다. "상당히 부자인데다 딸이 훌륭한 기독교인 남편을 맞기를 소원하고 있기 때문에 큰 금액을 요구하지는 않을 겁니다."

그런 일이 있은 후, 주말에 펭은 문해 수업 때문에 *세다*를 볼 기회가 있었다. *세다*는 다소 수줍어하면서 펭을 의식하고 있는 것 같았다. 그것은 자신도 마찬가지였다. 자신이 여자에 대해 무엇을 알고 있을까? 과거에 한 여자는 자신에게 큰 상처를 주었고 그 후로 여자를 이해하기가 어려웠다. 여자에 대한 펭의 불신은 성경학교의 우호적인 여학생들과 여자 선교사들의 친절한 태도 덕분에 많이 사라지기는 했다. 하지만 이 소박한 부족 처녀가 자신의 필요를 이해하고 평생 반려자가 되어 주님을 섬기는 일을 도울 수 있을까? 그리고 자신도 상대의 필요를 이해할 수 있을까? 펭은 자기들이 서로 친숙해질 때까지 보내야 할 시간을 생각하자 마음이 차분해졌다. 어쩌면 독신으로 있는 것이 나을 수도 있었다.

수업이 끝나자 여자들은 여느 때처럼 자유로운 시간을 보내기 위해 서둘러 나갔고 펭이 가르쳤던 십대들도 뒤따라 나갔다. *세다*는 뒤에서 지체하며 학생들이 있던 자리에서 책과 문해 도표를 모으며 물건을 정리하고 있었다.

"*세다* 양, 가르치는 일은 어때요?" 펭은 좀 더 근사하게 대화를 시작할 수 없는 것이 한스러웠다.

"네, 아주 재미있어요. 하지만 진도가 느린 학생들은 어떻게 도와야 할지 모르겠어요." 미소를 지으며 자신을 보는 그녀의 검은 눈이 행복하게 보였다. 펭은 불안해하고 있었지만 세다는 펭과 더 친해지기로 결심한 상태였다. 펭이 자기에게 거의 눈길을 주지 않았지만 오랫동안 그를 흠모해 왔던 것이다. 이제 교회 장로들이 자기 이야기를 해주었기 때문에 친해질 수 있는 기회가 온 것이라고 생각했다.

세다의 가슴은 심하게 뛰고 있었지만 겉으로는 차분해 보였다.

"여자이기 때문에 읽을 수 없다고 생각하는 사람도 있어요. 수업이 점점 어려워지고 있기 때문에 그만둔다는 사람도 있고요. 제가 어떻게 하면 좋을까요?"

펭은 벤치에 앉아서 몇 가지 조언을 해 주었다. 세다는 정말 아름다웠다. 특히 갈색 피부가 아름다웠고 매끄럽게 뒤로 끌어올려 깜찍하게 묶은 머리는 감탄스러울 정도였다. 머리 묶는 법은 아마 선교사에게서 배웠을 것이다. 라오스 여인들은 머리가 쉽게 풀어져서 지저분하고 단정치 못하게 보였다. 양쪽 귀 앞에 짧게 내려온 머리도 매혹적이었다. 펭은 자기가 무슨 말을 하고 있는지 의식하지도 못한 채 곧잘 농담도 하며 즐겁게 대화에 빠져 들어 갔다. 많이 웃는 가운데 따뜻하고 행복한 감정이 펭의 가슴에 번져나갔다. 이 아가씨와 살면 재미있을 것 같았다. 그 후 그들은 매주 몇 차례씩 숲길을 함께 거닐었고, 펭은 점점 더 *세다*에게 매력을 느꼈다. *세다*는 온화하고 쾌활해서 심각한 펭의 성격을 보완해 주었다. 펭은 *세다*와 함께 있으면 편안했다.

하나님의 인도를 구했을 때 마음이 평안했기 때문에 펭은 장로들에게 중매를 진행해 달라고 부탁했다. 펭이 구애를 하자 *세다*는 꽃처럼 피어났고 한 달쯤 지나서 약혼이 공표되었다. 선교사들도 기뻐했다. 그들도 펭이 기독교인 배우자를 만나는 일에 지대하게 관심을 가지고 있었던 것이다. 결혼식은 규모가 조금 큰 *반캇* 예배당에서 올렸다. 마을 사람들과 선교사들은 예배당에 모여 있었고 펭과 *세다*는 약 45미터 밖에서 들러리들을 만나 모두 함께 예배당으로 갔다. *세다*는 흰 블라우스와 전통 수제 라오스 비단으로 된 연보라색 치마를 입었다. 진한 색깔의 비단 숄을 인도인들의 사리처럼 한쪽 어깨에서 다른 어깨 아래로 우아하게 걸치고 밝은 색 꽃으로 작은 고리를 만들어 머리에 달았다. 펭은 예배당으로 들어가면서 매우 진지한 표정으로 세다의 오른쪽에서 걸었다. 펭은 밝은 자주색 비단 *사롱*(동남아 남자들이 허리에 걸쳐 헐겁게 입는 긴 천으로 된 옷)과 소매가 긴 흰 셔츠를 입고 어깨에는 순백색의 비단 스카프를 걸치고 있었다. 그들은 신발을 문 앞에 가지런히 벗어 두고, 사람들이 운집한 예배당 앞쪽으로 들어가 예식을 주례하는 첸을 마주보고 앉았다. 신랑, 신부는 각기 작은 꽃병을 들고 있다가 자기 앞에 놓았다. 처음에 펭은 자연스런 *타웨이*식 양반다리를 하고 앉았으나 첸이 보고 이마를 찌푸리며 정식 라오스 방식대로 앉으라고 가르쳐 주었다. 펭은 재빨리 두 다리를 *세다*가 앉은 쪽과 반대 방향으로 향하게 했다. 신부는 바른 자세로 차분히 앉아 있었지만 펭은 불안하고 당황하여 여러 번 몸을 움직였다. 펭의 양말은 결혼식을 위해서 특별히 산 것이었다. 선교사들도 다른 사람들과 같이 현관 위에 신발을 벗어놓고 들어가서 후아이 및 *타웨이* 기독교인들과 함께 앉아 진지하게 지켜보았다. *카프*와 그 아내도 *사반나케트* 집에서 와 있었는데 하루가 걸리는 여행이었다. *카프*는 짙은 청색 신사복과 흰 셔츠를 멋지게 입고 넥타이까지 하고 있어서 선교사들의 복장이 무색할 정도였다. 펭의 어머니 숙은 두 딸 가까이 앉아서 가족을 자랑스럽게 바라보고 있었다. *사맛*이 아직도 살아서 아들의 행복한 모습을 보았더라면 얼마나 좋았을까 하고 생각했다.

예식은 찬송으로 시작되었고 결혼에 대한 성경적 교훈이 뒤따랐다. 펭과 *세다*가 결혼 서약을 하고 금반지를 교환하자 첸은 그들을 남편과 아내로 선포하고 하나님께 위탁하는 기도를 했다. 그러자 증인으로 선택된 두 남자가 나와서 혼인신고서에 서명을 했다. 이것은 부족민 중에서는 통용되는 관습이 아니었지만 펭은 라오스 기독교인들이 그렇게 하는 것을 보고 그렇게 해야 한다고 고집했다. 첫 번째 남자가 펜을 받았지만 글자를 쓸 줄을 모른다고 고백하자 첸이 그의 손을 붙잡고 정해진 칸에 대문자 X를 쓰도록 도왔다. 다른 증인은 촌장이었는데 주머니에서 안경을 꺼내 위엄 있게 쓰더니 천천히 자기 이름을 썼다. 그러자 그 지역 최고 관리가 자신의 이름을 써서 그 문서를 신랑에게 주었다. 펭은 자기 이름을 신중하게 썼고 세다가 자기 이름을 쓰는 것을 지켜보며 그녀가 읽고 쓸 줄 아는 것이 자랑스러웠다.

예식 후 선교사가 신랑과 신부를 차에 태워 인근에 있는 *세다*의 부모님 집까지 데려다 주었다. 그들은 그곳에서 전통을 따라서 첫 식사를 함께 했다. *펭*과 *세다*는 밥을 한 줌 취하여 소금과 구운 고추에 담가 같이 먹었는데, 이는 인생의 희노애락 등 모든 것을 함께 나누겠다는 의미였다. 그 간단한 의식 후에 결혼 잔치가 벌어졌다! 신혼부부와 손님들이 풍미 있는 닭 켕, 밥, 특별 디저트를 마음껏 먹으며 웃고 놀려댔다. 술 대신에 차와 물이 제공되었으며 불신자들의 결혼에 대개 따르는 난잡한 노래와 춤, 언쟁과 도박은 없었다.

부부는 결혼 생활을 행복하게 해 나갔다. 초기 얼마 동안 신랑이 처가에 살면서 일을 해야 하는 전통을 따라 처음에 그들은 *세다*의 부모님 집에서 살았다. 보통 라오스의 신혼부부는 첫 아이가 태어나기 전까지는 독립해서 나가 살지 않았다. 무한정 부모와 함께 사는 부부도 있었다. 그러나 몇 달 후 *세다*의 아버지는 펭이 공부하며 영적인 상담을 하기 위해 찾아오는 사람들을 잘 도울 수 있도록 근처에 새 집을 지어 주었다. *세다* 아버지는 사위가 자랑스러웠고 부자였기 때문에 가능한 모든 방법으로 그의 사역을 도우려고 했다.

*반심*의 기독교인들이 펭을 교회 장로로 선출했기 때문에 그는 설교와 상담을 하고 다른 지역 새 신자들에게도 세례를 주었다. 그는 가능한 한 집에 머물려고 했지만 목회자가 없는 난민촌에서 환자를 방문해 달라거나 설교를 해 달라는 요청을 받으면 대개는 거절할 수 없었다.

얼마 안 되어 그는 작은 오토바이를 사서 포장도로에서 떨어진 곳에 사는 사람에게도 신속히 갈 수 있었다. 좁은 숲길이 너무 가파르거나 돌이 많아서 오토바이가 갈 수 없으면 걸어가곤 했다.

어느 날 성도 한 사람이 *솔라네* 시장에 갔다가 선교사들이 펭이 필요하니 와달라고 한다는 말을 전했다. 오토바이를 타고 급히 읍내로 가니 *수반*과 *헤르만 크리스텐* 등 선교사 몇 명이 라오스 장로들과 함께 *캄타*라는 청년을 위해 기도하려고 모여 있었다. *캄타*는 기독교 가정에서 성장했지만 난잡한 삶을 살면서 오랫동안 교회에 나오지 않았다. 최근에 그가 병이 들어 기도를 요청하러 왔지만 예배 중에 폭력적으로 변하고 외설스러운 말로 소리를 질렀다. 그는 겁을 집어 먹고 제정신이 아닌 것 같았으며 집에 가려고 하지 않았다. 며칠 동안 선교사들은 함께 기도하고 상담하며 그의 삶 속에서 올바르지 못했던 것을 자백하도록 권면했다. 예수의 이름이 언급될 때마다 폭력적으로 변했기 때문에 사람들은 그가 귀신에 사로잡힌 것 같다고 생각했지만 아무도 그를 도와주지 못했다. 그래서 펭이 여러 차례 귀신들을 내쫓는 것을 본 라오스 장로들이 펭을 부르자고 제안했던 것이다.

펭이 기도하고 캄타에게 말을 걸자 캄타는 더욱 난폭해졌다. "네 속에 얼마나 많은 귀신이 있느냐?" 펭이 물었다. "열아홉." 캄타가 찢어지는 소리를 내며 양팔을 거칠게 휘저었다. 언제나 악령들에게는 이름이 있었다. 펭은 성경공부와 아버지를 통해 그 사실을 알고 있었다. "네 이름이 무엇이냐?" 펭은 손을 캄타의 어깨에 얹으며 다시 물었다. "절도!" 캄타는 숨 막히는 목소리로 대답했다. 캄타의 통상적 목소리와는 완전히 딴판이었다. "절도의 영아, 내가 죽으시고 다시 사신 하나님의 아들 승리자 예수의 이름으로 너를 쫓아낸다." 그러자 캄타가 벌떡 일어나더니 선교사들이 자해하지 못하도록 붙들고 있음에도 불구하고 무시무시한 비명을 지르며 격렬하게 몸부림쳤다. 소음과 혼란에도 불구하고 사람들은 모두 조용히 기도하며 하나님의 구원을 주장했다. 캄타가 마침내 진정하자 펭은 다시 물었다. "자, 다음 악령아 네 이름이 무엇이냐?" "거짓말!" 그 청년은 소리치며 다시 몸부림을 쳤다. 선교사들과 장로들이 기도하는 동안 펭은 자신의 질문에 더 이상 대답하지 않을 때까지 악령의 이름을 하나씩 불러가며 내쫓았다. 모두 스물아홉 귀신이 캄타에게서 나왔다. 조금 후 캄타는 정신이 들었지만 진이 빠진 채 땀을 흘리며 마루에 누워 있었다. 캄타는 완전히 회복된 것처럼 보였다. 그러나 다음 날 아침이 되자 아버지와 형과 싸우기도 하는 등 상당히 불안정해 보였다. 교회 장로와 선교사들은 전투가 아직 끝나지 않은 것을 알고 온종일 캄타 곁에 있으면서 금식 기도를 했다. 마침내 캄타는 자신이 결코 거듭나지 않았고 이름만 기독교인이었음을 알게 되었다. 그 날 캄타는 예수를 구세주로 영접하고 나서 마귀의 억압에서 완전히 구원받았다.

펭이 집에 돌아오자 세다가 화를 내며 부루퉁해 있었다. "오랫동안 어디에 있었어요? 얼마나 당신이 필요했는데요."

펭은 오래 독신으로 살아서 누군가에게 자기 소재를 알리고 이유를 말해주는 것이 익숙하지 않았던 것이다. "미안해요. 누군가를 보내어 알렸어야 했는데 미처 생각을 못했어요. *캄타*가 다시 좋아질 때까지 그냥 나올 수가 없었어요." 펭은 귀신을 모두 쫓아내는데 시간이 오래 걸렸다고 말해 주었다.

"왜 언제나 당신이 관여해야 해요? 선교사들이 해결하면 될 것을…."

"내가 필요하다고 불러서 간 거예요."

"아니, 저도 당신이 필요했어요. 몸이 안 좋아서 문해반을 가르치거나 불과 나무를 구하기가 어려워요. 왜냐하면…, 왜냐하면 아이를 가졌단 말이에요."

"당신이 아이를 가졌다고요? 우와!" 펭은 활짝 웃으며 어린 신부를 위로했다. 이제 집에 많이 머물러 있으면서 아내의 필요에 좀 더 신경을 쓰기로 결심했다.

아들 *레위*가 1974년 10월에 태어났다. 펭은 아들이 구약의 *레위*인처럼 성장해서 자신을 온전히 하나님께 바쳐드리는 하나님의 사역자가 되기를 바라는 마음으로 성경에 나오는 이름을 지어주었다.

펭은 세다가 출산 후 불 옆에 앉는 관습을 따르지 않도록 했다. 라오스에서는 여자가 출산 후에 장기(臟器)를 깨끗하게 하기 위하여 뜨거운 물을 마시며 2주 동안 불 옆에 누워 있으면 회복에 좋다고 믿었다. 이방 종교적 의미가 있는 것은 아니었지만 선교사들에게 배운 바로는 그것은 불필요하며 열대 기후이기 때문에 그렇게 하면 오히려 산모가 쇠

약해 질 수도 있다는 것이었다. 그래서 *펭*은 *세다*가 회복기간 동안 충분히 휴식하고 좋은 음식을 먹을 수 있도록 확실하게 조치했다.

*펭*은 아내와 아들이 매우 자랑스러웠다. 오랫동안 가족을 원했는데 마침내 하나님이 기도를 응답하신 것에 대해 감사했다. 처음에는 많은 시간 아내와 아들과 함께 집에 머물렀지만 곧 목회 일들로 다시 바빠졌다. *펭*이 외박을 해야 하면 *세다*는 종종 가까운 곳에 사는 부모님에게 가서 지냈다. 친정어머니는 *레위*를 돌보아 주는 것을 좋아하셨지만 *세다*는 *펭*이 없을 때는 언제나 외로웠다. 그녀는 바쁜 일정 속에도 여전히 여자 문해반을 가르쳤다. 그녀는 언제나 해뜨기 전에 일어나 벼 껍질을 두드려 벗겨내 그 날 식사에 필요한 쌀을 마련했다. 그리고 나서 형편에 따라 닭이나 생선을 잡아 간단한 켕을 만들었다. *반심*에는 시장이 없었기 때문에 *펭*이 *솔라네*로 갈 때마다 먹을 것을 사왔다. 어떤 때는 장보는 것을 잊어버리기도 했고 또 어떤 때는 음식을 살만한 돈이 없을 때도 있었다. 가끔은 *펭*이 돕는 사람들이 감사한 마음으로 닭 한 마리나 계란 몇 개, 또는 켕을 만드는데 넣는 죽순을 주기도 했다. 그런데 그해는 건기가 계속되면서 선물이 희소해져서 밥, 계란, 고추와 소금으로 식사할 때가 많아졌다. 그리고 집에서 기르는 몇 마리뿐인 닭도 더 이상 알을 낳지 않았다.

"레위에게 좀 나은 음식을 줘야겠어요." 어느 날 세다가 말했다. 다른 라오스 여인들처럼 모유를 먹이고 있었는데 아이의 체중이 잘 늘지 않았던 것이다. "레위에게 고깃국 좀 먹이게 오늘 시내에서 닭 한 마리 사올 수 있나요? 그러면 닭 켕도 만들어 먹을 수 있어요. 밥과 후추는 이제 질렸어요." 집에는 암탉이 몇 마리밖에 없었기 때문에 그걸

잡고 싶지는 않았던 것이다.

"돈이 하나도 없어요. 지난주에 탕 가족이 아파서 다녀오느라고 차비로 쓴 돈이 마지막이었잖아요?" 오토바이도 몇 주째 고장이 나있었지만 필요한 부속품도 없었을 뿐 아니라 수리공이 수리할 수 있도록 솔라네까지 운반해 갈 방법도 없었다.

"조만간 고기를 구해 주지 않으면 우리 모두 병이 날 거예요." 세다는 굴하지 않고 대꾸했다. "우리 부모님이 넉넉하셔서 기쁘게 도와주시겠지만 도와달라고 하는 건 당신이 싫어하잖아요. 왜 선교사님들은 당신이 하는 일에 보수를 주지 않아요? 그분들은 돈과 음식이 충분한 것 같은데요."

펭은 침묵했다. 세다도 이미 그 대답을 알고 있었다. 라오스 교회는 펭이 부족민들 가운데 신실하게 사역하는 전도자임을 인정하고 1년에 몇 번 전도기금을 보내 주었다. 그러나 최근에는 전쟁과 물가 폭등으로 모두 힘들었기 때문에 그 기금이 아주 적어졌다. 다른 교회 장로들도 모두 농사를 지어 살고는 있었지만 인플레이션의 압박을 느끼고 있었다. 농사를 지으면서 매주 설교를 하고 사람들을 찾아다니며 전도를 하고 연약한 기독교인을 상담하는 일은 쉬운 일이 아니었다.

그러나 라오스 교회는 복음을 최초로 라오스에 전해 준 스위스의 형제단 선교사들이 세워놓은 원칙을 여전히 따르고 있었다. 그들은 교회 지도자라고 하여 생활을 다른 이들에게 전적으로 의존해서는 안 된다고 생각했다. 이 원칙을 지키면 혹시 교회 내에서 권력도 누리고 편안하게 살고 싶어 지도자가 되려고 할 가능성을 차단할 수 있었다. 그렇지만 펭은 효과적인 목회자 역할을 하면서 동시에 성공적인 농부도 되려고 하는 것은 때론 무리라는 사실을 인정했다.

"세다, 우리는 선교사가 아니라 주님을 믿어야 해. 선교사들도 자기들이 필요한 것을 주님께 기도해서 받고 있어." 세다도 선교사들이 믿음으로 살고 있으며 라오스에 거주하는 다른 외국인들과 달리 간소하게 살고 있음을 알고 있기에 이에 대해서는 아무 할 말이 없었다. 그러나 그들에게는 언제나 먹을 것은 풍성하게 있는 것 같았다.

"지금 하나님께 우리에게 고기가 필요하니 달라고 기도합시다." 세다가 상당히 낙담하는 것을 보고 펭이 제안했다. 그들은 그 자리에서 하나님을 의지하며 믿음으로 기도를 드렸다.

다음 날 아침 평소대로 밥과 고추를 먹고 있는데 삼촌 룽이 숨을 헐떡이며 들어왔다. "펭, 총 좀 빌려주게. 숲에서 곰이 막 지나간 흔적을 보았는데 지금 추적하면 곰을 따라 잡을 수 있을 것 같아. 잡으면 고기를 좀 주지. 모두 충분히 먹을 수 있는 양이 될 거야."

룽은 그 날 저녁 곰을 잡아 가지고 환호하며 돌아왔는데 너무 커서 여러 명이 운반해야 할 정도였다. 펭은 그 소식을 듣자마자 송진과 큰 나뭇잎을 나무껍질로 단단히 감싸 만든 횃불을 가지고 길을 밝히며 급히 내려갔다. "정말로 대단한 곰이군요. 숲 속에서 이 놈을 추적할 때 두렵지 않으셨나요?" 펭이 놀라며 물었다. "그 놈이 나를 보고 돌진해 왔을 때 두려웠지. 그래도 번개같이 나무로 올라가서 그 놈의 머리통을 제대로 쏘았다네! 그리고 이건 자네 거야. 자네의 총과 탄환을 사용했잖아. 가죽은 솔라네 시장에서 팔 수 있을 거야. 지금 돈이 필요하잖아." 펭은 자기 몫의 고기와 룽이 억지로 가져가라고 준 곰 가죽을 가지고 돌아 왔다. 펭은 곰 가죽을 팔지는 못했지만 어린 오리들과

교환할 수는 있었다. "오리가 자라면 알을 먹을 수 있을 거예요." 펭이
세다에게 말했다. 펭은 어린 오리들이 자라는 것을 지켜보며 즐거워
했다. "오리 한 마리는 감사 예물로 주님께 바칠 겁니다. 하나님이 삼
촌을 통해서 고기를 달라는 우리 기도에 응답해 주셨으니 한 마리는
팔아서 교회에 헌금할 생각이에요." 펭이 선언했다.

그러나 펭은 알을 낳게 되면 더 가치가 있을 거라면서 팔기로 한 놈
이 다 자랄 때까지 기다리기로 했다.

22
말씀의 능력

펭은 막 점심을 먹고 나서 논일을 하러 나가기 전에 잠시 쉬고 있었다. 추수기는 바빴지만 펭은 대부분 집에 와서 아내와 점심을 같이 먹고 *세다*가 좀 쉴 수 있도록 어린 *레위*를 안고 달래곤 했다.

"론의 오토바이가 길을 올라오고 있어요!" 오토바이 소리가 점점 커지더니 먼지 구름이 마을 입구에 피어올랐다. 펭은 웃으며 론의 헌 오토바이 소리를 모를 사람은 아무도 없을 것이라고 생각했다. 오토바이가 멈추니 다시 정적이 작은 마을을 감쌌다. 캐시도 함께였다.

"삼바이 바우! 우리 왔어요." 론이 인사를 하며 오토바이에서 어정쩡한 자세로 내렸다. 장거리 여행에 지쳐서 근육이 굳은 것 같았다.

"삼바이 데, 론! 소리만 듣고도 오시는 걸 알았습니다." 펭이 농을 던지며 응대했다. "오토바이가 시끄럽기는 하지만 적어도 여기까지 무사히 데려다 주었지요." 론이 자랑스럽다는 듯 웃으며 대답했다.

펭은 아기를 *세다*에게 넘겨주고 민첩하게 사다리를 타고 내려가 선교사들을 영접했다. 이웃사람들이 몰려와 론과 캐시를 환영하며 살로네의 최근 소식을 물었다. 여느 때와 같이 상황이 좋지 않았다.

"우리가 듣기로는 적군이 산 저편 여러 마을을 더 점령했대요. 베트콩이 베트남으로 진격할 때마다 라오스는 상황은 더 악화됩니다." 론이 슬픈 기색을 띠며 우울하게 머리를 흔들었다. "라오스를 떠나시는 것은 아니지요?" 펭이 물었다. "네, 어쨌든 아직은요. 우리는 가능한 한 떠나지 않고 오래 있을 겁니다. 그것이 단지 몇 개월이 될 수도 있지만 말이지요."

마침내 이웃 사람들은 흩어지고 선교사들은 집안으로 들어와 차를 마시며 쉬었다. 선교사들은 병을 예방하기 위해서 끓인 물만을 마셨기 때문에 펭은 선교사들을 위해 차를 옅게 끓여 식혀서 특별한 물통에 보관해 두고 있었다. 차는 미지근했지만 론과 캐시는 감사히 마셨다.

"레위는 어때요?" 캐시가 물으며 세다에게서 아기를 받아 안았다. 아기가 3개월 가까이 되었지만 제대로 체중이 늘지 않고 있었다.

"어제 다시 설사를 했는데 오늘은 괜찮네요." 세다가 걱정스러운 표정으로 말했다. 라오스 아기들은 대부분 위장병을 자주 앓지 않는데, 그렇다고 해도 레위는 너무 자주 앓는 것 같았다.

"레위에게 주려고 새로 나온 약을 가져왔어요. 만약 이 약이 듣지 않으면 필리핀 진료소로 다시 데리고 가서 검사를 받아 봐요." 라오스에는 늘 질병이 만연했고 특히 소아 질병이 많았지만, 의료시설은 아주 드물었다. 캐시는 간호사였기 때문에 늘 약을 지니고 있다가 필요한 사람들을 도와주었다.

"선교사님 자녀들은 어때요?" 세다가 물었다. "다 잘 있어요. 우리가 없으면 친구 선교사가 에스더와 대니를 돌봐줘요. 스티비와 베키 편지를 오늘 아침에 받았는데 말레이시아 학교에서 잘 지내고 있대요."

"오토바이 부품을 몇 개 갖고 왔는데 잘 고쳐지면 좋겠네요." "나가서 고쳐 봅시다. 고칠 수 있을 거예요." 오토바이는 신속하게 수리되었고, 두 젊은 부부는 함께 성경공부와 기도로 시간을 보냈다. 펭은 종종 시골 교회에서 설교했지만 그에게도 교제와 격려가 필요했고, 론과 캐시 역시 펭과 함께 기도한 후에는 영적으로 강건해짐을 느꼈다.

마침내 떠나야 할 시간이 되었다. "선교사님들이 라오스에 오래 오래 계시면 좋겠지만, 여기 계신 것이 위험한 일이지요. 가끔 두렵지 않으세요?" 펭이 물었다.

"네, 두려워요. 하지만 하나님께서 보호해 주실 것을 믿어요. 그러나 혹시 무슨 일로든 론이나 아이들과 떨어져 있게 된다면 그걸 어떻게 견딜 수 있을지 모르겠어요." 캐시가 천천히 대답했다. "하나님께서 그런 일은 생기지 않게 하실 거예요." 론이 캐시를 부드럽게 감싸 안으며 말했다.

"우리는 그저 주님이 한걸음씩 인도하시리라 믿습니다. 만약 언젠가 라오스를 떠나게 되시면 절대로 저희를 잊지 말아 주세요. 당신에게 드릴만한 것은 없지만 혹시 미국으로 돌아가시게 되면 이 돌을 보고 우리를 기억하고 기도해 주세요." 펭은 길 가에서 갈색 돌을 주워 론에게 주며 부탁했다.

라오스에서 전투가 심해지기도 하고 잦아들기도 하면서 계속되는 동안 선교사들은 장래가 어떻게 될지 몰랐다. 매일 저녁 단파 라디오로 영어 뉴스를 들었지만 *라오스* 이야기는 거의 나오지 않았다. 라오스 내에서는 매일 달라지는 소문들 외에는 신뢰할만한 다른 소식통이 없었다. 전쟁으로 찢긴 이 나라의 불확실한 조건들 아래서 수년 동안 사역했지만 오히려 라오스의 문은 천천히 닫히는 듯 보였다. 아무도 떠난다는 생각을 하고 싶지 않았지만, 모두들 한 순간의 통고로 철수할 수도 있다는 사실을 실감하고 있었다.

펭은 그 해 대풍작을 거두었다. *세다*는 병약한 *레위*를 돌보는 것에 지쳐서 논일을 돕는 것을 너무 힘들어 했다. 그래서 펭은 매일 장시간 더 일을 했다. 마침내 타작하기 쉽게 볏단을 묶으면서 펭은 *세다*를 위해서 이것저것 근사한 것을 사주어야겠다고 생각했다. 그 해에 거두는 쌀을 전부 보관할 필요는 없었다. 그러면 *세다*에게 새 치마와 블라우스를 사 줄 수도 있었고 자기들에게 꼭 필요한 새 샌들도 살 수 있었다. 어쩌면 의자 2개와 탁자, 또는 적어도 그것들을 만들 수 있는 목재까지는 살 수 있었다. 마루에 엎드리지 않고 탁자에 앉아 공부하면 훨씬 편하게 공부할 수 있을 것 같았다. 펭은 선교사들과 오랫동안 교제했기 때문에 그들이 사용하는 물건들 중 어떤 것은 '사치품'이 아니라 '필수품'이라는 것을 이해할 수 있었다.

구름 없는 푸른 하늘이 황금 들판 위에 펼쳐져 있었고 1월의 공기는 시원하고 쾌적했다. 그런데 펭은 행복으로 가득차야 했음에도 무기력하고 의기소침했다. 모든 것이 잘되어 가고 있었지만, 왠지 기쁘지 않았다. 펭은 마음속에서 계속 맴도는 죄책감을 떨쳐버리려고 했지만 그럴 수가 없었다. 오리알 먹는 것이 너무 좋아서 주님께 대한 감사예물로 한 마리를 파는 것을 미루었던 것이다. 추수철이라 너무 바쁘다고 자기 합리화를 하고 있었다. 그런데 지난 주 오리가 모두 알 수 없는 병으로 갑자기 죽어버려서 이제는 주님께 했던 약속을 지킬 수가 없게 되었던 것이다. 펭은 자신이 성령을 근심시킨 것을 알았다. 뺨에 눈물이 흘러내려 일을 멈추고 기도를 시작했다. "주 예수님, 제가 약속을 지키지 않은 것을 용서해 주세요. 제 생각만 하면서 주님을 위해서는 충분히 생각하지 않았어요. 지금부터는 제 삶에 당신을 첫째로 두기를 소원합니다." 그러자 무거운 짐이 마침내 자기 마음에서 벗어지는 것 같았고 이제 주님이 자기를 용서해 주신 것을 알았다. 물질에 대한 욕심이 하나님을 섬기는 일에 방해가 되었던 것이다.

"다시는 그렇게 물질에 집착하지 않겠습니다. 저는 소박한 삶을 사는데 만족할 것이며 제가 가르치는 성도들에게 나쁜 본을 보여 실족하는 일이 없도록 하겠습니다." 펭은 하나님께 큰 소리로 약속을 했다.

펭은 자기 주변에 추수를 기다리는 황금 들녘을 바라보며 자신이 그리스도인이 된 후로 하나님이 자신을 위해 하셨던 많은 놀라운 일들을 회상하고는 자신이 원하는 다른 물건을 사지 못하더라도 이 벼의 일부를 팔아서 하나님께 헌금으로 드리겠다고 다짐했다.

며칠 후 교회 연례수련회 전에 헤르만 크리스텐이 펭에게 찾아와 선교사들의 기도의 날에 함께 해달라고 했다. 헤르만은 최근에 딸이 비극적 사고로 죽은 이후로 깊은 우울증을 앓고 있는데다 교회와 선교사들 중에 있는 여러 가지 심각한 문제로 걱정이 많았다. 라오스 교회 장로들이 교회 수련회에서 헤르만이 설교해 달라고 했지만 신체적으로나 정서적으로 설교할 수 있는 상태가 아니었다. 그러나 주님이 그 주간 중에 자신의 심령을 새롭게 만져주셨기 때문에 수련회에서 능력 있게 쓰임을 받을 수 있도록 특별히 함께 기도해주기를 원했다.

펭은 추수 작업이 아직 많이 남았지만 일을 제쳐두고 다음날 아침 선교사들이 있는 솔라네로 갔다. 솔라네에 살고 있는 모든 OMF 선교사들과 복음 선교회 사역자들은 하루 종일 금식기도하고 성경을 읽으며 *헤르만*을 격려할 특별한 말씀을 받기 위해 주님을 기다렸다. 그리고 한 사람씩 순차적으로 *헤르만*을 위해 기도하며 사탄에 대한 완전한 승리를 주장했다. 펭은 자기 차례가 되자 기도하기 전에 히브리서 12장 15절을 읽으며 *헤르만*에게 질문을 던졌다. "혹시 선교사님을 괴롭히고 있는 쓴 뿌리가 있습니까? 모든 형제들과 바른 관계를 가지고 있습니까?" 사랑하는 친구에게 이렇게 질문하며 권면하는 일은 용기가 필요한 일이었지만, 펭은 *헤르만*이 어떤 장로와 갈등관계에 있다는 말을 들었고 다른 사람에 대한 나쁜 태도는 하나님을 섬기는 데 방해가 된다는 것을 알고 있었기 때문에 그렇게 했다.

"그렇습니다. 제 양심은 깨끗합니다. 저는 *다네*의 아버지와 관계를 회복했습니다. 지난주에 그로부터 훌륭한 편지를 받았고, 우리는 다시 친구가 되었습니다." *헤르만*이 기쁜 표정으로 대답했다.

기도의 날을 마치면서 펭과 모든 선교사는 *헤르만*의 머리에 손을 얹고 기도했다. 사탄에 대한 승리를 감사하며 수련회에서 하나님의 은혜가 분명하게 나타나게 해달라고 간구했다.

펭은 교회 수련회가 개최되는 마을까지 가는 왕복버스표를 한 장밖에 살 돈이 없었지만 아내를 데려가기로 결심했다. 아내는 아이가 자주 아픈 바람에 교회 모임에 자주 빠졌다. 이제는 아이가 건강해졌기 때문에 펭은 아내가 자기 옆에 있기를 원했다. 펭은 아내에게 이렇게 말했다. "우리는 수련회에 같이 갈 것이고 하나님께서 귀향여비를 주실 것이라 믿어요. 하나님께서 우리의 필요를 채워 주실 거예요." 여행허가를 받기가 어려운 상황이었지만, 수련회에는 많은 사람이 참석했다. 라오스인 신자들과 부족 신자들은 선교사들이 곧 떠날 수밖에 없으니 이제부터는 자신들이 일을 맡지 않으면 안 된다는 것을 알고 있었고 닥쳐올 환난을 위해 자신들이 준비되기를 원했다.

수련회가 시작되었는데 펭의 필요를 모르는 어떤 선교사가 펭에게 조용히 다가와 하나님께서 이것을 당신에게 주라고 하셨다면서 귀향 여비보다 많은 돈을 주었다. 수련회 중 간증시간이 주어졌을 때 펭은 제일 먼저 일어나 이 기도응답을 간증했다. 그 돈으로 펭 부부는 그해 4월 청년 캠프에서 가르치기 위해 *사반나케트*에도 갈 수 있었고, 며칠 뒤에 개최되는 장로 수련회에도 참석할 수 있었다.

펭은 엘리와 *미케이* 및 소우반이 리더십에 대해서 했던 강의를 재미있게 들었다. 장로 수련회에는 남부 레바논의 21개 조직교회의 선출직 지도자들 외에 20~30개 미조직 신생교회의 미래 지도자도 몇 명 참석했다. 각 교회는 독립적으로 자유롭게 맡은 일들을 처리하고 있었다. 펭 부부는 장로 수련회 후 *사반나케트*에서 개최되는 성경학교의 특별학기를 위해 한 달을 더 체류했는데, 이 학기는 4학년 상급반 과정의 일부로 9명의 학생이 참석했다. 펭이 더 체류한 이유는 펭이 귀중한 경험을 많이 했다고 생각한 담당 장로들이 펭에게 '기독교인 심방 및 상담' 과목을 한 주에 두 번씩 가르쳐줄 것을 요청했기 때문이었다.

공립학교 학생들이 라오스 내 외국인들에 대한 데모를 시작했기 때문에 돌연히 *사반나케트* 및 주요도시에서 소동이 일어났다. 남부 베트남과 캄보디아의 멸망 소식에 학생들이 매우 흥분해 있어서 누구든 거리에 나가는 것은 위험했다. 펭은 솔라네에서는 더욱 심한 소동이 일어나고 있다는 소식을 듣고는 아내와 아이가 자기와 함께 있고 동생

카프 가족도 *사반나케트* 변두리에 체류하고 있어서 다행이라고 생각
했다. 특별학기가 끝나자마자 펭과 가족은 안전한 고향 *반십*으로 돌
아간 덕분에 도시의 소동에서 벗어날 수 있었다.

학생들이 선교사들을 표적으로 해서 데모한 것은 아니었음에도 불
구하고 선교사들은 불안했다. 선교사들은 자신들의 체류가 신자들에
게 도움보다는 낭패와 위험이 된다는 것을 느끼고 있었다. 한 선교사
가 라오스 기독교인의 집을 방문했는데 그 다음 날 정부관리가 그 집
에 찾아와서 외국인이 무슨 말을 했는지 심문을 했던 것이다.

상황이 상황인 만큼 OMF는 남부 라오스에서 18년간의 사역을 중
단하고 사역자들을 철수시키기로 했다. 철수가 시작되고 마지막 며칠
동안 OMF 선교사들은 거의 모든 소지품과 선교회 재산 일부를 강 건
너 태국으로 반출할 수 있었다. 이 과정에서 새로 들어선 당국의 허가
를 얻어야 했고 경찰서와 세관 및 공산군의 검문을 통과해야만 했다.

마지막 선교사들이 떠나기 직전, 성경전서와 신약성경을 실은 배가
도착해서 라오스에 반입이 허락되었다. 사람들은 이것을 보고 곧 닥
칠 암흑 기간 동안에도 하나님이 여전히 라오스의 교회를 다스리고 계
시며 지켜보신다는 증거라며 기뻐했다.

새 정부는 기독교인들에게 주일예배는 허용했지만, 다른 집회나 불
신자에게 전도지를 배포하는 일은 허용하지 않았다. *사반나케트*의 성
경 학교는 폐쇄되고 재산은 몰수되었다. 당국의 압력으로 일부 명목
상의 기독교인들은 그리스도를 부인했는지 모르겠지만, 대부분의 신
자들은 믿음을 굳게 지켰고 또 어떤 신자들은 어려운 시험 중에도 믿
음을 지켰다. 신자들은 강제로 정치사상 재교육을 받아야했지만 주

예수에 대한 믿음을 확고하게 붙들었다. 생활을 위한 조건이 모든 사람에게 매우 어려워졌다. 시장은 폐쇄되고 경제는 붕괴되어 스스로 양식을 마련할 수 있는 사람이 아니면 생존하기가 거의 불가능했다.

솔라네에 사는 기독교인 중에 스티븐이라는 군인이 있었는데 펭과 아주 친한 친구였다. 펭과 나이가 같았는데 어른이 되고나서 줄곧 라오스 군대에서 복무했고 아내와 자녀들도 부대에서 함께 살았다. 그런데 새 정부가 들어선 후 군대가 해체되자 그곳은 빈민가보다 더 살기가 어려워졌다. 막사에 사는 사람들은 벼를 재배할 논이 없는데다 주위의 땅은 채소를 기르기에 적당하지 않았다. 이따금 스티븐은 자전거를 타고 펭과 다른 그리스도인들을 만나러 반캇에 왔다.

펭 부부는 그와의 교제를 좋아했고 그가 돌아갈 때면 음식을 들려 보내곤 했다. 펭에게는 채소밭과 논이 있어서 도시에 사는 사람들보다 형편이 나았다. 그래서 스티븐에게 아내와 다섯 자녀를 데리고 가까운 반캇에 이사 와서 살라고 초청했다. 그러나 스티븐은 친구에게 짐이 되고 싶지 않았고 새 정부의 관심을 끌고 싶지도 않아 펭의 제안을 거절했다. 그래도 주말에는 가족을 데리고 펭네 집에 놀러왔다. 반캇까지는 10km나 걸어야 했지만 솔라네에서의 생존투쟁에 지친 아내 칸토와 자녀들은 이 여행을 고대하며 기다렸다.

하루는 이들이 토요일 아침에 반십에 도착했는데, 펭이 매우 슬픈 기색을 하고 베란다에 앉아 있었다. 펭은 전과는 달리 이들을 맞이하기 위해 일어서지도 않고 계단으로 올라오라고 손짓을 했다. 펭의 눈에 눈물이 가득 찬 것을 본 스티븐의 자녀들은 갑자기 대화를 멈추고 불안해하며 부모를 바라보았다.

"펭, 무슨 일이야? 왜 그렇게 앉아 있어?" 스티븐은 펭 옆에 앉으며 물었다. 펭은 말하려고 했지만 눈물만 흐르고 목이 메어 말을 할 수 없는 상태였다. "*세다?* 당신은 괜찮아요? *레위*에게 무슨 일이 생긴 거예요?" 칸토는 고개를 들이밀고 집안을 살폈다. 차가운 아이의 시신이 담요에 싸여 나무 마루 위에 조용히 뉘어져 있었다. *세다*는 옆에서 얼굴을 두 손으로 가린 채 슬피 흐느끼고 있었다. 펭은 눈물을 흘리며 목멘 소리로 *레위*가 어젯밤에 죽었다고 말했다. "*레위*가 어제 아팠지만 다른 때보다 더 심각한 것 같지는 않았어. 저녁에 열이 많이 나고 오래 울더니 잠이 들었는데 밤에 *솔라*네나 필리핀 의사에게 데려갈 방법이 없었어. 잠든 동안 낫기를 바랐는데 오늘 아침에 보니 죽어 있었어."

그날 오후 간단히 장례예배를 드린 후 아이를 무덤에 묻었다. 칸토는 *세다*가 쉴 수 있도록 집안일을 맡았다. *세다*는 이제 더 이상 울지는 않았지만 멍하니 앉아 먼 곳을 바라보고 있었다. 잠을 자지 못했고 말도 하지 않았다. 외아들이 죽은 것이다. 이제 무엇을 바라며 산단 말인가? 자기들은 하나님을 충성스럽게 섬기려고 노력했는데, 하나님은 이 참담한 일이 생기도록 허락하셨다.

칸토는 자식을 잃어버리지는 않았지만 다른 시련들과 실망스런 일들을 많이 경험했기에 *세다*의 마음이 원망과 질문으로 가득 차 있음을 감지했다. 칸토는 세다 옆에 앉아 조용히 이야기하기 시작했다.

"한번은 할머니가 모든 시련에는 목적이 있다고 말씀하셨어요. 할머니는 아주 젊을 때 딸 하나를 두고 남편을 잃었어요. 할아버지는 베트남에 가축을 팔러 가다가 돌아가신 거예요. 남편을 매우 사랑했기 때문에 재혼하려고 하지 않았지요. 당시 막 그리스도인이 되었던 때인데 아는 청년들은 모두 불신자였죠. 불신자와 결혼하는 것은 잘 못이라고 생각했기 때문에 매우 어려웠지만 제 어머니를 혼자서 키우 셨대요."

*세다*는 아무 말도 안했지만 *칸토*의 이야기를 주의 깊게 들었다. *세 다*가 잠시 동안 슬픔을 잊기를 바라는 마음으로 *칸토*는 이야기를 계속 했다. "어머니는 십대에 아주 인기가 많았어요. 많은 청년들이 아름다 웠던 어머니의 환심을 사려고 했지만 이들은 기독교인이 아니었기 때 문에 어머니는 그들을 멀리했어요. 멋진 믿는 청년을 하나님이 보내 어 결혼하게 해 주시리라고 믿었지만 그 당시는 예수님을 믿는 사람 이 많지 않았어요. 그래서 마침내 할머니는 네 명의 자녀를 둔 홀아비 에게 시집가면 어떻겠느냐고 했대요. 그분은 라오스 전역을 여행하며 라오스인뿐만 아니라 부족들에게도 전도하는 사람이었는데, 첫 부인 과 사별한 후 자녀들을 양육해 줄 믿는 여인이 필요했던 거지요. 어머 니는 당시 겨우 20살이었고 그를 매우 존경하기는 했지만 사랑하는지 는 자신이 없어서 처음에는 두려웠대요. 그러나 어머니는 점점 그분 과 친해졌고 드디어 결혼을 했습니다. 그들은 함께 하나님을 섬기며 훌륭하게 살았어요. 가끔 어머니는 남편과 함께 여행하면서 여인들을 가르쳤고, 나를 포함해 자신의 자녀들을 갖게 되었지요. 그런데 그 후 아버지가 그만 콜레라로 급사하면서 대가족을 부양할 책임이 제 어머 니에게 남겨졌어요." *세다*는 이제 *칸토*의 이야기에 집중하고 있었다. 어느 새 눈물은 말라 있었다. 자신보다 더 큰 시련을 당한 사람이 있 었던 것이다. "어머니는 살기가 대단히 어려웠지만, 나는 어머니가 불 평하는 것을 한 번도 들은 적이 없습니다. 어머니는 '하나님은 언제나

271

약속을 지키시며 결코 우리가 감당할 수 있는 이상으로 시험당하도록 허락하지 않으신다.'고 했어요. 당신은 눈에 넣어도 아프지 않을 아이 *레위*를 잃었기에 이제 죽을 때까지 마음이 아플 거예요. 그러나 적어도 *세다*에게는 남편이 있고 또 언젠가 다른 자녀도 가질 수 있어요." *칸토*는 이야기를 이어갔다. *세다*가 다시 흐느끼기 시작하자 *칸토*는 팔로 그녀를 감싸며 말했다. "목 놓아 울어도 돼요. 하나님께서는 자신의 아들도 죽은 적이 있기 때문에 *세다*의 감정을 이해하십니다. 하나님이 우리를 위해서 독생자 예수를 죽도록 보내신 것이 얼마나 어려운 일이었는지 알 수 있을 것 같지요?"

스티븐과 펭도 그 주말 함께 이야기하고 울면서 기도하며 보냈다. 펭은 하나님이 *레위*를 데려가신 이유를 이해할 수 없었지만, 많은 시간 성경을 읽으며 지내는 동안 자신을 위로하며 강건하게 하는 구절들을 발견했다. 그는 곧 다시 마을에서 가르치는 일로 바빠졌고 그러한 일을 하면서 자기의 슬픔과 고통도 서서히 이겨낼 수 있었다.

그러나 빈 집에 혼자 남아 있어야 하는 *세다*는 더 힘들었다. 조용하고 가라앉은 분위기 속에서 몇 달을 지냈다. 집안 일도 기계적으로 하며 말도 필요한 말만 하고 전혀 웃지도 않았다. 펭이 밖으로 데리고 나가 위로하려고 했지만 펭조차 가까이 하려고 하지 않았다. 수개월 동안 그렇게 지내며 교회를 가지 않을 핑계를 찾았다. 그러다가 봄에 다시 임신을 한 것을 알고서는 *세다*의 태도가 변하기 시작했다. 마침내 어느 주일 날 *세다*는 교회 장로들에게 "하나님을 원망했던 것을 용서해 주세요. 다시 주님을 섬기기 원합니다."라며 주님과의 교제를 회복할 수 있도록 기도를 해 달라고 요청했다.

당국이 기독교인들에 대한 감시를 강화함에 따라 스티븐과 칸토의 방문은 점점 뜸해졌다. 어느 토요일 펭은 신발을 사러 솔라네로 갔다. 시장에는 식품도 팔지 않았고 장사를 하는 가게는 물건 값이 너무 비싸서 충격을 받을 정도였다. 펭은 돌아오는 길에 몇 달 동안 보지 못했던 스티븐과 칸토를 찾아가서 함께 성경을 읽고 기도하며 서로를 격려하고 떠나려고 하자 스티븐이 펭을 데리고 나가 조용히 속삭였다. "가급적 빨리 가족을 데리고 라오스에서 나갈 거야. 당국은 믿는 부모들에게서 자녀들을 빼앗아 공산주의를 가르치려 하고 있어. 나는 아이들에게 공산주의 교리가 아니라 좋은 교육을 받게 해주고 싶어."

"우리는 곧 떠날 거야. *사반나케트*로 갈 수 있는 여행허가를 신청했어. 아내가 거기 사는 친정어머니를 보고 싶어 하거든. 그 후에 밖으로 나가는 길은 하나님이 열어주실 거야." 펭은 스티븐의 의도를 알았기 때문에 다음 말은 할 필요가 없었다. "*메콩강을 건너 탈출하려는 것은 아주 위험해.*" 펭이 속삭였다. "나도 알아. 그렇지만 라오스에 체류하는 것은 더 위험해. 이미 내 자녀들은 공산주의 선전학교 출석을 강요당하고 있어. 너에게만 이 이야기를 하는 거야. 우리가 안전하게 태국에 도착하도록 기도해줘." 펭은 그 후 다시 스티븐과 칸토를 보지 못했지만, 오랜 후 그들이 태국에 안전하게 도착해서 후원자를 찾는 대로 미국에 가려고 한다는 말을 들었다.

당국은 경제를 재건하고 저지대와 도시에 사는 라오스인들을 재교육하는 등 다른 할일이 많았기 때문에 산에서 단순하게 사는 부족민들에게는 별로 주의를 기울이지 않았다. 그 덕분에 펭은 *반캇* 주위 마을에서 기독교인들을 가르치는 일을 조용히 계속할 수 있었고, 라오스 신자들도 격려하기 위해 가끔 일요일 오전에 *솔라네* 교회에 가서 설교도 했다. 하루는 펭이 설교를 하는데 친구 *미케이*가 회중 가운데 있었다. 예배 후에 그들은 성경 학교 시절과 선교사들이 떠나기 전에 여러 마을에서 함께 다니며 전도했던 일들을 회상하며 신나게 이야기했다. "미케이, 결혼은 언제 할 거야?" 펭이 물었다. "지금 그런 일을 생각하기에는 삶이 너무 불안정해. 네 가족은 어떻게 지내? 네 아들이 작년에 죽었다고 들었는데…." 오히려 *미케이*가 반문했다.

*미케이*는 *사반나케트* 부근에서 부모와 함께 살고 있었는데 펭을 만나러 *솔라네*에 오지 않은 지 오래 되었다. "그래, 하나님이 *레위*를 천국으로 데려가셨어. 왜 살려주시지 않았는지 그 이유를 이해하기는 힘들지만 하나님은 이 슬픔을 통해서 우리를 하나님께로 더 가까이 이끄셨어. 지금은 다른 아들을 주셨지. 아내는 주님을 섬기는 일에 과거보다 더 열심이고. 선교사들 소식 들은 것 있어?"

*미케이*는 머리를 가로저었다. "아니, 지금은 국외에서 편지를 받는 것은 누구든 위험해. 그래서 선교사들도 편지하지 않는 걸 거야."

"나는 선교사들이 너무 보고 싶어. 스티븐과 칸토가 미국에 갔는지도 궁금해." 펭은 주위를 돌아보며 목소리를 낮추어 조용히 말했다. 믿는 사람들 중에서도 말할 때는 조심해야만 했다.

두 사람은 거리를 걸어 내려가면서 이야기하다가 안전한 곳에 도착하자 *미케이*가 "스티븐과 그의 가족은 아직 태국 난민캠프에 있다는 말을 들었어. 언젠가 나도 강을 건너 탈출하려고 해. 자유가 있는 곳에서 주님을 더 잘 섬길 수 있을 거야. 어쩌면 라오스로 방송되는 기독교 라디오 프로그램에 사용할 테이프 제작을 도울 수 있을 거야." 라고 조용히 말했다. *미케이*는 선교사들을 도와 이런 일을 한 적이 있었고 3년간 스위스에서 성경을 공부했기 때문에 불어도 잘하고 영어도 어느정도 할 수 있었다. "그래, 너는 서양에서 살아보았으니 난민들이 외국 생활에 적응하는 것을 도울 수 있을 거야." 태국 난민캠프에는 라오스와 캄보디아에서 탈출한 사람들로 넘쳐나는데 그 사람들을 받아들이는 나라가 많다는 소문을 듣고 있었다.

"**하지만 내 자리는 여기 머무는 거야.**" 펭이 단호히 말했다. "내 가족을 라오스 밖으로 데려가는 것은 너무 어려워. 부족민이 국경 근처를 여행하면 주시하는 사람이 많아. 나도 자유롭게 살기를 원하지만 어쨌든 나는 라오스 밖에서 살고 싶지는 않아. 나는 미국이나 스위스에 사는 누구에게도 그리 쓸모가 있을 것 같지 않고, 언젠가는 내 아버지가 사셨던 이 산 건너편 마을로 돌아가야 해. 거기 사는 *타웨이* 사람들이 예수님에 대해 들어야 하니까."

수개월 후 펭은 *미케이*가 *사반나케트* 근처에서 강을 건너 무사히 탈출했다는 말을 들었다. 펭은 논을 갈면서 그 날 종일 그 소식에 대해 생각했다. 그날 저녁 펭은 가족이 잠든 후에도 밤늦게까지 베란다에 홀로 앉아 있었다. 주위의 어두운 숲에서는 매미와 개구리가 쉴 새 없이 울어댔지만 그는 그 소리를 듣지 못했다.

펭은 마음속으로 친구들(자신을 주님께 인도한 존과 도로시 데이비스 부부, 몽에서 자신에게 성경을 가르쳐 준 여자 선교사들, 성경 학교의 교사들)의 음성을 들었다. 대가가 무엇이든 주님께 진실할 것을 자기에게 권면해 준 론과 캐시 스미스 부부도 생각났다. 스위스에서 온 선교사들과 교회에서 함께 즐겁게 보낸 시간들이 많이 있었다. 이 모든 친구들, 심지어 *미케이*와 스티븐마저도 이제는 가버리고 없었다. 한숨 쉬는 펭의 갈색 얼굴에 눈물이 흘렀다. 펭은 별들로 가득 찬 하늘을 올려보았다.

그러자 그는 자신의 삶에 그렇게 커다란 행복을 가져다 준 이 친구들도 지구의 반대편에서 이 별의 일부를 볼 수 있을 것이라는 생각이 들었다. 갑자기 펭은 그들의 사랑이 자기에게 미치며 그들의 기도가 자신을 붙들고 있는 것이 느껴졌다.

펭은 강건해질 것이다. 자기 백성이 자기를 필요로 하기 때문에 자기는 강건해야만 한다. 그리고 아직도 예수의 이름을 듣지 못한 사람들이 많지 않은가?

펭은 다시 고개를 들고 은빛 달과 밝은 별들을 올려다보았다. 이것들이 끊임없이 밝은 빛을 비추고 있었기 때문에 펭은 창조주를 찾기 시작했고 마침내 발견했던 것이다. 하나님이 여전히 라오스에 계시기 때문에 자기는 혼자가 아니다. 창공의 별들과 주위의 향기 나는 숲은 하나님이 다함없이 돌보시고 있는 증거이다.

예수님은 만물을 창조하시고 바위이끼에 꽃을 피게 하시는 위대한 영이시다. 그분을 의지하면 어떤 시련이 닥친다 하더라도 하나님의 말씀에 굳게 설 수 있는 힘을 발견할 수 있을 것이었다. 🦌

후기
Epilogue

라오스 교회는 정부의 규제에도 불구하고 활동을 계속했다. 공개적으로 전도하거나 전도지를 나눠주는 것은 금지되었지만, 성탄절을 축하하고 주일 오전 예배를 드리는 것은 허용되었다.

일부 그리스도를 부인하는 자들이 있었음에도 불구하고 대개는 심한 핍박 속에서도 굳건히 믿음을 지켰다. 심지어 새로운 개종자들도 많았다. 최근 한 스위스 그리스도인은 라오스에 가서 라오스 신자들을 많이 만날 수 있었다. 그의 보고서에 따르면 라오스 교회는 전보다 더 강하고 건강하다. 남부 라오스의 한 마을은 늘어나는 신자들을 수용하기 위해 더 큰 예배당을 건축해야 했다. 베트남 국경 근처에서는 일단의 부족민들이 개종했다는 보고가 있었는데, 아마도 OMF가 처음 라오스로 들어오면서 그 마을에 들어가 전도했던 사역의 열매일 것이다.

1982년 초 라오스를 방문했던 *아르만드 하이니거*는 신자들을 만나 교회에서 함께 예배를 드릴 수 있었다. *사반나케트*는 그 많던 상인들이 모두 떠나버려 황폐한 곳이 되어 버렸지만, 이와는 대조적으로 도로 상태는 양호했다. 예배당도 정원에 밝은 열대지방 꽃들이 가득했고 잘 유지되고 있었다. *하이니거*는 약 1만 5천 명의 신자들이 정부에 등록되어 있으며, 이것은 전국에 걸쳐 정기적으로 예배를 드리는 약 100군데의 회중을 포함한 숫자일 것이라는 말을 들었다. 아마도 이들 중 완전한 조직을 갖춘 교회는 절반 이하일 것이다. 정확한 통계는 입수하기 아주 어렵다.

또 어떤 이들은 라오스의 기독교인이 삼천여 명에 불과다고 추정하는데, 이 숫자는 3백만 인구에 비해볼 때 미미한 숫자이다. 그러나 불교 국가에서는 복음에 대한 반응이 언제나 느리다는 것을 감안해야 한다.

북부 라오스의 흐몽 부족은 지난 수년 동안 예외적으로 복음에 대한 수용성이 높았다. 이 부족은 신(新)정부의 특별한 박해 대상이 되어 수천 명이 태국으로 피난을 가는 바람에 기독교인의 숫자가 상당히 줄어들었다. 우리가 아는 바로는 라오스 남부지방에서는 피난을 간 기독교인이 거의 없으며 부족민 중에서는 아무도 없다.

*소우반*은 현재 미국 루이지아나주 뉴올리언즈 근처의 라오스 교회를 담임하고 있는 목사이다. *미케이*는 난민촌에서 만난 기독교인과 결혼했고 캘리포니아에 살면서 극동방송이 필리핀의 송신소를 이용해 중파(中波)로 라오스인들을 대상으로 방송하는 라디오 프로그램을 준비하고 있다. 과거에는 라오스어 프로그램은 단파로만 방송되어 일반 라디오로 청취하기 어려웠지만, 이제 라오스 사람들은 일반 라디오로도 복음 방송을 청취할 수 있다.

*스티븐*과 그 가족은 미국 북서부에 살면서 시간을 내어 새로 들어오는 라오스 난민들이 서구생활에 적응하는 것을 돕는다.

우리는 펭에게서 직접 소식을 듣지는 못했지만, 펭은 여전히 기독교인들을 가르치며 영혼들을 주님께로 인도하는 일로 바쁘다고 한다.

최근 한 아시아 형제를 통해서 라오스 기독교인들이 보낸 메시지를 받았다.

"우리는 외부의 금전적 도움 없이 주님을 의존하는 법을 더 놀라운 방법으로 배우고 있습니다. 이것은 우리에게 진정한 기쁨의 원천입니다."

그들에게 양식과 의약품이 아주 부족한 것을 감안하면 이러한 고백을 통해서 그들이 그리스도 안에서 계속 성장하고 있음을 알 수 있다.

사반나케트 성경학교는 아직 재개되지 않았지만, 우리가 아는 한 교사들은 고향 마을에서 계속해서 사역하고 있다. 라오스는 다른 동남아 국가(캄보디아)처럼 포악한 정치권력에 의해 많은 사람이 살해되는 일은 없었지만, 전제정치 아래 있기 때문에 기독교인들이 살기는 쉽지 않다. 분명 그들은 우리가 상상하는 것보다 더 심한 고난과 압박을 받고 있을 것이다.

라오스에서의 영적 전쟁은 끝나지 않았다. 세계 도처의 그리스도인들은 믿음과 기도라는 무적의 무기를 들고 이 곤궁하고 거의 잊혀버린 땅을 되찾기 위해서 영적 전쟁에 동참하지 않으면 안 된다.

어두움의 세력이 결박되고 구원의 복음을 아직 듣지 못한 많은 부족민들에게 예수 그리스도를 증거할 수 있도록 라오스의 형제, 자매들을 위해서 중보기도를 해야한다. 우리의 기도를 기대하고 있는 펭과 형제들을 위하여 그들이 힘을 잃지 않도록 기도로 함께 하자!

1865년 **허드슨 테일러**가 창설한 **중국내지선교회(CIM:** China Inland Mission)는 1951년 중국 공산화로 인해 철수하면서 동아시아로 선교지를 확장하고 1964년 명칭을 **OMF**(Overseas Missionary Fellowship) INTERNATIONAL로 바꿨다. **OMF**는 초교파 국제선교단체로 불교, 이슬람, 애니미즘, 샤머니즘 등이 가득한 동아시아에서 각 지역 교회, 복음적인 기독 단체와 연합하여 모든 문화와 종족을 대상으로 예수 그리스도가 구세주이심을 선포하고 있다. 세계 30개국에서 파송된 1,300여명의 **OMF** 선교사들이 동아시아 18개국의 신속한 복음화를 위해 사역 중이다.

OMF 사명 I 동아시아의 신속한 복음화를 통해 하나님을 영화롭게 하는 것이다.

OMF 목표 I 하나님의 은혜를 통하여 동아시아의 모든 종족 가운데 성경적 토착교회를 설립하고, 자기종족을 전도하며 타종족의 복음화를 위해 파송되는 것을 목표로 한다.

OMF 사역중점 I
우리는 미전도 종족을 찾아간다.
우리는 소외된 사람들에게 관심을 갖는다.
우리는 복음을 전하는 일에 주력한다.
우리는 현지 지역교회와 더불어 일한다.
우리는 국제적인 팀을 이루어 사역한다.

OMF INTERNATIONAL-KOREA
한국본부 • 137-828 서울시 서초구 방배본동 763-32 호언빌딩 2층
전화 • 02-455-0261,0271/ 팩스 • 02-455-0278
홈페이지 • www.omf.or.kr
이메일 • kr.com@omfmail.com/ kr.family@omfmail.com

일러스트 : OMF 선교사 자녀들 모습 - 「도와주세요! 저는 천사표가 아닙니다.」 중에서 (로뎀북스)